PARERGA

Jost Schieren

ANSCHAUENDE URTEILSKRAFT

Methodische und philosophische Grundlagen
von Goethes naturwissenschaftlichem Erkennen

PARERGA

Die Deutsche Bibliothek – CIP-Einheitsaufnahme

Schieren, Jost:
Anschauende Urteilskraft : methodische und philosophische Grundlagen von Goethes naturwissenschaftlichem Erkennen / Jost Schieren. - 1. Aufl. - Düsseldorf ; Bonn : Parerga, 1998
  Zugl.: Essen, Univ., Diss., 1997
  ISBN 3-930450-27-5

Die Drucklegung dieses Buches wurde dankenswerterweise
gefördert von:

Anthroposophische Gesellschaft in Deutschland e.V.
Arbeitsbereich Forschungs- und Gegenwartsfragen

DAMUS e.V.
Gemeinnütziger Verein zur Förderung
wissenschaftlicher Zwecke

Rudolf-Steiner-Schule Dortmund e.V.

Erste Auflage 1998
© Parerga Verlag GmbH
Düsseldorf und Bonn
Alle Rechte vorbehalten – Printed in Germany
Umschlaggestaltung: Martin Schack, Dortmund
Herstellung: WB-Druck, Rieden am Forggensee
ISBN 3-930450-27-5

Inhalt

Vorwort 7

I. Einleitung. Gesichtspunkte zur Wirkungsgeschichte von Goethes Naturforschung 9
I.1. Philosophische Heterogenität 9
I.2. Zeitgeschichtliche Inkompatibilität 9
I.3. Wissenschaftliche Relevanz 13
   I.3.1. Farbenlehre 13
   I.3.2. Morphologie 19
   I.3.3. Ökologisches Bewußtsein 23
   I.3.4. „Wahrheit des sinnlichen Eindrucks" 25

II. Goethes Kant-Rezeption 29
II.1. Das Gespräch mit Schiller 29
   II.1.1. Zu *Anmut und Würde* 30
   II.1.2. Antipathie zwischen Schiller und Goethe 33
II.2. Die philosophischen Fragen des Gespräches 36
II.3. Goethes Kant-Verständnis 40
   II.3.1. Goethes Studium der *Kritiken* 43
   II.3.2. Grenzziehung 44
   II.3.3. Transzendentale Apperzeption 50
II.4. Cassirers Goethe/Kant-Vergleich 56
II.5. Sinnliche Anschauung und Denken bei Kant 63
II.6. Was leistet das Erkennen? 67
   II.6.1. Menschlicher und intuitiver Verstand 72
II.7. Zusammenfassung und Vorblick 78

III. Goethes wissenschaftliche Methode 81
III.1. Subjekt und Objekt 81
III.2. Der Versuch als Vermittler von Objekt und Subjekt 85
   III.2.1. Blicklenkung 99
   III.2.2. Erfahrung höherer Art 110
   III.2.3. Mathematik 115
   III.2.4. Zusammenfassung 120

IV. Idee und Erfahrung 125
- IV.1. Goethes Stellung zur Erfahrung 125
- IV.2. Schulung der Sinne 130
- IV.3. Methodik der Erfahrung 135
  - IV.3.1. Kausalität 141
- IV.4. Goethes Ideenverständnis 145
  - IV.4.1. Goethes Antiplatonismus 152
  - IV.4.2. Vergleich mit Aristoteles 162
- IV.5. Der Gegensatz zwischen Idee und Erfahrung 168

V. Anschauende Urteilskraft 173
- V.I. Die „Idee" der Urpflanze 175
- V.2. Metamorphosenlehre 188
  - V.2.1. Zusammenziehung und Ausdehnung 191
  - V.2.2. Polarität und Steigerung 194
  - V.2.3. Kotyledonen 196
- V.3. Denken und Anschauen 198

VI. Anschauende Urteilskraft und Kunst 211
- VI.1. Reflexivität 212
- VI.2. Bild des Erkennens - Symbol 216
- VI.3. Goethes Kunstbegriff 218
  - VI.3.1. Offenbares Geheimnis 220

VII. Zusammenfassung 225

Literaturverzeichnis 231
- Abkürzungen 231
- Literatur 232

Vorwort

Die vorliegende Arbeit wurde im Sommersemester 1997 an der Universität GH Essen als Dissertation angenommen. Ihr Entstehen wurde von vielen Menschen hilfreich begleitet, denen ich an dieser Stelle danken möchte.

Die Idee zu dem Thema der Arbeit ist während des Studiums in Gesprächen mit Dr. Klaus Hartmann gereift. Die Ausarbeitung erfuhr zahlreiche Anregungen von Professor Dr. Frederick Amrine (University of Michigan, Ann Arbor), bei dem ich ein Gastsemester verbrachte, und von Professor Dr. Helmut Girndt (Gerhard-Mercator-Universität GH Duisburg), der immer wieder zu einer kritischen Auseinandersetzung des Goetheschen Denkens vor allem mit der Philosophie Kants aufforderte. Die Darlegungen, die Goethes eigene Auffassung betreffen, wurden besonders gefördert von Professor Dr. Klaus Michael Meyer-Abich, der in einer späten Phase die Betreuung der Arbeit übernommen hat. Professor Dr. Georg Scherer danke ich für die bereitwillige Übernahme des Korreferates.

Für die Hilfen beim Korrekturlesen und auch für manche stilistische und inhaltliche Verbesserungen danke ich Christine Hollweck, David Lepold, Yves Hellmuth, Ralf Vanscheidt und Dr. Jens Heisterkamp.

Zum Schluß danke ich besonders meinen Eltern, meiner Frau, meinen Kindern und Freunden, die mir den Mut, die Freude und auch den Freiraum gegeben haben, die nötig sind, um ein solches Beginnen zu Ende zu führen.

Dortmund im November 1997
Jost Schieren

I. Einleitung.
Gesichtspunkte zur Wirkungsgeschichte von Goethes Naturforschung

Eine philosophische Untersuchung von Goethes Erkenntnismethode sieht sich folgenden Aufgaben- und Fragestellungen konfrontiert: 1. Was ist Goethes Verhältnis zur Philosophie? 2. Welche Bedeutung hat seine Erkenntnismethode in der Gegenwart? 3. Welche wissenschaftliche Akzeptanz und Relevanz findet sie bzw. kann sie beanspruchen? Es seien die einzelnen Punkte näher vergegenwärtigt.

I.1. Philosophische Heterogenität

Goethe selbst unterhielt ein eher skeptisch-distanziertes Verhältnis zur Philosophie, insbesondere zu derjenigen seiner Zeit, so unterschiedlich und kontrovers sie sich auch behauptete. Er übte eine mehr psychologisch motivierte Zurückhaltung gegen jegliche Form von introspektiver Reflexion. Gelegentliche Übereinstimmungen mit und Würdigungen von einzelnen Philosophen bezogen sich zumeist auf bestimmte Gehalte und nicht auf eine Methode oder ein ganzes System. Hinsichtlich seines Selbstverständnisses läßt sich Goethe demnach nicht philosophisch festlegen. Er entzieht sich einer philosophischen Systematisierung und Klassifizierung.

I.2. Zeitgeschichtliche Inkompatibilität

Auf der anderen Seite erscheinen bis in die Gegenwart zahlreiche Publikationen, die vornehmlich an Goethes literarische Werke weltanschauliche Reflexionen von innerem Gehalt und überzeugender Relevanz anschließen. Gerade aber die solchen Studien oft eigene ästhetische Geschlossenheit und ungebrochene Sinnpotenz erwecken das Mißtrauen eines modernen kritischen Bewußtseins. Ein solches Bewußtsein, beispielsweise in der Form, die Karl R. Popper fordert, verhält sich *kritisch* gegenüber den eigenen Leistungen, bezieht sich *offen* auf mögliche neue Erkenntnisse, die den gegebenen Wissensstand revidieren, sucht einen Erkenntniszuwachs durchaus auch pragmatisch im Weltbezug zu über*prüfen* und verspricht sich allgemein von einer *Falsifikation* größere Objektivität als von einer Verifikation.[1] Gegenüber solchem Anspruch erscheint Goethes Denken und Teile der sich darauf beziehenden Literatur in der klassischen Ruhe eines vergangenheitszugewandten Kultursanatoriums angesiedelt. In diese Richtung zielt auch die Kritik Karl Jaspers' in seiner Rede anläßlich der Verleihung des Goethepreises durch die Stadt Frankfurt:

> „Die Grenze Goethes ist, daß er sich vor dieser heraufkommenden Welt verschloß, ohne sie begriffen zu haben, daß er nur Unheil sah, wo der Grund der Zukunft der Menschen gelegt wurde. Die Aufgabe in dieser neuen Welt den Weg des Menschen zu finden, erkannte er nicht. Daher ist Goethe nach dieser Seite uns in unserer heutigen Welt so fremd. Hier hilft er uns gar nicht. Er kann nur fälschlich von romantisch unwilligen Zeitgenossen beschworen werden gegen das, was längst wirklich geworden und als wahr erkannt ist. [...] Wir finden bei Goethe gleichsam Erholung und Ermunterung, nicht aber Befreiung von der Last, die uns auferlegt ist, nicht die Führung durch die Welt, die die unsere ist und die Goethe nicht kannte."[2]

Jaspers hielt seine Rede 1947. Die geschichtliche Erfahrung zweier Weltkriege und des Dritten Reiches macht die deutliche Abgrenzung seiner Aussagen verständlich. Denn es war ein in der öffentlichen Kultur etabliertes, sich mit Stolz aus der Klassik herleitendes

---

[1] Vgl. Karl R. Popper in: *Objektive Erkenntnis. Ein evolutionärer Entwurf*. A.a.O. S.83: „Wir können uns nie absolute Sicherheit verschaffen, daß unsere Theorie nicht hinfällig ist. Alles, was wir tun können, ist, nach dem Falschheitsgehalt unserer besten Theorie zu fahnden. Das tun wir, indem wir sie zu widerlegen versuchen, das heißt, indem wir sie im Lichte unseres ganzen objektiven Wissens und mit aller Erfindungskraft streng prüfen. Es ist natürlich immer möglich, daß die Theorie falsch ist, auch wenn sie alle Prüfungen besteht; das ist bei unserem Streben nach Wahrheitsähnlichkeit zu bedenken. Doch wenn unsere Theorie alle diese Prüfungen besteht, dann haben wir wohl guten Grund zu der Vermutung, daß sie – die (wie wir wissen) größeren Wahrheitsgehalt hat als ihr Vorgänger – wohl keinen größeren Falschheitsgehalt hat. Und wenn wir die neue Theorie gerade auf den Gebieten, auf denen ihre Vorgängerin scheiterte, nicht widerlegen können, dann können wir das als einen objektiven Grund für die Vermutung anführen, daß die neue Theorie eine bessere Annäherung an die Wahrheit ist als die alte."

[2] Karl Jaspers, *Unsere Zukunft und Goethe*. A.a.O. S.294

I. Einleitung

Bildungswesen, das sich als ohnmächtig und unfähig erwies, der Unmenschlichkeit des Nationalsozialismus entgegenzutreten. Jaspers argumentiert, daß Goethes Haltung, alles ihm *Fremde* fernzuhalten und auszugrenzen, in den gegenwärtigen Bewußtseins- und Lebensverhältnissen untragbar geworden sei. Diese Ausgrenzung, von der Jaspers spricht, bezieht sich zum einen auf Naturwissenschaft und Technik:

„Goethes Unverständnis und seine ahnungsvoll schaudernde Verwerfung gegenüber der eigentümlich modernen [...] Denkungsart, aus der die Naturwissenschaft und Technik großen Stils, anders als alle frühere Technik, hervorgegangen sind, das bannt ihn für uns in eine zwar wunderbar geschlossene, aber vergangene Welt."[3]

Zum anderen führt Jaspers an, daß Goethe die Existenz des Unmenschlichen, des *Bösen* nicht anerkannte und einbezog:

„Goethe ist des Entsetzens vor der Welterscheinung Herr geworden nicht durch Selbsttäuschung, sondern durch Fernhalten. [...] So lehnt er Kants Wissen vom radikal Bösen unwillig ab [...]"[4]

Zuletzt benennt Jaspers Goethes bewußte Begrenzung der eigenen Lebensgestaltung:

„Er verzichtet [seit der italienischen Reise] auf das Unmögliche, aber vollzieht zugleich auch die endgültige Einkehr in die Einsamkeit, in verborgene Verzweiflungen, in die sich schützende Abkehr von der Welt. [...] Der Schwung des Unbedingten scheint im Vergleich zu vorher erlahmt."[5]

---

[3] ebenda S.295
[4] ebenda
[5] ebenda S.296. Vgl. hierzu auch eine ähnliche Äußerung von Carl Friedrich von Weizsäcker: „Es ist auch das, worüber dieser eine Mensch, der an seine Grenzen kam oder sich seine Grenzen zog, schweigen wollte. Er hatte seinen Anteil an der Bewegung seiner Epoche genommen. Vor dem einseitig Unbedingten der Neuzeit zog er sich zurück, wo er ihm als Wirklichkeit begegnete, mochte es im Glauben, in der Wissenschaft, in der Politik sein." Dann schließt er durchaus verständnisvoller und vielleicht auch gegenwartskritischer als Jaspers an: „Er lernte die Zweideutigkeit in der scheinbaren Naivität dieser historischen Bewegung durchschauen, und er erlitt sie mit, aber nicht mehr in der Teilnahme, sondern in der Vereinsamung." (*Über einige Begriffe aus der Naturwissenschaft Goethes.* In: *Die Tragweite der Wissenschaft.* A.a.O. S.477) Eigentümlicherweise führt diese Einschätzung Jaspers' und Weizsäk-

Diese letzte Einschätzung wird von Jaspers mit größerer Zurückhaltung versehen. Er schränkt sie folgendermaßen ein:

„Wie es in Goethes Existenz war, wird niemals jemand ergründen. Aber die Erscheinung seines Lebens kann auf den Nachfolgenden, der mißverstehend Goethe sich zum Vorbild nimmt, so wirken, daß diesem gegenüber Kierkegaards Kritik wahr wird. Sie trifft wohl nicht Goethe, aber gewiß eine Weise der Goethe-Aneignung."[6]

Die Kritik Kierkegaards wurde zuvor von Jaspers angeführt als eine Art ästhetische, echte Existenzialität scheuende Unverbindlichkeit. Ob diese Kritik Goethe trifft, muß wirklich offen bleiben. Zumal fraglich ist, wann je die Berechtigung vorliegt, einer anderen Persönlichkeit und deren Schaffen Unverbindlichkeit vorzuhalten? Wird mit solcher Kritik nicht lediglich das Maß und das Bedürfnis der eigenen Verbindlichkeit definiert? Diese ist es auch, auf die Jaspers rekurriert und die das Ethos seiner Rede ausmacht. In diesem Sinne fragt er zusammengefaßt: Was kann uns Goethe in unserer heutigen Bewußtseinslage geben? Und wie können wir mit ihm umgehen, ohne zugleich die geforderte Verbindlichkeit gegenüber unserer eigenen Gegenwart zu vernachlässigen?

Neben die im ersten Punkt angeführte Schwierigkeit von Goethes philosophischer Heterogenität, stellt sich diejenige seiner zeit-

---

kers über Goethes – man würde heute sagen – *Berührungsängste* in eine sicherlich ungewollte Nähe zu den Urteilen von Emil Du Bois-Reymond. Dieser diangnostiziert Goethes Schwäche mit der ihm eigenen Schärfe und Polemik: „Die Tiefe und Zartheit seiner Empfindung, die Stärke seiner Phantasie befähigten ihn von Natur wenig zu rasch entschlossenem Handeln. Er mied heftige Eindrücke, und alles Gewaltsame war ihm zuwider, [...]. Sein Umkehren auf dem Gotthard, der Wert, den er auf glücklich bestandene sehr unbedeutende Abenteuer legt, die vielen unausgeführt gebliebenen literarischen Pläne [...], die schleppende Vollendung des *Wilhelm Meister*, verbinden sich nicht eben zu einem Bilde besonderer Tatkraft. Zu dieser Naturanlage kam noch die in übermäßige Subjektivität versunkene träumerische Ossian- und Wertherstimmung der Goetheschen Jugendzeit, Jean-Jaques Rousseaus verführerischer Einfluß mit seiner verdüsterten Weltanschauung und lähmenden Selbstquälerei und [...] ein durch Goethes glückliche äußere Lage und die Frankfurter Kleinstädterei begünstigter Müßiggang." (*Goethe und kein Ende*. A.a.O. S.106f) Zwar bescheinigt Du Bois-Reymond Goethe nachfolgend eine Überwindung dieser Schwäche der *Verzärtelung*, aber diese Überwindung mache ihn lediglich zum Dichter, nicht zum Naturwissenschaftler und Tatenmensch.

[6] ebenda S.297

geschichtlichen Inkompatibilität. Bei letzterer möge zunächst offen bleiben, ob es sich nicht eher – wie auch Jaspers zugesteht – um ein rezeptionsbedingtes Problem handelt.

I.3. Wissenschaftliche Relevanz

I.3.1. Farbenlehre

Ein wesentlicher Aspekt der Goethe-Kritik, den auch Jaspers erwähnt, bezieht sich auf Goethes naturwissenschaftliche Forschung, insbesondere auf seine *Farbenlehre* und seine Polemik gegen Newton. Die erste umfassende Darstellung dieser Kritik hat Hermann von Helmholtz gegeben in seinem 1853 erschienenen Aufsatz *Über Goethes naturwissenschaftliche Arbeiten*. Helmholtz entwickelt darin einen detaillierten Vergleich zwischen Newtonscher und Goethescher Farbenlehre und kommt zu dem Ergebnis, daß Goethes Festhalten an der Sinnlichkeit, an dem Sinnlich-Gegebenen der Farberscheinung ihn hinderte, Einsicht in die Bedeutung von Newtons physikalischer Forschung zu nehmen.

> „Goethe bleibt auch in der Farbenlehre seiner oben erwähnten Ansicht getreu, daß die Natur ihre Geheimnisse von selbst darlegen müsse, daß sie die durchsichtige Darstellung ihres ideellen Inhaltes sei. Er fordert daher für die Untersuchung physikalischer Gegenstände eine solche Anordnung der beobachteten Tatsachen, daß eine immer die andere erkläre, und man so zur Einsicht in den Zusammenhang komme, ohne das Gebiet der sinnlichen Wahrnehmung zu verlassen. Diese Forderung hat einen sehr bedeutenden Schein für sich, ist aber ihrem Wesen nach grundfalsch. Denn eine Naturerscheinung ist physikalisch erst dann vollständig erklärt, wenn man sie bis auf die letzten ihr zugrunde liegenden und in ihr wirksamen Naturkräfte zurückgeführt hat. Da wir nun die Kräfte nie an sich, sondern nur ihre Wirkungen wahrnehmen, so müssen wir in jeder Erklärung von Naturerscheinungen das Gebiet der Sinnlichkeit verlassen und zu unwahrnehmbaren, nur durch Begriffe bestimmten Dingen übergehen. [...] Aber dieser Schritt in das Reich der Begriffe, welcher notwendig gemacht werden muß, wenn wir zu den Ursachen der Naturerscheinung aufsteigen wollen, schreckt den Dichter zurück."[7]

---

[7] Hermann von Helmholtz, *Über Goethes naturwissenschaftliche Arbeiten*. A.a.O. S.412

Es ist demnach Goethes Unfähigkeit zur Abstraktion, die ihn den Wert der modernen Naturwissenschaft Newtonscher Prägung verkennen läßt. Die Grundthese von Helmholtz ist, daß Goethe auch in seiner Naturwissenschaft wesentlich Dichter geblieben ist.

> „Goethe, obgleich er sich in vielen Feldern geistiger Tätigkeit versucht hat, ist doch seiner hervorragendsten Begabung nach Dichter."[8]

Goethes dichterische Begabung relativiert in diesem Verständnis sein wissenschaftliches Bestreben. Am radikalsten hat diese Kritik Du Bois-Reymond in seiner Berliner Rektoratsrede von 1882 *Goethe und kein Ende* wiederholt:

> „Der Widerwille gegen den physikalischen Versuch und dessen mathematische Behandlung bildet bekanntlich einen wichtigen Artikel von Goethes naturwissenschaftlichem Bekenntnis, [...]"[9]

Du Bois-Reymond führt dieses Urteil verschiedentlich aus, immer mit der Betonung, daß Goethe als Künstler nicht fähig war, die Naturwissenschaft zu verstehen:

> „Von dieser Art der Tätigkeit [naturwissenschaftliche Kausalerklärung mechanischer Vorgänge] und dem geistigen Bedürfnis, welches sie voraussetzt und zu befriedigen sucht, hatte Goethe sichtlich keine Ahnung. Mechanische Zergliederung erwähnt er nur, um sie mit gereizter Feindseligkeit von sich zu weisen. Sein Theoretisieren beschränkt sich darauf, aus einem Urphänomen, wie er es nennt, welches aber schon ein sehr verwickeltes ist, andere Phänomene hervorgehen zu lassen, etwa wie ein Nebelbild dem anderen folgt, ohne einleuchtenden ursächlichen Zusammenhang. Der Begriff der mechanischen Kausalität war es, der Goethe gänzlich abging. Deshalb blieb seine Farbenlehre, abgesehen von deren subjektivem Teil, trotz der leidenschaftlichen Bemühungen eines langen Lebens, die totgeborene Spielerei eines autodikatischen Dilettanten, deshalb konnte er sich mit den Physikern nicht verständigen, deshalb war Newtons Größe ihm verschlossen; [...]"[10]

Was Goethe vorbehalten bleibt, sei das Gebiet der dichterischen Naturbetrachtung und Anempfindung:

---

[8] ebenda S.408
[9] Emil Du Bois-Reymond, *Goethe und kein Ende*. A.a.O. S.111
[10] ebenda S.113

I. Einleitung

„Daß Goethe eine schöne, großartige, einheitliche Vorstellung vom Naturganzen hegte, welches er sich pantheistisch in allen Teilen beseelt dachte, wer wollte es leugnen? Daß ein Geist wie der seine über manche Schranken hinweg und vorwärts sah, welche damals noch die durch das Gewirr der Einzelheiten sich hindurcharbeitenden Gelehrten beengte, wer stellte es in Abrede?"[11]

Du Bois-Reymond reserviert für Goethe den Bereich der subjektiven Empfindungen. Hier habe er Großes geleistet, aber nichts, was für die objektiven Gegebenheiten der Naturwissenschaft Bedeutung habe. Er schließt an das zuletzt Aufgeführte an:

„Aber ebenso sicher kann man behaupten, daß die rein mechanische Weltkonstruktion, welche heute die Wissenschaft ausmacht, dem Weimarschen Dichterfürsten nicht minder verhaßt gewesen wäre, als einst Friederikens Freund das *Système de la Nature*. Vom Darwinismus, der durch die Urzeugung an die Kant-Laplacesche Theorie grenzt, von der Entstehung des Menschen aus dem Chaos durch das von Ewigkeit zu Ewigkeit mathematisch bestimmte Spiel der Atome, von dem eisigen Weltende – von diesen Bildern, welche unser Geschlecht so unfühlend ins Auge faßt, wie es sich an die Schrecknisse des Eisenbahnfahrens gewöhnte – hätte Goethe sich schaudernd abgewandt."[12]

Auch wenn diese letzten Sätze erstaunlich an den Duktus von Jaspers erinnern, abgesehen von ihrer Polemik und unterschiedlichen Zielrichtung, hat sich diese radikale Kritik inzwischen weitgehend relativiert. Karl Robert Mandelkow[13] sieht diesen Umschwung in der Einschätzung von Goethes naturwissenschaftlicher Leistung unter anderem eingeleitet durch die Veröffentlichungen von Rudolf Steiner[14], also schon zum Ende des letzten Jahrhunderts. Am deut-

---

[11] ebenda S.115
[12] ebenda
[13] Karl Robert Mandelkow, *Goethe in Deutschland. Rezeptionsgeschichte eines Klassikers*. Beide Bände bilden die wesentliche und äußerst hilfreiche Grundlage für die in dieser *Einleitung* gegebenen Rezeptionshinweise.
[14] Rudolf Steiner betreute die Herausgabe von Goethes naturwissenschaftlichen Schriften in *Kürschners Deutscher National-Literatur* und in der *Weimarer Ausgabe*. Durch letztere konnte erstmalig Goethes Nachlaß für die Forschung genutzt werden. Im Rahmen und im Anschluß an seine Tätigkeit hat Steiner neben den Einleitungen und Kommentaren zu diesen Ausgaben (gesondert erschienen: *Goethes naturwissenschaftliche Schriften*. Dornach 1925) mehrere Studien zu Goethes Naturwis-

lichsten macht sich eine Wandlung der Goethe-Rezeption nach dem Ersten Weltkrieg bemerkbar. Hierzu bemerkt Mandelkow:

„Auch das grundlegende Faktum, das für die Rezeption des Naturforschers Goethe allererst einen neuen Erkenntnishorizont geschaffen hat, der Zusammenbruch der mechanistisch-kausal-analytischen Naturwissenschaft des Positivismus und die Begründung der neuen, nachpositivistischen Physik durch Albert Einstein und Max Planck, ist kein Ereignis erst der zwanziger Jahre gewesen. Für viele der Intellektuellen, die nach 1918 neue Wege der geistigen Orientierung suchten, symbolisierte jedoch erst die Erfahrung des Weltkrieges das endgültige Scheitern eines Weltbildes, für das die Verbindung von naturbeherrschender Technik und positivistischer Naturwissenschaft konstitutiv gewesen war."[15]

Es ist ein zunehmend kritisches Verhältnis zur Naturwissenschaft und den Folgen, die diese zeitigt, was den Blick für andere Betrachtungsweisen öffnet. Diese Tendenz setzt sich nach den Erfahrungen des Zweiten Weltkrieges fort. Nun treten auch bekannte Naturwissenschaftler und Physiker für eine Würdigung von Goethes Naturforschung ein. Den größten Einfluß und die nachhaltigste Wirkung hat Werner Heisenberg mit seinem 1941 erschienenen Aufsatz *Die Goethesche und die Newtonsche Farbenlehre im Lichte der modernen Physik*. Darin nimmt er Bezug auf Helmholtz. Er stimmt mit ihm darin überein, daß in Hinsicht auf eine objektive Naturbetrachtung, die durch Newton geprägte Naturwissenschaft der Goetheschen weit überlegen ist und sich als wissenschaftlich richtig erwiesen hat. Aber im Gegensatz zu Helmholtz nimmt Heisenberg eine kritische Position gegenüber dieser modernen Naturwissenschaft ein. Christoph Gögelein erläutert wie folgt:

„Zwei Erfahrungen, zwei Konsequenzen aus dem Verfolgen der Physik stehen aber Heisenberg vor Augen, die Helmholtz so noch nicht kennen konnte:
1. Gerade die konsequente Verfolgung des Plans die Natur unabhängig vom Menschen zu erfassen, hat ergeben, daß dies unmöglich ist.
2. Heute wird mehr und mehr sichtbar, in welch zweideutiger Weise die Eingriffe durch Technik und Wissenschaft die Welt verändern.

---

senschaft veröffentlicht: *Grundlinien einer Erkenntnistheorie der Goetheschen Weltanschauung*. Berlin, Stuttgart 1886, 2. Aufl. Dornach 1925. *Goethes Weltanschauung*. Berlin 1897.

[15] Karl Robert Mandelkow, *Goethe in Deutschland. Rezeptionsgeschichte eines Klassikers*. Bd. II. A.a.O. S.39f

Um die Auswirkungen auch nur zu sehen, die schließlich den Menschen gefährden, ist es unabdingbar, die Wirkungen der Physik im Zusammenhang mit der für den Menschen phänomenalen Welt zu sehen."[16]

Der alleinige Gültigkeits- und Absolutheitsanspruch der modernen Naturwissenschaft wird von Heisenberg im Bewußtsein der Krisen und Probleme in Frage gestellt, die diese Naturwissenschaft insbesondere mit Blick auf die daraus hervorgehende Technik gezeitigt hat. Aber ähnlich wie Helmholtz sieht er den Wert von Goethes Naturforschung nicht *innerhalb* der bestehenden Naturwissenschaft, sondern als Ergänzung zu dieser. Er sucht eine Vermittlung durch Unterscheidung zu erreichen:

„Am richtigsten kann man wohl den Unterschied der Goetheschen und der Newtonschen Farbenlehre bezeichnen, wenn man sagt, daß sie von zwei ganz verschiedenen Schichten der Wirklichkeit handelten."[17]

Er nimmt eine *objektive* Wirklichkeit der Newtonschen Naturwissenschaft und eine *subjektive* Wirklichkeit der Goetheschen Forschung an:

„Dieser objektiven Wirklichkeit, die nach festen Gesetzen abläuft und die uns auch dort bindet, wo sie sinnloser Zufall scheint, steht nun die andere Wirklichkeit gegenüber, die wichtig ist, die etwas für uns bedeutet. In dieser anderen Wirklichkeit wird das, was geschieht, nicht gezählt, sondern gewogen, und das Geschehene wird nicht erklärt, sondern gedeutet. Wenn hier von sinnvollen Zusammenhängen gesprochen wird, so handelt es sich um eine Zusammengehörigkeit im Innern der menschlichen Seele."[18]

Heisenberg löst die Schwierigkeit der Unvereinbarkeit von Goethe und Newton dadurch, daß er beiden unterschiedliche Geltungsbereiche anweist. Ähnlich argumentiert auch Carl Friedrich von Weizsäcker. Für ihn ist auch klar, daß Goethe gegenüber Newton im Unrecht war. Er fragt rhetorisch:

---

[16] Christoph Gögelein, *Zu Goethes Begriff von Wissenschaft auf dem Wege der Methodik seiner Farbenlehre.* A.a.O. S.180f
[17] Werner Heisenberg, *Die Goethesche und die Newtonsche Farbenlehre im Lichte der modernen Physik.* A.a.O. S.238
[18] ebenda S.239

„Wie konnte ein so großer, so umfassender Geist so irren?"[19]

Der Irrtum Goethes ist demnach unzweifelhaft, zugleich fordert aber eine selbstkritische Haltung dazu auf, positive Gehalte der Goetheschen Methode zu berücksichtigen. Hierin liegt ein Fortschritt gegenüber Helmholtz und Jaspers und natürlich auch gegenüber Du Bois-Reymond. Weizsäcker legt weiter dar:

> „Die Erfolglosigkeit der Polemik Goethes zeigt, daß seine Hoffnung, die Naturwissenschaft zu einem besseren Verständnis ihres eigenen Wesens zu bekehren, auf einer Illusion beruhte. Newton hat das Wesen der neuzeitlichen Wissenschaft besser verstanden als Goethe. Wir heutigen Physiker sind in unserem Fach Schüler Newtons und nicht Goethes. Aber wir wissen, daß diese Wissenschaft nicht absolute Wahrheit, sondern ein bestimmtes methodisches Verfahren ist. Wir sind genötigt, über Gefahr und Grenzen dieses Verfahrens nachzudenken. So haben wir Anlaß, gerade nach dem in Goethes Wissenschaft zu fragen, was anders ist als in der herrschenden Naturwissenschaft."[20]

Es ist also nicht eigentlich der *positive* Gehalt der Goetheschen Wissenschaft, der auf sich aufmerksam macht und nähere Untersuchung fordert. Im Gegenteil, Goethes wissenschaftliche Relevanz wird weiter bestritten. Es ist die durch Krisenerscheinungen abgenötigte Selbstkritik, die andere Wissenschaftshaltungen miteinzubeziehen sucht. Vor diesem Hintergrund ist es möglich, Goethes Forschungen auch in wissenschaftlichen Kreisen zu diskutieren.

Die Tendenz eines wachsenden Interesses an Goethes Forschung hat sich fortgesetzt. Sechsundzwanzig Jahre nach seinem ersten Aufsatz über Goethe formuliert Heisenberg seine Forderung eines produktiven Umganges mit dessen Naturwissenschaft mit größerer Eindringlichkeit.

> „Wir werden von Goethe auch heute noch lernen können, daß wir nicht zugunsten des einen Organs, der rationalen Analyse, alles andere verkümmern lassen dürfen; daß es vielmehr darauf ankommt, mit allen Organen, die uns gegeben sind, die Wirklichkeit zu ergreifen und sich darauf zu verlassen, daß diese Wirklichkeit dann auch das *Eine, Gute, Wahre* spiegelt. Hoffen wir, daß diese Zukunft

---

[19] Carl Friedrich von Weizsäcker, *Über einige Begriffe aus der Naturwissenschaft Goethes*. In: *Die Tragweite der Wissenschaft*. A.a.O. S.457.
[20] ebenda

besser gelingt, als es unsere Zeit, als es meiner Generation gelungen ist."[21]

Heisenberg setzt diese Anerkennung Goethes durchaus auch bewußt der resignativen Haltung Jaspers' entgegen:

„Dabei wollen wir uns nicht von vornherein von der pessimistischen Auffassung leiten lassen, wie sie etwa bei Karl Jaspers anklingt, daß Goethe, eben weil er sich vor der heraufkommenden technischen Welt verschloß, weil er die Aufgabe, in dieser neuen Welt den Weg des Menschen zu finden, nicht erkannte, uns heute an dieser Stelle nichts mehr zu sagen habe. Vielmehr wollen wir die Goetheschen Forderungen ruhig gelten lassen, sie unserer heutigen Welt gegenüberstellen, gerade weil wir nicht so viel Grund zum Pessimismus zu haben glauben."[22]

Trotz einer weniger strikten und rigorosen Ablehnung von Goethes Forschung, trotz der gewonnenen Einsicht einer notwendigen kritischen Auseinandersetzung mit den Grundlagen der herrschenden Naturwissenschaft und dem Ausblick auf mögliche Neuorientierungen, bleibt bis in die siebziger Jahre die Haltung gegenüber Goethes Naturwissenschaft ambivalent. Eindeutig und eindringlich wird eine Beschäftigung mit Goethes Forschung nicht aus wissenschaftlichen, sondern allein aus ethisch-pädagogischen Gründen gefordert. Diese Ambivalenz macht sich vor allem im Umgang mit der *Farbenlehre* bemerkbar. Ein anderes Gebiet der Goetheschen Forschung scheint demgegenüber positivere Beachtung gefunden zu haben.

I.3.2. Morphologie

In eben dem Maße wie die *Farbenlehre* mit dem Bann der Unwissenschaftlichkeit belegt wurde, fand Goethes *Morphologie* vielfaches Interesse. Carl Gustav Carus[23] und Hermann von Helmholtz[24] und

---

[21] Werner Heisenberg, *Das Naturbild Goethes und die technisch-naturwissenschaftliche Welt*. A.a.O. S.42
[22] ebenda S.27
[23] Carl Gustav Carus, *Goethe, zu dessen näherem Verständnis*. A.a.O.
[24] In der gleichen Abhandlung, in der Helmholtz Goethes Farbenlehre kritisiert, würdigt er dessen Morphologie: „Jedenfalls gebührt aber *Goethen* der große Ruhm, die leitenden Ideen zuerst vorausgeschaut zu haben, zu denen der eingeschlagene Entwicklungsgang der genannten

nachfolgend Ernst Haeckel[25] sahen in Goethe einen Vorläufer der Wissenschaft vom Lebendigen. Im zwanzigsten Jahrhundert sind es Adolph Hansen[26], Wilhelm Troll[27] und Adolf Portmann[28], die maßgeblich Goethes morphologische Studien gegen eine bloß chemisch-physikalische Biologie behaupten. Selbst Kritiker wie Du Bois-Reymond bescheinigen Goethe auf dem Gebiet des Lebendigen eine ernstzunehmende wissenschaftliche Leistung:

> „Fehlte Goethe das Organ für theoretische Naturwissenschaft in ihrer höchsten Gestalt, so hinderte dies ihn nicht, mit Erfolg in Gebieten tätig zu sein, wo plastische Phantasie und künstlerische Anschauung genügen, um in verwandten Formen das Gemeinsame und Wesentliche aufzufassen, [...] Die *Metamorphose der Pflanzen*, die Entdeckung des Zwischenkiefers beim Menschen, die Wirbeltheorie des Schädels werden dauernd von Goethes Fleiß und glücklichem Blicke zeugen. [...] Besonders die Arbeit über den Zwischenkiefer befriedigt auch strengere fachwissenschaftliche Ansprüche."[29]

Daß Goethe in der Erforschung des Lebendigen erfolgreicher ist, liegt demnach daran, daß die anderen Bedingungen dieses Bereiches der Betrachtungsart Goethes angemessener sind. Goethe gebührt der anerkannte Erfolg, den *Zwischenkieferknochen*[30] beim Menschen entdeckt zu haben. Er gilt als Vorläufer der Wissenschaft vom

---

Wissenschaften [Botanik, Anatomie, Osteologie; Verf.] hindrängte, und durch welche deren gegenwärtige Gestalt bestimmt wird." (In: Hermann von Helmholtz, *Über Goethes naturwissenschaftliche Arbeiten*. A.a.O. S.404)

[25] Vgl. Ernst Haeckel, *Generelle Morphologie der Organismen*. A.a.O.
[26] Adolph Hansen, *Goethes Metamorphose der Pflanzen*. A.a.O. Und: *Goethes Morphologie. Metamorphose der Pflanzen und Osteologie. Ein Beitrag zum sachlichen und philosophischen Verständnis und zur Kritik der morphologischen Begriffsbildung*. A.a.O.
[27] Wilhelm Troll, *Gestalt und Urbild. Gesammelte Aufsätze zu Grundfragen der organischen Morphologie*. A.a.O.
[28] Adolf Portmann, *Goethes Naturforschung*. A.a.O. Und: *Goethe und der Begriff der Metamorphose*. A.a.O.
[29] Du Bois-Reymond, *Goethe und kein Ende*. A.a.O. S.114
[30] Vgl. *Linder Biologie. Lehrbuch für die Oberstufe*: „Bei Mensch und Schimpanse sind im erwachsenen Zustand keine durch eine Naht vom Oberkiefer getrennten *Zwischenkieferknochen* festzustellen, dagegen bei allen übrigen Primaten. Sie werden aber bei beiden noch embryonal angelegt, wie bereits GOETHE für den Menschen nachgewiesen hat." (A.a.O. S.420f)

I. Einleitung

Lebendigen[31] und als Mitbegründer der vergleichenden Morphologie[32]. Aber in der Zeit der Genforschung und -technologie hat sich seine Bedeutung relativiert. Er ist gegenwärtig nur für ein Teilgebiet der Biologie wissenschaftsgeschichtlich und gegebenenfalls pädagogisch-didaktisch interessant, ansonsten zeigt sich auch hier das Problem, daß Goethes Forschung kaum als integraler Bestandteil der Wissenschaft, sondern eher als Kontrapunkt gewertet wird, als nötige Ergänzung, um vor Einseitigkeit zu schützen. So beschließt Adolf Portmann eine Studie wie folgt:

> „Es ist an der Zeit, das Beispielhafte eines Versuches, wie ihn Goethe uns in der Metamorphose der Pflanzen geschenkt hat, wieder zu erleben in einer Zeit, die in einem unerhörten Maße optisch geworden ist, in der die Sprache der Augen geradezu eine neue analphabetische Lebensform begünstigt. Die beschleunigte Entwicklung der biologischen Forschung zu einer Biotechnik, die das Reich des Unsichtbaren ergründet, um die Herrschaft über die Naturprozesse zu erlangen – diese unvermeidliche Entwicklung wird eine entsetzliche Verödung unserer Beziehung zu den lebendigen Gestalten bringen, wenn wir uns nicht heute schon auf die Werte besinnen, welche für alle Menschenbildung aus einem lebendigen Umgang mit lebendigen Formen herauswachsen. Neue Formen der Naturkunde werden nötig, einer Naturkunde, die nicht schwacher Abglanz einer Wissenschaft ist, sondern zu einem vertieften Umgang mit der Welt der lebendigen Gestalten führt und uns Natur zu einer wirklichen Heimat macht. Ehrfurcht vor dem offenbaren Geheimnis des lebendigen – das ist die große Forderung an eine solche neue Naturkunde."[33]

---

[31] Vgl. *dtv-Atlas zur Biologie*: „Die Biologie ist die Gesamtwissenschaft vom Lebendigen. [...] Durch GOETHE, CUVIER und LAMARCK vorbereitet, tritt sie als übergeordnete Disziplin erst nach 1800 auf, [...]" (A.a.O. Bd.I, S.3)

[32] Vgl. Lehrbuch der Botanik für Hochschulen: „Einer ihrer bedeutendsten Vertreter [der vergleichenden Morphologie] war Goethe, der in seiner 'Metamorphose der Pflanzen'(1790) den Typus der 'Urpflanze' zu erfassen versuchte." (A.a.O. S.9). Vgl. ferner A.G. Morton, *History of Botanical Science*: „Goethe appears to have been the first to use the term morphology, and there is no doubt that he did a great deal to show the perspectives opened by comparative morphology, and the need to base it on detailed investigations of development and not on adult form alone. [...] It is evident that Goethe also played a modest part in strengthening the rise of evolutionary thought." (A.a.O. S.346)

[33] Adolf Portmann, *Goethe und der Begriff der Metamorphose*. A.a.O. S.21

Solche Sätze, obwohl von einem Naturwissenschaftler geschrieben, verweisen darauf, daß Goethes wissenschaftliches Bestreben eine Bedeutung erst außerwissenschaftlich erhält. Das Anliegen, welches sich in dieser Art der Bezugnahme auf Goethe zeigt, ist sicherlich ernst gemeint, zugleich liegt darin aber eine Einschränkung, die an dem Selbstverständnis Goethes stillschweigend vorbeigeht und sich gegenüber einer Haltung, wie sie 1944 Bruno Wachsmuth formuliert, kaum abzugrenzen vermag. Wachsmuth schreibt wie folgt:

„Man darf bei Goethes naturwissenschaftlicher Betrachtung der Gestalt nie ganz vergessen, daß sie von einem Künstler ausging. Bei ihm wollte die Ergriffenheit über das Wunder ihrer Gegenwart in der Natur nicht bloß mit einem Denkertrag beantwortet sein. [...] Hätten ihm Meißel, Pinsel und Zeichenstift so ausdruckswillig zu Verfügung gestanden, wie er es sich wünschte, hätte er sich vielleicht die Geistesmühe erspart, der gestaltenden Natur forschend mit Wort und Gedanken zu dienen."[34]

Diese Einschätzung belegt am deutlichsten die Heterogenität einer Rezeption des Goetheschen Forschens, die einerseits dessen Wissenschaftlichkeit kaum ernsthaft erwägt, zugleich aber mit dessen Bewußtseinsvoraussetzungen sympathisiert, aber nicht bereit ist, sich auf Bedingungen und Problemstellungen dieses Ansatzes einzulassen.[35]

---

[34] Bruno Wachsmuth, *Goethes naturwissenschaftliche Lehre von der Gestalt.* A.a.O. S.63f

[35] Symptomatisch hierfür ist eine 1991 notierte Bemerkung Carl Friedrich von Weizsäckers: „Mit Goethes Naturwissenschaft habe ich mich immer sympathisch verbunden, ohne sie je genau zu studieren." (*Goethes Farbentheologie – heute gesehen.* A.a.O. S.365) Diese Haltung macht verständlich, daß Herbert Witzenmann wie folgt resümiert: „Freilich schließt man sich der Meinung der Ignorabimus-Autorität [gemeint ist Du Bois-Reymond; Verf.] über Goethes Forscherleistung, er hätte besser getan, bei seinen Leisten zu bleiben und sich der dilettantischen Eigenbröteleien auf dem Felde der Naturwissenschaft, die seiner unerbetenen Einmischung keineswegs bedurfte zu enthalten, nicht mehr ohne Vorbehalt an. Man glaubt vielmehr, seine wissenschaftliche Bedeutung richtig zu würdigen, wenn man ihm abseits der exakten Naturwissenschaften gelegene Spielwiesen anweist und etwa nur die Polemik gegen Newton als die unzulässige Grenzüberschreitung eines mangels mathematischer Mittel unzureichenden Selbstverständnisses verwirft. Doch von dieser Korrektur abgesehen, hängt noch immer die

I.3.3. Ökologisches Bewußtsein

Eine Wende hat der Umgang mit Goethes Wissenschaft seit dem Ende der siebziger Jahre erfahren. Es sind vor allem die wachsende Naturentfremdung und die damit einhergehenden gesamtzivilisatorischen Probleme, welche neue Formen des Naturverständnisses fordern. Vor dieser Frage tritt die Schwierigkeit von Goethes wissenschaftlicher Reputation zurück. Er wird zum Repräsentanten eines *ökologischen Bewußtseins*, wobei Ökologie durchaus auch die philosophische Dimension der Mensch-Natur-Beziehung meint.[36] Diese Beziehung wird nicht nur unter dem Aspekt der subjektiven Lebensbedingungen des Menschen betrachtet, sie ist auch Bestandteil der wissenschaftlichen Diskussion um die Wahrheitsfrage. Georg Picht argumentiert wie folgt:

> „Die Menschheit ist heute in Gefahr, durch ihre Wissenschaft von der Natur den Bereich der Natur, in dem sie lebt und der ihrem Zugriff ausgesetzt ist, zu zerstören. Eine Erkenntnis, die sich dadurch bezeugt, daß sie das, was erkannt werden soll, vernichtet, kann nicht wahr sein. Deswegen sind wir heute gezwungen, die Wahrheit unserer Naturerkenntnis in Frage zu stellen."[37]

Innerhalb dieser Problemstellung erlangt Goethes wissenschaftliches Bemühen eine neue Integrität. Klaus Michael Meyer-Abich,

---

traditionelle Karikatur eines Mannes, der den Schritt in unsere Welt nicht getan – gekonnt, gewagt oder gewollt – hat, in zahllosen Kopien an den Wänden, die noch nicht zur Entsorgung, doch zum Verstauben Bestimmtes verwahren." (*Goethes universalästhetischer Impuls*. A.a.O. S.45f)

[36] Vgl. hierzu Dorothea Kuhn im Nachwort der Frankfurter Goethe-Ausgabe: „Wenn man sich heute mit diesem Teil von Goethes Werk beschäftigt, so zunehmend im Hinblick auf das Verhältnis des Menschen zur Natur und Naturwissenschaft, das im Zwiespalt zwischen Beherrschung der Natur und ihrer Zerstörung in Frage steht. Mit seiner Freude an den Naturerscheinungen, seinem Entzücken über einen sich entfaltenden Schmetterling, einen keimenden Samen, mit seiner Teilnahme für einen umgestürzten Baum, seinem Interesse an den nicht nur in Heilpflanzen verborgenen Kräften, regt Goethe unmittelbar zum Hinschauen und Nachdenken an. Das Schauen und Staunen über die bewegliche Ordnung und Schönheit nicht nur, sondern auch das Begreifen und Durchdringen der Natur, besonders der „organischen Naturen", übt, beschreibt und lehrt er ja in der Morphologie." (FA 24, 866)

[37] Georg Picht, *Der Begriff der Natur und seine Geschichte*. Hrsg. Constanze Eisenbart. A.a.O. S.80

der das angeführte Zitat von Georg Picht als Motto seinem Aufsatz *Selbsterkenntnis, Freiheit und Ironie – Die Sprache der Natur bei Goethe* voranstellt, sieht in der Wirklichkeit, die die Goethesche Forschung ergreift, ein *personales Element* wirksam.

> „Die Persönlichkeit der Natur ist uns heute in der Regel fremd geworden, weil uns die Natur von der Natur der Dinge zu den Dingen der Natur heruntergekommen ist. Goethe versteht unter Natur demgegenüber nicht eine Ansammlung von Gegenständen, sondern die in ihnen wirkende Schöpferkraft (natura naturans), kraft deren das Natürliche natürlich ist, also das Sein und nicht das Seiende, das Sein aber wiederum als ein Persönlich-Sein, wie ein persönlicher Gott."[38]

Mit ähnlicher Zielrichtung hebt auch Günter Altner hervor:

> „In einer Zeit zunehmender Destruktion alles Lebendigen, die vor dem Selbst des Menschen nicht Halt macht, ist es aktueller denn je, an die Ganzheit des Lebens in allen seinen Gestalten zu erinnern."[39]

Hinsichtlich der Fragestellung nach einem verantwortlichen, *ganzheitlichen* Umgang mit der Natur kommt Goethes Forschung große Bedeutung zu.[40] Sie erlangt innerhalb einer ökologischen Ethik eine neue Form der Verbindlichkeit und Integrität, da sie eine *Seinsform* der Natur vergegenwärtigt, die erst Verantwortung möglich macht.[41]

---

[38] Klaus Michael Meyer-Abich, *Selbsterkenntnis, Freiheit und Ironie – Die Sprache der Natur bei Goethe*. A.a.O. S.59
[39] Günter Altner, *Gestaltwandel der Welt – Zur Morphologie Goethes*. A.a.O. S.80. Vgl. auch: Günter Altner, *Fortschritt wohin? Der Streit um die Alternative*. A.a.O.
[40] Vgl. Andreas Suchantke, *Partnerschaft mit der Natur*. A.a.O.
[41] Vgl. hierzu Klaus Michael Meyer-Abich/Peter Matussek, *Skepsis und Utopie. Goethe und das Fortschrittsdenken*. Es heißt dort zu Beginn: „Strittig ist er schon lange, der wissenschaftlich-technische Fortschritt, der sich vor allem seit der Aufklärung zum Selbstbewußtsein der Industriegesellschaft entwickelt hat. Durch die Umweltkrise ist dieses Selbstbewußtsein arg erschüttert, und so hat eine Suche nach Alternativen eingesetzt, in der wir guttun, uns der Kontroversen und Weichenstellungen zu erinnern, die der Dominanz des herrschend gewordenen Fortschrittsbewußtseins geschichtlich vorausgegangen sind. Diese Anamnese führt unweigerlich zu Goethe, denn sein Weg der Naturerkenntnis unterscheidet sich von dem der herrschenden Naturwissenschaft und

I.3.4. „Wahrheit des sinnlichen Eindrucks"

Diese Verbindlichkeit führt dazu, daß Goethes Forschung auch unter wissenschaftstheoretischen Gesichtspunkten ernst genommen wird. Sie wird zunehmend im Kontext gegenwärtiger Wissenschaft diskutiert.[42] Gernot Böhme kommt in seinem Aufsatz *Ist Goethes Farbenlehre Wissenschaft?* nach einem detaillierten Vergleich zwischen Goethescher und Newtonscher Farbenlehre und einer Konfrontation mit den Paradigmen neuzeitlicher Wissenschaft zu folgendem Ergebnis:

> „Unsere Darstellung wird deutlich gemacht haben, daß man einigen Grund hat, Goethes Farbenlehre als Wissenschaft zu bezeichnen. Sie ist eine methodisch vorgehende Erkenntnisunternehmung, die auf die systematische Ordnung eines Gegenstandsbereiches abzielt, die erlaubt, ihre Phänomene aus Prinzipien abzuleiten und zwischen ihnen Gesetze anzugeben. [...] Überall [...], wo Goethes Wissenschaft von einem essential neuzeitlicher Naturwissenschaft abweicht, läßt sich eine analoge Struktur, ein funktionales Äquivalent angeben."[43]

Goethes Forschung könne adäquat zur modernen Naturwissenschaft als *Wissenschaft* gelten, da sie den selbstgesetzten Kriterien dieser Wissenschaft (Methodik, systematische Ordnung, Ableitung von Prinzipien, Intersubjektivität, u.a.) genüge. Goethe untersuche zwar ein anderes Gebiet als die neuzeitliche Naturwissenschaft, aber nicht bloß als Künstler (wie oft nahegelegt wird), sondern auch als Wissenschaftler. Böhme fordert auf dieser Grundlage eine Ergänzung gegenwärtiger Wissenschaft durch den Goetheschen Ansatz.

Es ist nun zu fragen, worin denn der Wert des Goetheschen Forschens unter wissenschaftstheoretischem Aspekt erblickt wird. Worin liegt Goethes wissenschaftliche Bedeutung, die einen so großen Umfang von Sekundärliteratur zu diesem Thema rechtfertigt?

Technik so, daß wir uns darin in der Umweltkrise orientieren könnten." (A.a.O. S.185)

[42] Vgl. Hartmut Schönherr, *Einheit und Werden. Goethes Newton-Polemik als systematische Konsequenz seiner Naturkonzeption*: „In der Forschung ist inzwischen ein stillschweigendes Einvernehmen darüber getroffen, daß Goethes Polemik zwar inhaltlich falsch, aber methodisch beachtenswert sei. Sie zeige eine von der Newtonschen abweichende Forscherhaltung, die als Alternative zur modernen, an Newton orientierten Naturwissenschaft fruchtbar werden könnte." (A.a.O. S.7f)

[43] Gernot Böhme, *Alternativen der Wissenschaft*. A.a.O. S.149

Diese Frage stellen auch Frederick Amrine und Francis J. Zucker im Vorwort der 1987 erschienenen Aufsatzsammlung, die den bezeichnenden Titel trägt: *Goethe and the sciences: A reappraisal*. Dort heißt es:

> „Yet surely Goethe's role in the history of *mainstream* science is not sufficiently large or important to account for the small mountain of secondary literature that this work has called forth. Granted that his stature as a literary figure has played a part, even this cannot account fully for the unbroken attraction of his scientific writings. After all, Newton's theological speculations (a roughly analogous case) have not elicited anything like the number of studies inspired by this aspect of Goethe - perhaps 10.000 in all. The reason for the attraction lies elsewhere: it is that Goethe sought to do science in a different way."[44]

Der Grund für das ungebrochene Interesse, das Goethe auf sich zieht, ist derjenige, daß *er Wissenschaft auf eine andere Weise zu betreiben suchte*. Was ist diese *andere* Weise, Wissenschaft zu betreiben? Heisenberg hat es in Anknüpfung an Helmholtz und auch mit Bezugnahme auf die Gefahr einer zu einseitigen Naturwissenschaft wie folgt ausgeführt:

> „Wenn Helmholtz von Goethe sagt: 'daß seine Farbenlehre als der Versuch betrachtet werden muß, die unmittelbare Wahrheit des sinnlichen Eindrucks gegen die Angriffe der Wissenschaft zu retten', so stellt sich uns heute diese Aufgabe dringender als je, denn die ganze Welt wird verwandelt durch die ungeheure Erweiterung unserer naturwissenschaftlichen Kenntnisse und durch den Reichtum der technischen Möglichkeiten, der uns wie jeder Reichtum teils als Geschenk, teils als Fluch gegeben ist. Daher sind in den letzten Jahrzehnten immer wieder warnende Stimmen laut geworden, die zur Umkehr raten. Sie weisen daraufhin, daß dieser Abkehr von der unmittelbar sinnlich gegebenen Welt und der damit verbundenen Teilung der Welt in verschiedene Bereiche schon jetzt eine große Zersplitterung des Geisteslebens gefolgt sei, und daß wir uns mit der Entfernung von der lebendigen Natur gewissermaßen in einen luftleeren Raum begeben, in dem kein weiteres Leben möglich sei. Dort, wo diese Warner nicht einfach zur Aufgabe der bisherigen Naturwissenschaft und Technik überhaupt raten, ermahnen sie uns, bei der Entwicklung der Naturwissenschaft in enger Verbindung mit der anschaulichen Erfahrung zu bleiben."[45]

---

[44] *Goethe and the Sciences: A Reappraisal*. A.a.O. S.XI
[45] Werner Heisenberg, *Die Goethesche und die Newtonsche Farbenlehre im Lichte der modernen Physik*. A.a.O. S.241

I. Einleitung

Goethe unternimmt den Versuch, die *Wahrheit des sinnlichen Eindrucks* zu retten. Hierin liegt nach Einschätzung von Heisenberg und Helmholtz offensichtlich die Besonderheit seines Ansatzes. Wenn unter diesem Bemühen nicht nur die wohlmeinende Berücksichtigung auch der sinnlichen Gegebenheiten verstanden wird, dann setzt es eine bestimmte Weise des Umgangs mit den Sinneserscheinungen voraus. Rudolf Steiner spricht von der *Art seines Anschauens*[46], die bei Goethe einzigartig sei.

Diese Art des Umgangs mit der Sinneswelt soll in der folgenden Untersuchung näher entwickelt und in ihren philosophischen Voraussetzungen und Implikationen verfolgt werden. Auf der Harvard Conference 1982 *Goethe and the Sciences* wurde dieses Anliegen von allen Beteiligten als die zentrale Frage empfunden:

> „All sides agreed however, that the crucial question had been raised: can we spell out in a rational and rigorous way a method that informs this empiricism [...]? Is this method replicable by others [...] and might it be the key to Goethe's enhanced perceptual abilities, which he claimed allowed him to apprehend the archetype [...]"[47]

Goethe hat demnach eine besondere Fähigkeit des *Anschauens* entwickelt. Etwas anderes kommt noch hinzu: In einer an Rudolf Steiners Goetheforschung anknüpfenden Aufsatzsammlung würdigt Herbert Witzenmann das besondere Verdienst Steiners, daß seine Forschung

> „den Zugang zu der Goethe eigentümlichen ideellen Vollzugsart öffnet."[48]

Dieser Verweis auf eine *eigentümlich ideelle Vollzugsart* scheint mit der Hervorhebung des Goethe eigenen Phänomenbewußtseins im Widerspruch zu stehen. Es soll jedoch gezeigt werden, daß es gerade die von Witzenmann betonte *ideelle Vollzugsart* Goethes ist, die sein besonderes Vermögen ausmacht, sich der Sinneserfahrung zuzuwenden.

Eine unmittelbare Auseinandersetzung mit der herrschenden Naturwissenschaft wird im Rahmen dieser Untersuchung nicht erfolgen. Die Grundsatzfrage *Goethe versus Newton* oder *Goethe versus*

---

[46] Rudolf Steiner, *Grundlinien einer Erkenntnistheorie der Goetheschen Weltanschauung.* A.a.O. S.7
[47] *Goethe and the Sciences: A Reappraisal.* A.a.O. S.379
[48] Herbert Witzenmann, *Goethes universalästhetischer Impuls. Die Vereinigung der platonischen und aristotelischen Geistesströmung.* A.a.O. S.16

Naturwissenschaft, wie sie nun schon knapp zweihundert Jahre diskutiert wird, hat sich als apodiktisch nicht entscheidbar erwiesen. Eine *Methode* erweist sich in ihrer Anwendung, nicht prinzipiell, sondern je und je als weiterführend und gültig. Hierzu muß sie jedoch in ihren eigenen Bedingungen und Grundlagen verstanden und entwickelt werden. Diese Aufgabe verfolgt die nachstehende Untersuchung. Die mögliche Bedeutung und Gültigkeit, die Goethes Forschung nicht ausschließlich und im Gegensatz, sondern adäquat zur herrschenden Naturwissenschaft erhält, soll im Hinblick auf folgende Fragestellung verdeutlicht werden:

> „Isn't Goethe trying to achieve objectivity in a very different way, not by reducing qualities to the mathematical formalism but rather [...] in the way in which an artist tries to achieve objectivity, by schooling his faculties?"[49]

---

[49] *Goethe and the Sciences: A Reappraisal.* Postscript. A.a.O. S.386

II. Goethes Kant-Rezeption

II.1. Das Gespräch mit Schiller

Am 20. Juli 1794 verlassen Goethe und Schiller gemeinsam einen Vortrag der *Naturforschenden Gesellschaft* in Jena.[1] Sie sprechen über den soeben gehörten Vortrag, wobei Schiller *eine so zerstückelte Art die Natur zu behandeln* kritisiert. Dies veranlaßt Goethe, eine andere Art der Naturbetrachtung zu erläutern. Er schreibt in dem Aufsatz *Glückliches Ereignis*:

> „Ich erwiderte darauf: daß sie den Eingeweihten selbst vielleicht unheimlich bleibe, und daß es doch wohl noch eine andere Möglichkeit geben könne die Natur nicht gesondert und vereinzelt vorzunehmen, sondern sie wirkend und lebendig, aus dem Ganzen in die Teile strebend darzustellen. Er [Schhiller] wünschte hierüber aufgeklärt zu sein, verbarg aber seine Zweifel nicht, er konnte nicht eingestehen, daß ein solches, wie ich behauptete, schon aus der Erfahrung hervorgehe. Wir gelangten zu seinem Hause, das Gespräch lockte mich hinein; da trug ich die Metamorphose der Pflanzen lebhaft vor, und ließ, mit manchen charakteristischen Federstrichen, eine symbolische Pflanze vor seinen Augen entstehen. Er vernahm und schaute das alles mit großer Teilnahme und entschiedener Fassungskraft; als ich aber geendet, schüttelte er den Kopf und sagte: das ist keine Erfahrung, das ist eine Idee. Ich stutzte, verdrießlich einigermaßen: denn der Punkt, der uns trennte, war dadurch aufs strengste bezeichnet. Die Behauptung aus *Anmut und Würde* fiel mir wieder ein, der alte Groll wollte sich regen, ich nahm mich aber zusammen und versetzte: das kann mir sehr lieb sein daß ich Ideen habe ohne es zu wissen, und sie sogar mit Augen sehe."[2]

Schiller bezweifelt, daß es eine Naturbetrachtung gibt, die die Natur *wirkend und lebendig, aus dem Ganzen in die Teile strebend darzu-*

---

[1] Die genaue Datierung ist ungewiß. Die *Naturforschende Gesellschaft*, gegründet 1793 von August Johann Georg Karl Bartsch, kam an mehreren Tagen zusammen. Goethe berichtet von der Begegnung mit Schiller in dem Aufsatz *Glückliches Ereignis*, den er 1817 geschrieben und in seiner Zeitschrift *Zur Naturwissenschaft überhaupt, besonders zur Morphologie* veröffentlichte. Vergleiche zur genauen Datierung die Kommentarteile HA 10, 740f und FA 24, 1064f; außerdem: Walter Müller Seidel, *Naturforschung und deutsche Klassik*. A.a.O.

[2] *Glückliches Ereignis*, FA 24, 436f

stellen vermag und daß dies schon aus der Erfahrung hervorgehe. Auf Goethes Erläuterung der Metamorphose der Pflanzen erwidert er: „Das ist keine Erfahrung, das ist eine Idee." Goethe schreibt, daß durch diese Haltung Schillers der Punkt, der sie trennte, auf strengste bezeichnet sei.

Im Folgenden soll der Frage nachgegangen werden, was diesen *Punkt* ausmacht und welches Licht er auf Goethes Verhältnis zur Philosophie Kants wirft. Denn Goethe selbst setzt den in dem Gespräch aufkommenden Gegensatz zu Schiller inhaltlich in Beziehung zu Kants Philosophie. Er nennt seinen Gesprächspartner einen *gebildeten Kantianer*[3] und an früherer Stelle, wo er das anfängliche Mißverhältnis zu Schiller erläutert, heißt es:

> „Sein Aufsatz über *Anmut und Würde* war eben so wenig ein Mittel mich zu versöhnen. Die Kantische Philosophie, welche das Subjekt so hoch erhebt, indem sie es einzuengen scheint, hatte er mit Freuden in sich aufgenommen, sie entwickelte das Außerordentliche was die Natur in sein Wesen gelegt, und er, im höchsten Gefühl der Freiheit und Selbstbestimmung, war undankbar gegen die große Mutter, die ihn gewiß nicht stiefmütterlich behandelte. Anstatt sie selbständig, lebendig vom Tiefsten bis zum Höchsten gesetzlich hervorbringend zu betrachten, nahm er sie von der Seite einiger empirischen menschlichen Natürlichkeiten. Gewisse harte Stellen sogar konnte ich direkt auf mich deuten, sie zeigten mein Glaubensbekenntnis im falschen Lichte; dabei fühlte ich es sei noch schlimmer wenn es ohne Beziehung auf mich gesagt worden; denn die ungeheure Kluft zwischen unsern Denkweisen klaffte nur desto entschiedener."[4]

Es sei zur Verdeutlichung der Distanzierung, die Goethe gegenüber dem Aufsatz *Anmut und Würde* einnahm, dieser näher angeblickt.

II.1.1. Zu *Anmut und Würde*

In dem Aufsatz *Anmut und Würde*, den Schiller 1793 geschrieben hat[5], entwickelt er die Grundzüge einer Ästhetik, worin Schönheit an das Maß der Freiheit gebunden ist, die der Mensch *in* der Sinnlichkeit bzw. *in* dem natürlichen Sein seiner Existenz entfaltet. Es

---

[3] ebenda S.437
[4] ebenda S.435f
[5] Vgl. Kommentar in: Schiller 5, 1117f

liegt hierin schon die für Schiller charakteristische Verbindung von Ästhetik und Ethik vor, die seinen Schönheitsbegriff konstituiert. Die Probleme, die Goethe mit dem Aufsatz hatte, beziehen sich wohl auf die oftmals von Schiller recht radikal vollzogene Polarisierung von sinnlicher und vernünftiger Wesensseite des Menschen. Es ensteht der Eindruck, daß Schiller diese Polarisierung nicht eigentlich aus in der Sache liegenden Bedingungen ableitet, sondern als dialektische Voraussetzung für das Ideal der Synthese der Schönheit benötigt. Dieser Eindruck rührt zum einen davon her, daß bei dem hohen Reflexionsgrad – gemeint ist im wörtlichen Sinne: die spiegelnde, nochmalige Vergegenwärtigung des Gedankens im Bewußtsein –, der Schillers Gedankenführung sonst zu eigen ist und der sich insbesondere in seiner Stilistik zeigt, viele seiner Äußerungen als merkwürdig unreflektierte Behauptungen erscheinen. Solche Behauptungen beziehen sich vorwiegend auf die *Bewertung* der Natur bzw. des Natürlichen. Hierin sind Voraussetzungen eingeschlossen, die Goethe nicht teilen konnte und die ihm deshalb mißfielen, weil er gerade auf diesen Bereich seine unbefangene Aufmerksamkeit lenken wollte. Mit Darlegungen wie der folgenden hatte Goethe zu ringen:

> „Bewegungen, welche keine andere Quelle als die Sinnlichkeit haben, gehören bei aller Willkürlichkeit doch nur der Natur an, die für sich allein sich nie zur Anmut erhebet. Könnte sich die Begierde mit Anmut, der Instinkt mit Grazie äußern, so würden Anmut und Grazie nicht mehr fähig und würdig sein, der Menschheit zu einem Ausdruck zu dienen."[6]

Was Schiller hier als *Natur* begreift, ist demnach allein das Reich der Instinkte und Begierden. Es ist eine anthropomorphe Natursicht, die diese allein unter moralischen und darauf gründenden ästhetischen Aspekten betrachtet. Schiller verweist an verschiedenen Stellen darauf, daß etwas *nur* der Natur angehöre.

> „Hier aber spricht bloß die *Natur*, nie die *Freiheit*."[7]

Er argumentiert in diesem Sinne folgerichtig:

> „Anmut ist eine Schönheit, die nicht von der Natur gegeben, sondern von dem Subjekte selbst hervorgebracht wird."[8]

---

[6] *Anmut und Würde*; Schiller 5, 436
[7] ebenda S.453
[8] ebenda S.437

Oder:

> "Grazie ist immer nur die Schönheit der durch Freiheit bewegten Gestalt, und Bewegungen, die bloß der Natur angehören, können nie diesen Namen verdienen."[9]

Wesentlich ist, daß Schiller Geist und Sinnlichkeit zunächst als gegensätzlich auffaßt, und dann versucht, den Gegensatz zwischen ihnen zu vermitteln.

> "Hieraus erklärt sich auch, wie es zugeht, daß der Geschmack, als ein Beurteilungsvermögen des Schönen, zwischen Geist und Sinnlichkeit in die Mitte tritt und *diese beiden einander verschmähenden Naturen* [Hervorh. d. Verf.] durch die Vernunft zu einer glücklichen Eintracht verbindet - wie er dem *Materiellen* die Achtung der Vernunft, wie er dem *Rationalen* die Zuneigung der Sinne erwirbt - wie er Anschauungen zu Ideen adelt und selbst die Sinnenwelt gewissermaßen in ein Reich der Freiheit verwandelt."[10]

Diese Vermittlung führt wiederum in die Nähe Goetheschen Denkens, wenngleich Goethe, so wenig er Schillers dialektische Voraussetzungen teilt, auch nicht dessen vorgeschlagene Synthese allein als Leistung des Menschen verstanden wissen will. Es ist nun aber interessant, daß Schiller die Vermittlung zwischen Sinnlichkeit und Geist in deutlicher Distanzierung zu Kant vornimmt. Er kritisiert, daß Kants Moralehre allein die Idee der *Pflicht* und nicht diejenige der *Neigung zur Pflicht* vorsieht.[11] – Neben den schon zitierten Stellen einer vergleichsweise unreflektierten Naturdegradierung zeigen vor allem die Passagen der Kantkritik, daß Schiller die Bewertung der Sinnlichkeit weniger aus Erkenntniskriterien als aus Gründen der Eigengesetzlichkeit der Dialektik vornimmt. Der von ihm beschriebene Gegensatz von Geist und Sinnlichkeit ist für ihn nicht aus in der Sache liegenden Gründen bedeutend, sondern weil durch diesen Gegensatz erst die dialektische Voraussetzung für eine freie *ästhetische* Vermittlung beider Bereiche geschaffen wird. Anders wird Schillers Kantkritik im Vergleich zu seiner eigenen vorangegangenen Bewertung der Sinnlichkeit nicht verständlich. Auf Kant bezogen heißt es:

> "In der Kantischen Moralphilosophie ist die Idee der *Pflicht* mit einer Härte vorgetragen, die alle Grazien davon zurückschreckt und

---

[9] ebenda S.447
[10] ebenda S.442
[11] ebenda S.464

einen schwachen Verstand leicht versuchen könnte, auf dem Wege einer finstern und mönchischen Asketik die moralische Vollkommenheit zu suchen."[12]

Dies entsprach nicht Schillers Ideal einer freien ästhetischen Vermittlung von Sinnlichkeit und Vernunft. Zugleich ist es aber gerade seine eigene *harte* Bewertung der Sinnlichkeit, die ihn zeitlebens mit diesem Ideal ringen läßt und die den Grund legte für das anfängliche Mißverständnis und auch die Antipathie zwischen ihm und Goethe. Auf letztere sei kurz hingeblickt.

II.1.2. Antipathie zwischen Schiller und Goethe

Der inhaltliche Austausch zwischen Schiller und Goethe war – wie Goethe darlegt – über lange Zeit durch das Bewußtsein eines Gegensatzes bzw. Unterschiedes behindert, der sich nicht zuletzt auch als Antipathie äußerte. Diese hatte keinen geringen Anteil an der Distanzierung beider Persönlichkeiten. Auch das von Goethe beschriebene *Ereignis* drohte aus diesem Grunde in ein *Unglückliches* umzuschlagen: *der alte Groll wollte sich regen, ich nahm mich aber zusammen*. Diese Antipathie ist aber durchaus nicht nur auf Seiten Goethes zu suchen, wie es sein Aufsatz nahelegt und wie es auch dem in der Literatur verbreiteten psychologischen Goethebild entspricht. Auch auf Schillers Seite finden sich deutliche Züge einer antipathischen Abgrenzung gegenüber Goethe. Mögen sie auch in einer Verletzung wegen mangelnder Anerkennung von Seiten Goethes ihren Anlaß haben, so zeigen sie sich inhaltlich in Schillers Verhältnis zur Sinnlichkeit. In dem Aufsatz *Anmut und Würde* gibt es eine Passage, die ein eigentümliches Licht auf Schillers Bewertung des Sinnlichen wirft:

> „Wenn hingegen der Mensch, unterjocht vom Bedürfnis, den Naturtrieb ungebunden über sich herrschen läßt, so verschwindet mit seiner inneren Selbständigkeit auch jede Spur derselben in seiner Gestalt. Nur die Tierheit redet aus dem schwimmenden, ersterbenden Auge, aus dem lüstern geöffneten Mund, aus der erstickten, bebenden Stimme, aus dem kurzen, geschwinden Atem, aus dem Zittern der Glieder, aus dem ganzen erschlaffenden Bau. Nachgelassen hat aller Widerstand der moralischen Kraft, und die Natur in ihm ist in volle Freiheit gesetzt. Aber eben dieser gänzliche Nachlaß der Selbsttätigkeit, der im Moment des sinnlichen Ver-

---

[12] ebenda 465

langens und noch mehr im Genuß zu erfolgen pflegt, setzt augenblicklich auch die rohe Materie in Freiheit, die durch das Gleichgewicht der tätigen und leidenden Kräfte bisher gebunden war. Die toten Naturkräfte fangen an, über die lebendigen der Organisation die Oberhand zu bekommen, die Form von der Masse, die Menscheit von gemeiner Natur unterdrückt zu werden. Das seelenstrahlende Auge wird matt oder quillt auch *gläsern* und *stier* aus seiner Höhlung hervor, der feine Inkarnat der Wangen verdickt sich zu einer groben und gleichförmigen Tüncherfarbe, der Mund wird zur bloßen Öffnung, denn seine Form ist nicht mehr Folge der wirkenden, sondern der nachlassenden Kräfte, die Stimme und der seufzende Atem sind nichts als Hauche, wodurch die beschwerte Brust sich erleichtern will, und die nun bloß ein mechanisches Bedürfnis, keine Seele verraten."[13]

Die Radikalität und *Härte* dieser Beschreibung scheint nicht von einer objektiv-gelassenen Betrachtung herzurühren, vielmehr entsteht der Eindruck einer stark persönlichen Beteiligung, eines Ekels, mit dem sich Schiller von dieser Form der Sinnlichkeit abwendet. Vor diesem Hintergrund ist eine Briefstelle Schillers an Körner interessant, die aus der Zeit vor dem *Gespräch* stammt und Schillers Haltung zu Goethe wiedergibt:

„Seine Philosophie mag ich auch nicht ganz: sie holt zuviel aus der Sinnenwelt, wo ich aus der Seele hole. Überhaupt ist seine Vorstellungsart zu sinnlich und betastet mir zuviel."[14]

Zwar ist, was hier mit Goethes *sinnlicher Vorstellungsart* beschrieben wird, unterschieden von Schillers Darstellung des sinnlichen Begehrens, die Antipathie aber, die Schiller überhaupt gegenüber einer zu großen Annäherung an das empfand, was er als Natur ansieht, klingt auch hier mit.[15] Eine weitere Briefstelle an Körner bringt Ähnliches zum Ausdruck.

„Göthens Geist hat alle Menschen, die sich zu seinem Zirkel zählen, gemodelt. Eine stolze philosophische Verachtung aller Specu-

---

[13] ebenda S.462
[14] Schiller Br. 3, 113f
[15] Zur Einschränkung muß angeführt werden, daß die Briefpassage wie folgt fortfährt: „Aber sein Geist wirkt und forscht nach allen Directionen und strebt, sich ein Ganzes zu erbauen, und das macht mir ihn zum großen Mann." Hier vermag Schiller durchaus Goethes Anliegen im Umgang mit der Natur zu würdigen. An späterer Stelle wird darauf noch näher eingegangen.

lation und Untersuchung, mit einem biß zur Affectation getriebenen Attachement an die Natur und einer Resignation in die fünf Sinne, kurz eine gewiße kindliche Einfalt der Vernunft bezeichnet ihn und seine ganze hiesige Sekte. Da sucht man lieber Kräuter und treibt Mineralogie als daß man sich in leeren Demonstrationen verfinge."[16]

In Rücksicht auf diese Beurteilungen – und man kann aufgrund des gemeinsamen Bekanntenkreises und auch weil verschiedene Begegnungen stattgefunden haben, davon ausgehen, daß beiden bekannt war, was man übereinander dachte – ist es verständlich, was Goethe meint, wenn er in dem oben genannten Aufsatz schreibt:

„Gewisse harte Stellen sogar konnte ich direkt auf mich deuten, sie zeigten mein Glaubensbekenntnis in einem falschen Lichte; dabei fühlte ich, es sei noch schlimmer, wenn es ohne Beziehung auf mich gesagt worden; denn die ungeheure Kluft zwischen unseren Denkweisen klaffte nur desto entschiedener."[17]

Aus dem Dargelegten wird ersichtlich, daß eine mehr persönlich gefärbte, antipathische Distanz zwischen Goethe und Schiller von dem unterschiedlichen Verhältnis zur Sinnlichkeit herrührte. Goethe hatte ein gelasseneres Verhältnis zur sinnlichen Welt, die von Schiller fast ausschließlich unter moralischen Gesichtspunkten beurteilt wurde und die er allein annehmen konnte unter dem Aspekt einer ästhetischen Veredelung. Es ist interessant, daß sich dieser Unterschied natürlicherweise auch nach der Annäherung zwischen beiden Persönlichkeiten durchhält und auch noch auf verwandelte Weise anklingt in Goethes Gedicht *Epilog zu Schillers Glocke*, das in einer ersten Fassung elf Jahre nach dem *Gespräch* und einige Monate nach Schillers Tod geschrieben wurde. Hier ist Schillers Abwendung vom Sinnlichen positiv beschrieben:

„Indessen schritt sein Geist gewaltig fort
Ins Ewige des Wahren, Guten, Schönen,
Und hinter ihm, im wesenlosen Scheine,
Lag, was uns alle bändigt, das Gemeine."[18]

---

[16] Schiller Br. 1, 380f
[17] *Glückliches Ereignis*, FA 24, 435f
[18] HA 1, 257

II.2. Die philosophischen Fragen des Gespräches

Nach diesem mehr psychologischen Exkurs[19] sei nun wieder auf das Gespräch zwischen Goethe und Schiller geblickt. Was sind unter philosophischer Perspektive die Kernfragen des Gespräches? Welche Erkenntnismotive bewegen Goethe und Schiller?

Nachdem Goethe und Schiller gemeinsam den Vortrag der *Naturforschenden Gesellschaft* verlassen haben, bemängelt Schiller das Unbefriedigende einer so *zerstückelten Art* der Naturbetrachtung. Entsprechend der Schillerschen Anschauung und ihrer Interpretation durch Goethe heißt dies, daß der Vortragende die *Erfahrungsseite* der Naturerkenntnis zu einseitig betont hat. Er hat eine Einzelerfahrung neben die nächste gestellt, ohne einen *ideen*mäßigen, übergeordneten Zusammenhang zu geben. Dadurch verliert sich das Erkenntnisbedürfnis in Einzelerfahrungen, ohne einen Fortschritt zu erzielen, den nach Schiller erst das ideell-übergreifende Erkennen leisten kann. Goethe teilt das Mißbehagen Schillers. Er wünscht ebenfalls nicht, *die Natur gesondert und vereinzelt vorzunehmen*. Er meint, daß es möglich sein müsse, *sie wirkend und lebendig, aus dem Ganzen in die Teile strebend darzustellen*. Dieses *Ganze* aber, und hier besteht der Gegensatz zu Schiller, liegt nach Goethe schon in der Erfahrung bzw. – wie er sagt – geht daraus hervor. Der ideell-übergreifende Zusammenhang liegt demnach für Goethe in der Erfahrung selbst und für Schiller außerhalb derselben in der Erkenntnis des Menschen. Deshalb erwidert Schiller auf Goethes Erläuterung der Pflanzenmetamorphose: *Das ist keine Erfahrung, das ist eine Idee*. Für Schiller ist es nicht denkbar, Ideen *in* der Erfahrung aufzufinden. Sie sind ein Produkt der menschlichen Vernunft, welches diese auf die Erfahrung bezieht. Als solches ist es auch *höher* zu bewerten als die *bloße* Erfahrung. Hier setzt sich demnach die ethische Hierarchisierung auf epistemologischem Feld fort. Goethe führt folgende Aussage an:

„Sätze wie folgender machten mich ganz unglücklich: 'Wie kann jemals Erfahrung gegeben werden, die einer Idee angemessen sein

---

[19] Es sei hierzu angemerkt, daß es eines ist, einen philosophischen Gedanken zu bilden, und ein anderes, eine philosophische Meinung oder Überzeugung zu haben. Letztere hängt oftmals viel mehr von psychologischen Voraussetzungen ab als vom Inhalt des eigentlich philosophischen Denkens. Aus diesem Grund mag die voranstehende *psychologische* Betrachtung als Exkurs gerechtfertigt sein.

II. Goethes Kant-Rezeption

sollte? Denn darin besteht eben das Eigentümliche der letzteren, daß ihr niemals eine Erfahrung kongruieren könne."[20]

Schiller sieht Ideen nicht nur außerhalb von Erfahrungen angesiedelt, er bewertet sie auch höher als diese. Er vergleicht Erfahrungen und Ideen auf qualitative Weise und kommt zu dem Ergebnis, daß eine Erfahrung einer Idee nie *angemessen* sein könne. Dies macht Goethe unglücklich, da er eine so krasse Entgegensetzung zwischen Idee und Erfahrung nicht für notwendig erachtet.[21] Er behauptet aber auch nicht geradewegs das Gegenteil, daß nämlich Ideen *in* Erfahrungen vorlägen oder daß beides eines sei. Entscheidend ist, daß Goethe an keiner Stelle des Aufsatzes eine ontologische Aussage macht. Er bestimmt nicht die Seinsart von Ideen. Er sagt lediglich, daß es *für* das Erkennen und manchmal noch eingeschränkter: *für* die Darstellung einer Erkenntnis, möglich sei, *die Natur aus dem Ganzen in die Teile strebend darzustellen* und *daß ein solches schon aus der Erfahrung hervorgehe*. Goethe macht demnach keine *Seinsaussage*. Er gibt eine *erkenntnisgenetische* Beobachtung, die dahin geht, daß das Erkenntnissubjekt nicht notwendigerweise in den Gegensatz von Idee und Erfahrung gespannt ist. Hier ist der Grund des Mißverstehens zwischen Goethe und Schiller zu suchen. Zwar macht auch Schiller keine ontologische Aussage, die sich auf die Seinsart von Ideen und Erfahrungen an sich bezieht. Er betrachtet Ideen und Erfahrungen auf der Grundlage kantischen Denkens in ihrem Gegebensein *für* das Subjekt. Aber in diesem Gegebensein sieht er einen statischen Gegensatz, der allenfalls ästhetisch oder ethisch, nicht aber erkenntnismäßig zu lösen ist. Hier liegt ein wesentlicher Unterschied zwischen Goethe und Schiller, der in dem Gespräch nach dem Bericht Goethes zum Ausdruck kommt: Schiller kann den Gegensatz von Idee und Erfahrung – bzw. erkennendem Subjekt und erfahrenem Objekt (soweit stimmen beide in ihrer Kant-Rezeption überein) – nur ästhetisch oder ethisch vermitteln, nämlich im Hinblick auf die moralische Entwicklung und Vervollkommnung des Subjektes. Goethe sieht auch eine wissenschaftliche Entwicklung. Er faßt eine Erkenntnis*genese* ins Auge.

---

[20] FA 24, 437
[21] Vgl. hierzu die Erläuterung von Ferdinand Weinhandl: „Daß man etwas, was er [Goethe] in den Erscheinungen *gesehen* und selbstverständlich damals schon und nicht erst [...] nach Schillers Belehrung aus den Erscheinungen abstrahiert hat, daß man das lediglich auf Grund einer vorgefaßten Definition als ein Nicht-Gesehenes erklären konnte, daß mußte ihn 'unglücklich' machen und an einer Verständigung zweifeln lassen." (In: *Die Metaphysik Goethes*. A.a.O. S.257)

Unter diesem Aspekt ist es interessant, daß in einem anschließenden Gespräch, das vermutlich am 22. Juli geführt wurde[22], eine Übereinstimmung zwischen beiden in Bezug auf ästhetische Fragen erzielt werden konnte. Denn Schiller berichtet über das Treffen in Jena:

> „Wir hatten [...] über Kunst und Kunsttheorie ein langes und breites gesprochen, und uns die Hauptideen mitgeteilt, zu denen wir auf ganz verschiedenen Wegen gekommen waren. Zwischen diesen Ideen fand sich eine unerwartete Übereinstimmung, die um so interessanter war, weil sie wirklich aus der größten Verschiedenheit der Gesichtspunkte hervorging."[23]

Über Fragen der Kunst konnte demnach eine Verständigung erzielt werden, über Fragen der Erkenntnis und der Wissenschaft (Pflanzenmetamorphose) nicht. Die *größte Verschiedenheit der Gesichtspunkte*, die Schiller erwähnt, bezog sich nach Goethes Worten auf den

> „größten vielleicht nie ganz zu schlichtenden Wettstreit zwischen Objekt und Subjekt."[24]

Goethe strebte in Bezug auf dieses Problem nach einer erkenntnisgenetischen Lösung, die Schiller zunächst nicht zu akzeptieren vermochte, die er aber einen Monat später in dem berühmten Geburtstagsbrief selbst darlegt.

---

[22] Vgl. Walter Müller Seidel: „Es ist aber festzustellen endlich an der Zeit, daß die Rede von dem *einen* großen Gespräch eine ungenaue Rede ist und daß es zwischen dem 20. und 23. Juli wenigstens zwei Gespräche gegeben hat. Das ist völlig unwiderlegbar. Dafür bürgt das Tagebuch Wilhelm von Humboldts. Unter dem Datum vom 22. Juli ist vermerkt: „Abends aßen Schillers und Goethe bei uns."(A.a.O. S.67) Und: „Nichts spricht gegen die Annahme, daß am ersten Abend auf dem Heimweg und in Schillers Wohnung vornehmlich über Botanisches gesprochen worden ist, wie es von der Veranstaltung der Naturforschenden Gesellschaft her nahelag, während man allem Vermuten nach die Gespräche über Kunst und Kunsttheorie unter Einschluß der in den Kaliasbriefen entwickelten Theorie des Schönen im Hause Humboldts geführt hat." (A.a.O. S.68)
[23] Biedermann I, 207
[24] FA 24, 437

"Sie nehmen die ganze Natur zusammen, um über das Einzelne Licht zu bekommen; in der Allheit ihrer Erscheinungsarten suchen Sie den Erklärungsgrund für das Individuum auf. Von der einfachen Organisation steigen Sie, Schritt vor Schritt, zu den mehr verwickelten hinauf, um endlich die verwickelste von allen, den Menschen, genetisch aus den Materialen des ganzen Naturgebäudes zu erbauen."[25]

Hier beschreibt Schiller also selbst, was er nach Goethes Bericht einen Monat zuvor noch bezweifelt hatte, daß es nämlich möglich sei, *die Natur nicht gesondert und vereinzelt vorzunehmen, sondern sie wirkend und lebendig, aus dem Ganzen in die Teile strebend darzustellen.* Er spricht selbst von einer *genetischen* Entwicklung. Die Ganzheit aber, die sich durch das Einzelne hindurchzieht, zeigt sich für Schiller im *Menschen.* Er sagt, daß der Mensch genetisch aus den Materialien der Natur erbaut werden könne. Wenngleich hiermit wohl nicht das Kantsche Erkenntnissubjekt gemeint ist (in diesem Fall wäre der Brief lediglich eine auf Goethe abgestimmte Variante von Schillers ursprünglicher Argumentation), so ist es doch bemerkenswert, daß Schiller sich veranlaßt sieht, diese Konkretisierung der Ganzheit vorzunehmen. Er ist im übrigen damit nicht weit von Goethes Auffassung entfernt, der wahrscheinlich mit größerer Zurückhaltung darauf geblickt und zunächst nur von einer umfassenden Ganzheit gesprochen hätte, ohne sie zugleich zu qualifizieren. - Dieser Gedanke kann noch durch Folgendes verdeutlicht werden. Die Differenz zwischen Goethe und Schiller findet eine überzeugende Darstellung in dem jüngst erschienenen Aufsatz von Peter Matussek *Naiver und kritischer Physiozentrismus bei Goethe.* Matussek legt dar, wie Goethe in seiner erkenntnistheorethischen Grundhaltung zunächst einen *naiven Realismus* vertreten hat. Matussek spricht von einem *naiven Physiozentrismus.* Dieser sei aber nicht haltbar gewesen.[26] Ebenso könne aber auch ein reiner *Anthropozentrismus* – nach Matussek durch Schiller vertreten – nicht überzeugen.[27] In der Darlegung Matusseks haben das *Gespräch* mit Schiller und die Studien von Kants *Kritiken* Goethe nicht dazu gebracht, einen *Anthropozentrismus* anzunehmen[28], sondern er kam dazu,

---

[25] Briefw. 11
[26] Vgl. Peter Matussek a.a.O. S.231
[27] Es heißt bei Matussek: „Auch die kritische Transzendentalphilosophie kommt ohne das Regulativ einer physiozentrischen Perspektive nicht aus." (A.a.O. S.224)
[28] Deshalb scheut sich Goethe, den Begriff *Mensch* für die *Ganzheit* zu setzen.

„seinen Physiozentrismus zu raffinieren, indem er ihn mit der Transzendentalphilosophie in Übereinstimmung brachte."[29]

Ob dies zutrifft, möge zunächst offen bleiben. Auch Matussek sieht noch einen weiteren Schritt. Die von Goethe entwickelte erkenntnistheorethische Position bezeichnet er als einen *kritischen Realismus* bzw. *kritischen Physiozentrismus*.

Es sei an dieser Stelle festgehalten, daß der Trennungspunkt zwischen Goethe und Schiller darin liegt, daß Schiller 1. bezweifelt, daß Ideen aus Erfahrungen abgeleitet werden können, daß er 2. Idee und Erfahrung als Gegensatz auffaßt und daß er 3. Ideen erkenntnismäßig höher bewertet als Erfahrungen. Goethe sieht diese Haltung Schillers vom Kantschen Denken herrührend. Im Folgenden soll, ausgehend von dem wiedergegebenen *Gespräch*, Goethes Kant-Verständnis untersucht werden.

II.3. Goethes Kant-Verständnis

An zwei Stellen des Aufsatzes *Glückliches Ereignis* kommt Goethe auf Kant zu sprechen. Er führt an, daß *die Kantische Philosophie das Subjekt so hoch erhebt, indem sie es einzuengen scheint*. Und hieran schließt er an, daß Schiller *im Gefühl der Freiheit und Selbstbestimmung undankbar gegen die große Mutter* (gemeint ist die Natur) sei. In dieser Darstellung liegt wiederum eine Betonung auf dem Gegensatz von Subjekt und Objekt, der von Kant in Goethes Verständnis zu hoch veranschlagt wird. Das führt nach Goethe zwar zu einer Steigerung des Selbstbewußtseins, aber zugleich zu einem Verlust der Objektbeziehung. Dies wirke einengend.[30]

Man kann geneigt sein, diese Qualifizierung Kantschen Denkens als von einem mehr oberflächlichen Studium von Kants Schriften herrührend zu betrachten. In diesem Sinne argumentieren Gadamer, der von einem *Mißverständnis*, das im übrigen leicht aufzulösen sei, spricht[31] und desweiteren Gabriele Rabel[32] und Julia

---

[29] Peter Matussek a.a.O. S.225
[30] Die Steigerung des Selbstbewußtseins, die Kants Philosophie birgt, ist nicht nur im psychologischen Sinne – dies bedeutete es für Goethe auch –, sondern durchaus philosophisch zu verstehen. Inwieweit sich Goethe auf Kants Lehre der *transzendentalen Apperzeption* bezogen hat, wird noch zu zeigen sein.
[31] Hans-Georg Gadamer, Goethe und die Philosophie. A.a.O. S.18
[32] Gabriele Rabel, *Goethe und Kant*. 2 Bde. A.a.O.

II. Goethes Kant-Rezeption

Gauss[33]. Diese Einschätzung beruft sich vor allem darauf, daß Goethe erst durch Schiller an die Kantsche Philosophie herangeführt und bis dahin eher um Distanzierung von Kant bemüht gewesen sei.[34] Goethe selbst hat dieser These Vorschub geleistet, indem er schrieb:

> „Kants *Kritik der reinen Vernunft* war schon längst erschienen, sie lag aber völlig außerhalb meines Kreises. [...] Der Eingang war es, der mir gefiel, ins Labyrinth selbst konnte ich mich nicht wagen: bald hinderte mich die Dichtungsgabe, bald der Menschenverstand und ich fühlte mich nirgends gebessert."[35]

Dies läßt nicht vermuten, daß sich Goethe eingehend mit Kant auseinandergesetzt hat, zumindest nicht mit der *Kritik der reinen Vernunft*. Bei der *Kritik der Urteilskraft* sieht es anders aus. Hier liegen durchaus auch positive Stellungnahmen vor:

> „Nun kam die *Kritik der Urteilskraft* mir zu Handen und dieser bin ich eine höchst frohe Lebensepoche schuldig. [...] Wenn auch meiner Vorstellungsart nicht eben immer dem Verfasser sich zu fügen möglich werden konnte, wenn ich hie und da etwas zu vermissen schien, so waren doch die großen Hauptgedanken des Werkes meinem bisherigen Schaffen, Tun und Denken ganz analog, [...]"[36]

Es mag an der zustimmenden Darstellung liegen, die Goethes Urteil hier in den Augen der Philosophie größeres Gewicht verleiht. Auffällig ist, daß Goethes inhaltliche Beschreibung der *Kritik der Urteilskraft* und der *Kritik der reinen Vernunft* kaum qualitativ unterschieden ist. Die Urteile sind in ihrer inhaltlichen Fundierung gleich. Trotzdem wird Goethes mehr negative Charakteristik der *Kritik der reinen Vernunft* auf philosophische Oberflächlichkeit zu-

---

[33] Julia Gauss, *Goethe und die Prinzipien der Naturforschung bei Kant*. A.a.O.
[34] Ausgenommen Julia Gauss. Sie schreibt: „Einen mächtigen Schritt, aber nicht eigentlich einen ersten philosophischen Entwicklungsschritt bedeutete für Goethe die freundschaftliche Begegnung mit Schiller." (ebenda S. 64)
[35] *Einwirkung der neueren Philosophie*; FA 24, 443. Der ausgelassene Teil des Zitates tritt in eine stärker inhaltliche Auseinandersetzung ein, die erst später näher betrachtet werden soll. Insofern stellt die verkürzte Zitation eine Einseitigkeit dar, die durch das Ganze so nicht gegeben ist, die aber, weil sie vielfach so unternommen wurde, gerade den Grund für die Goethe angelastete mangelnde Kantkenntnis bildet.
[36] *Einwirkung der neueren Philosophie*; FA 24, 444

rückgeführt, während die positive Bewertung der *Kritik der Urteilskraft* seine philosophische Bonität bezeugt. Dies wird durch folgende Beschreibung Goethes sowohl unterstützt, wie auch widerlegt:

> „Auf mich selbst zurückgewiesen studierte ich das Buch [Kritik der Urteilskraft] immer hin und wieder. Noch erfreuen mich in dem alten Exemplar die Stellen die ich damals anstrich, so wie dergleichen in der Kritik der Vernunft, in welche tiefer einzudringen mir auch zu gelingen schien: denn beide Werke aus einem Geist entsprungen deuten immer eins aufs andere."[37]

Wenn sich Goethe demnach erst durch die *Kritik der Urteilskraft* der *Kritik der reinen Vernunft* angenähert hat, so ist hier doch die Rede von der Zeit *vor* dem Gespräch mit Schiller. Also schon vor diesem Gespräch hat sich Goethe mit Kants Philosophie auseinandergesetzt. Die These also, daß Goethe erst durch Schiller an Kant herangeführt worden sei, ist nicht schlüssig. Es wird zudem durch die ausführliche Dokumentation von Karl Vorländer[38] und insbesondere durch die jüngste Veröffentlichung Géza von Molnars[39] deutlich, daß Goethe sich schon vor der Begegnung mit Schiller Kants *Kritik der reinen Vernunft* erarbeitet hatte und mit den wesentlichen Gesichtspunkten der Schrift vertraut war. Géza von Molnár hat im Faksimile Goethes Handexemplare von Kants *Kritik der reinen Vernunft* und der *Kritik der Urteilskraft* herausgegeben. Aus den Anstreichungen Goethes und der ausführlichen Kommentierung durch von Molnár geht hervor, daß manche scheinbar lapidar geäußerten Bemerkungen Goethes durchaus philosophisch reflektiert sind und im Bewußtsein von Kants Argumentation erfolgen.[40]

---

[37] ebenda, FA 24, 444f

[38] Karl Vorländer, *Kant, Schiller, Goethe.* A.a.O. Vorländer ist bezogen auf die Fragestellung nach Schillers Einfluß auf Goethes Kantrezeption teilweise nicht ganz eindeutig. Während er in *Kant, Schiller, Goethe* ausführt, daß beide Goethe und Schiller sich in Kant fanden, heißt es in *Imanuel Kant und sein Einfluß auf das deutsche Denken*: „Durch den Freundschaftsbund mit Schiller (1794) ist dann auch Goethe, der bisdahin seine philosophische Nahrung namentlich aus Herder und Spinoza gezogen hatte, der Kantischen Philosophie nähergebracht worden." (A.a.O. S.91f)

[39] Géza von Molnár, *Goethes Kantstudien. Eine Zusammenstellung nach Eintragungen in seinen Handexemplaren der „Kritik der reinen Vernunft" und der „Kritik der Urteilskraft".* A.a.O.

[40] Vgl. hierzu auch Ernst Cassirer: „Goethe hat, lange vor seiner Verbindung mit Schiller, die Beziehung zur Kantischen Lehre selbständig

II.3.1. Goethes Studium der *Kritiken*

Goethes Beschäftigung mit Kants *Kritik der reinen Vernunft* fällt in die Zeit vom Herbst/Winter 1790/91.[41] Es ist auffällig, daß seine Anstreichungen erst im zweiten Teil der *Transzendentalen Elementarlehre*, im dritten Abschnitt *Von der Einteilung der allgemeinen Logik in Analytik und Dialektik* einsetzen. Von Molnár legt nahe, daß Goethe, „wie fast allen Gebildeten der Zeit, das allgemeine Anliegen der „Kritik", so wie es in der Haupteinleitung vorgebracht wird, wohl schon längst vertraut war"[42] und daß deshalb keine explizite Auseinandersetzung mit ihr nötig war. Der Teil, bei dem Goethes vermehrte Anstreichungen einsetzen, handelt – wie von Molnár schreibt – von dem „Wahrheitsanspruch denkerischer Akte"[43]. Kant fragt, was der Verstand gegenüber der Erfahrung zu leisten befähigt und berechtigt ist. Er betont, was von Goethe unterstrichen ist, „daß uns Gegenstände in der Anschauung gegeben werden"[44]. Der Verstand sei auf Anschauungen angewiesen.

> „Denn ohne Anschauung fehlt es aller unserer Erkenntnis an Objekten, und sie bleibt alsdenn völlig leer."[45]

Dann kommt er auf die Problematik eines Verstandesgebrauches zu sprechen, der sich nicht auf die Erfahrung gründet.

> „Weil es aber sehr anlockend und verleitend ist, sich dieser reinen Verstandeserkenntnis und Grundsätze <u>allein</u>, und selbst über die <u>Grenzen der Erfahrung hinaus</u> zu bedienen, welche doch einzig und allein uns die Materie (Objekte) an die Hand geben kann, worauf jene reine Verstandesbegriffe angewandt werden können: so gerät der Verstand in <u>Gefahr</u>, durch leere Vernünfteleien von den blo-

---

gesucht und für sich festgestellt. [...] von der Seite des Formproblems her hat Goethe, von der Seite des Freiheitsproblems her hat Schiller seinen Weg zu Kant gefunden." (In: *Freiheit und Form. Studien zur deutschen Geistesgeschichte*. A.a.O.S.170). Und an anderer Stelle: „Nicht Schiller war es, der Goethe die Augen für Kant öffnete. Lange vor dem intimem Verkehr mit Schiller hatte er seinen Weg zu Kant gefunden." (In: *Goethe und die Kantische Philosophie*. In: *Rousseau, Kant, Goethe*. A.a.O. S.65f)

[41] Vgl. zur Datierung Karl Vorländer, *Kant, Schiller, Goethe*. A.a.O. S.142ff
[42] Molnár S.25
[43] Molnár S.26
[44] KdrV I 105; Molnár S.162
[45] KdrV I 105

ßen formalen Prinzipien des reinen Verstandes einen materialen Gebrauch zu machen, und über Gegenstände ohne Unterschiede zu urteilen, die uns doch *nicht gegeben* sind, ja vielleicht auf keinerlei Weise gegeben werden können."[46]

Der von Kant geäußerte Gedanke ist für Goethe von großer Bedeutung. Er markiert die größte philosophische Übereinstimmung zwischen ihm und Kant. Denn ein Hauptanliegen von Goethes wissenschaftlichem Bestreben ist es gewesen, jeden Erkenntnisgewinn stets aus der Erfahrung herzuleiten und nichts ihr nicht Zugehörendes in sie hineinzutragen. Er war sich der *Gefahr* eines vorschnellen Verstandesgebrauches sehr wohl bewußt. Das Anliegen einer Grenzziehung gegenüber der metaphysischen Einmischung in die Erfahrung hatte er mit Kant gemeinsam. Insbesondere liegt hier auch der Grund seiner Entfernung von Friedrich Heinrich Jacobi. Mit diesem hatte ihn über lange Zeit eine herzliche Freundschaft verbunden, die aber zunehmend abkühlte, weil Goethe die metaphysische Orientierung seines Freundes nicht teilen konnte. Er schreibt in einem Brief an ihn:

„Dagegen hat dich aber auch Gott mit der Metaphysik gestraft, [...] mich dagegen mit der Physik gesegnet."[47]

Der Vorwurf der *Schwärmerei*[48], den Kant gegenüber Jacobi erhebt, wird von Goethe geteilt und fällt in die gleiche Richtung wie jener der *leeren Vernünftelei*. Goethes gesamte Lektüre der *Kritik der reinen Vernunft* zeigt, daß er das Anliegen Kants einer Grenzziehung der Verstandeserkenntnis als wesentlich empfand und hierin sein eigenes Bemühen bestätigt und unterstützt sah.

II.3.2. Grenzziehung

Die Übereinstimmung zwischen Goethe und Kant bezogen auf die Beschränkung der Verstandeserkenntnis wird von von Molnár verschiedentlich betont.

---

[46] KdrV I 106; Molnár S.162. Die Unterstreichungen sind von Goethes Hand. Sie sind aus dem Faksimileabdruck von Molnárs übernommen.
[47] Brief vom 21.10.1785; Goethe HABr 1, 323
[48] Kant, *Was heißt: sich im Denken orientieren?* Vgl. hierzu auch Heinz Nicolei, *Goethe und Jacobi. Studien zur Geschichte ihrer Freundschaft.* A.a.O. insbesondere S.170

„Kant liegt daran, hervorzuheben, daß all unser Wissen auf Erscheinungen begrenzt ist, daß dieser Bereich unserem Wissen genügt, daß die 'nichtsinnliche Ursache' [...] der Erscheinungen oder 'das Geheimniß des Ursprungs unserer Sinnlichkeit' [...] außerhalb dieses Bereiches liegt und daß sich gerade in dieser Beschränkung der Meister im Betätigungsbereich der Naturwissenschaft zeige. Kein Wunder, daß Goethe diese Stelle mit doppelten Randstrichen kennzeichnet, denn er mußte in Kants Auszeichnung des Phänomenalen alles Naturgeschens als Zutritt zu jeglichem Naturverständnis seine eigene Verfahrensweise als Naturwissenschaftler bestätigt glauben."[49]

Die Passagen bei Kant, die sich auf dieses Motiv der Grenzziehung beziehen, sind von Goethe meist unterstrichen worden. Goethe stimmte mit dem Grundanliegen Kants, einer Grenzbestimmung des Verstandes, einer Abkehr vom Dogmatismus und einer Beschränkung der Erkenntnis auf das Gegebene der Erfahrung überein. In diese Richtung argumentiert auch Ernst Cassirer:

„Goethe selbst hat zu Eckermann gesagt, es sei für seinen Lebensgang von großer Bedeutung gewesen, daß Lessing und Winckelmann auf seine Jugend, Kant auf sein Alter gewirkt habe. Alles, was wir von der Entwicklung seiner philosophischen, seiner sittlichen, seiner naturwissenschaftlichen Grundanschauungen wissen, bestätigt diesen Ausspruch. Kant konnte diese Wirkung auf Goethe ausüben, weil dieser über die dogmatische Metaphysik im Grunde nicht anders als Kant dachte."[50]

Und an anderer Stelle entsprechend:

„Was Kant in der „Kritik der reinen Vernunft" geben wollte, war die *Grenzbestimmung* der reinen Vernunft. Er hatte diese Aufgabe mit logischen Mitteln zu lösen. Er sprach als Erkenntniskritiker, der das Wissen auf sein eigenstes Gebiet, auf das Feld der möglichen Erfahrung und auf die Prinzipien der Sittlichkeit beschränkte. All dies konnte Goethe rückhaltlos anerkennen."[51]

Cassirer erläutert weiterhin, daß Goethe Kant schätzen konnte, gerade weil er keine Ontologie aufzustellen suchte, sondern lediglich die subjektiven Bedingungen unserer Erfahrung und die Möglich-

---

[49] Molnár S.71
[50] Cassirer, *Goethe und die kantische Philosophie*. A.a.O. S.78
[51] ebenda S.79f

keit von Erkenntnis beschrieben hat. Goethe war sich der Übereinstimmung mit Kant bezogen auf ein ungebührlich-metaphysisches Hinausschreiten über das Gegebene der Erfahrung durchaus bewußt. In einem Gespräch mit Eckermann äußert er:

> „Kant hat unstreitig am meisten genützt, indem er die Grenzen zog, wie weit der menschliche Geist zu dringen fähig sei, und daß er die unauflöslichen Probleme liegen ließ."[52]

Innerhalb seiner naturwissenschaftlichen Forschung war es ein Hauptanliegen Goethes, zu einem reinen, vom Subjekt ungetrübten Phänomenbewußtsein zu gelangen. Dies ist nur möglich, indem durch das Verfahren der kritischen Philosophie die Beteiligung des Subjektes beim Zustandekommen von Erkenntnis nicht aus dem Auge verloren wird und zugleich muß neben der notwendigen *methodisch-strukturellen* Beteiligung des Subjektes die *inhaltliche* ausgeschlossen bleibt. In dem Aufsatz *Anschauende Urteilkraft* würdigt Goethe, daß Kant dieses Problemfeld aufgedeckt hat:

> „Er [Kant] mochte freilich bemerkt haben wie anmaßend und naseweis der Mensch verfährt, wenn er behaglich, mit wenigen Erfahrungen ausgerüstet, sogleich unbesonnen abspricht und voreilig etwas festzusetzen, eine Grille die ihm durchs Gehirn läuft den Gegenständen anzuheften trachtet. Deswegen beschränkt unser Meister seinen Denkenden auf eine reflektierende diskursive Urteilskraft, untersagt ihm eine bestimmende ganz und gar."[53]

Der Unterschied zwischen bestimmender und reflektierender Urteilskraft wird von Kant in der *Kritik der Urteilskraft* erläutert. Es heißt dort:

> „Urteilskraft überhaupt ist das Vermögen, das Besondere als enthalten unter dem Allgemeinen zu denken. Ist das Allgemeine (die Regel, das Prinzip, das Gesetz) gegeben, so ist die Urteilskraft, welche das Besondere darunter subsumiert, (auch, wenn sie, als transzendentale Urteilskraft, a priori die Bedingungen angibt, welchen gemäß allein unter jenem Allgemeinen subsumiert werden kann) *bestimmend*. Ist aber nur das Besondere gegeben, wozu sie das Allgemeine finden soll, so ist die Urteilskraft bloß *reflektierend*."[54]

---

[52] Gespräch mit Eckermann 1.9.1829; Biedermann IV, 163
[53] FA 24, 447
[54] KdU 87; Molnár S.305f. Die gesamte Passage ist von Goethe mit einem Randstrich versehen worden.

II. Goethes Kant-Rezeption 47

Goethe hält mit Kant zur Erkenntnis von Naturgesetzen allein die reflektierende und nicht die bestimmende Urteilskraft für geeignet. Denn das deduktive Verfahren, welches vom Allgemeinen zum Besonderen geht bzw. dieses subsumiert, ist unfähig, die *mannigfaltigen Formen* und *Modifikationen* der Natur adäquat zu begreifen.[55] Demgegenüber verfährt die reflektierende Urteilskraft induktiv, „indem sie von dem Besonderen in der Natur zum Allgemeinen aufzusteigen die Obliegenheit hat."[56] Kant nimmt – was von Goethe nicht weiter diskutiert wird – auch für die reflektierende Urteilskraft ein *transzendentales Prinzip* an, welches, nicht der Natur entlehnt, diese sich selbst gibt. D.h. die Allgemeinheit, welche durch die reflektierende Urteilskraft erreicht wird, ist keine *rein* induktiv gewonnene, sondern in den Bedingungen dieser Urteilskraft selbst gelegene. Hier kann Goethe Kant nicht folgen. Denn wenn er auch mit Kant die Befugnis der bestimmenden Urteilskraft zur Naturerkenntnis leugnet und die im Besonderen verweilende Fähigkeit der reflektierenden Urteilskraft würdigt, so faßt er doch noch eine dritte Urteilskraft ins Auge, welche das Allgemeine (nicht transzendental, sondern real) im Besonderen zu ergreifen vermag. Er hat mit bewußter Bezugnahme auf Kant seinen Aufsatz *Anschauende Urteilskraft* betitelt. Wie diese verfährt und was sie nach Goethes Auffassung gegenüber der reflektierenden Urteilskraft leistet, soll später entwickelt werden.

Goethe würdigt bei Kant, die methodisch-strukturelle Beteiligung des Subjektes beim Zustandekommen von Erkenntnis entdeckt und erläutert zu haben. Seine eigenen methodischen Aufsätze reflektieren unentwegt, wie sich diese Beteiligung des Subjektes zu-

---

[55] Vgl. Kant: „Allein es sind so mannigfaltige Formen der Natur, gleichsam so viele Modifikationen der allgemeinen transzendentalen Naturbegriffe, die durch jene Gesetze, welche der reine Verstand a priori gibt, weil dieselben nur auf die Möglichkeit einer Natur (als Gegenstandes der Sinne) überhaupt gehen, unbestimmt gelassen werden, daß dafür doch auch Gesetze sein müssen, die zwar als empirische, nach *unserer* Verstandeseinsicht zufällig sein mögen, die aber doch, wenn sie Gesetze heißen sollen (wie es auch der Begriff einer Natur erfordert), aus einem, wenn gleich uns unbekannten, Prinzip der Einheit des Mannigfaltigen, als notwendig angesehen werden müssen." (KdU 88)

[56] ebenda; Vgl. hierzu auch Julia Gauss: „Kant jedoch unterscheidet zu Beginn seiner Ausführungen über die Teleologie zwischen einer bestimmenden und reflektierenden Urteilskraft, und zwar gibt den Ausschlag dabei, ob das ideelle Prinzip als Grundlage einer dogmatischen Welterklärung oder aber als Leitfaden der Forschung gelten soll." (*Goethe und die Prinzipien der Naturforschung bei Kant*. A.a.O. S.56)

gunsten einer unmittelbareren und ungestörten Vergegenwärtigung des Phänomens verhalten muß. So in dem programmatischen Aufsatz *Der Versuch als Vermittler von Objekt und Subjekt*, der 1792 verfaßt wurde:

> „Sobald der Mensch die Gegenstände um sich her gewahr wird, betrachtet er sie in Bezug auf sich selbst, [...] Diese ganz natürliche Art die Sachen anzusehen und zu beurteilen scheint so leicht zu sein als sie notwendig ist, und doch ist der Mensch dabei tausend Irrtümern ausgesetzt, die ihn oft beschämen und ihm das Leben verbittern."[57]

Goethe hinterfragt hier die *natürliche Art*, die Dinge der Welt aufzufassen. Er nimmt eine kritische Haltung gegenüber dem eigenen Erkenntnisverfahren ein. Dies veranlaßt Andreas B. Wachsmuth zu der Bemerkung:

> „Man darf wohl die Behauptung wagen, daß Goethe den Aufsatz „Der Versuch als Vermittler von Objekt und Subjekt" ohne die erkenntnistheoretische Beunruhigung durch Kant nicht geschrieben hätte."[58]

Ob das Studium der Erkenntnistheorie ihn beunruhigt hat und ob er ohne dieses den Aufsatz nicht geschrieben hätte, möge offen bleiben. Festzuhalten ist, daß er wesentliche erkenntnistheoretische Erwägungen enthält. Goethe fragt, wie es möglich ist, sich von den Irrtümern des *natürlichen* Erkennens freizuhalten und demgegenüber *„die Gegenstände der Natur an sich selbst und in ihren Verhältnissen untereinander zu betrachten"*. Dem Menschen sei es nötig, sich selbst zu *entäußern* und als *gleichsam göttliches Wesen* zu untersuchen, was *ist* und nicht was *behagt*. Auch wenn das Anliegen, *die Gegenstände der Natur an sich selbst zu betrachten*, von Kant als über die Befähigung menschlichen Erkennens hinausgehend bewertet wird – hierauf sei an späterer Stelle noch ausführlicher eingegangen –, so ist es doch bemerkenswert, daß Kant eben die *Urteilsdisziplin*, die Goethe beschreibt, verschiedentlich fordert. Wie Goethe zunächst die *Entäußerung* des Menschen für nötig erachtet, so sieht auch Kant eine zunächst negative Urteilsenthaltung, eine Negation für unabdingbar. Es sei eine längere Passage, die von Goethe mit Unterstreichungen und Randstrichen markiert worden ist, zitiert:

---

[57] HA 13, 10
[58] Andreas B. Wachsmuth, *Goethes Farbenlehre und ihre Bedeutung für seine Dichtung und Weltanschauung*. A.a.O. S.79

II. Goethes Kant-Rezeption

„Wo aber die Schranken unserer möglichen Erkenntnis sehr enge, der Anreiz zum Urteilen groß, der Schein, der sich darbietet, sehr betrüglich, und der Nachteil aus dem Irrtum erheblich ist, da hat das *Negative* der Unterweisung, welches bloß dazu dient, um uns vor Irrtümer zu verwahren, noch mehr Wichtigkeit, als manche positive Belehrung, dadurch unser Erkenntnis Zuwachs bekommen könnte. Man nennet den Zwang, wodurch /der beständige Hang, von gewissen Regeln abzuweichen, eingeschränkt, und endlich vertilgt wird, die <u>Disziplin</u>. Sie ist von der <u>Kultur</u> unterschieden, welche bloß eine *Fer/tigkeit* verschaffen soll, ohne eine andere, schon vorhandene, dagegen aufzuheben. Zu der Bildung eines Talents, welches schon vor sich selbst einen Antrieb zur Äußerung hat, wird also die <u>Disziplin</u> einen negativen, die <u>Kultur</u> aber und die <u>Doktrin</u> einen positiven Beitrag leisten.
Daß das Temperament, imgleichen daß Talente, /die sich gern eine freie und uneingeschränkte Bewegung erlauben (als Einbildungskraft und Witz), in mancher Absicht einer Disziplin bedürfen, wird jedermann leicht zugeben. Daß aber die Vernunft, der es eigentlich obliegt, allen anderen Bestrebungen ihre Disziplin vorzuschreiben, selbst noch eine solche nötig habe, das mag allerdings befremdlich erscheinen, und in der Tat ist sie auch einer solchen Demütigung eben darum bisher entgangen, weil bei der Feierlichkeit und dem gründlichen Anstande, womit sie auftritt, niemand auf den Verdacht eines leichtsinnigen Spiels, mit Einbildungen statt Begriffen, und/ Worten statt Sachen, leichtlich geraten konnte."[59]

Hiermit begründet also Kant seine *Kritik der reinen Vernunft*. Entscheidend ist, daß er, um diese Kritik durchzuführen, nicht nur einen *inhaltlich* neuen Schritt machen muß, sondern eine neue *Methode* der Selbstbesinnung der Vernunft verfolgt. Es ist dies die von ihm so bezeichnete *transzendentale* Methode. Er stellt ihre Rechtfertigung und Notwendigkeit wie folgt dar:

„Allein es gibt doch einen Vorteil, der auch dem schwierigsten und unlustigsten Lehrlinge solcher transzendentalen Nachforschung begreiflich, und zugleich angelegen gemacht werden kann, nämlich dieser: daß der bloß mit seinem empirischen Gebrauche /beschäftigte Verstand, der über die Quellen seiner eigenen Erkenntnis nicht nachsinnt, zwar sehr gut fortkommen, eines aber gar nicht

---

[59] KdrV II 610f; Molnár 269f. Die Querstriche markieren wiederum Zeilenanfang und -ende von Randanstreichungen Goethes. Wie bei solchen Anstreichungen üblich, sind sie nicht ganz exakt zu nehmen, sondern meinen beispielsweise den ganzen zweiten Absatz, ohne erste und letzte Zeile bewußt auszugrenzen.

leisten könne, nämlich, sich selbst die Grenzen seines Gebrauchs zu bestimmen, und zu wissen, was innerhalb oder außerhalb seiner ganzen Sphäre liegen mag; denn dazu werden eben die tiefen/ Untersuchungen erfordert, die wir angestellt haben. Kann er aber nicht unterscheiden, ob gewisse Fragen in seinem Horizonte liegen oder nicht, so ist er niemals seiner Ansprüche oder seines Besitzes sicher, sondern darf sich nur auf vielfältige beschämende Zurechtweisungen Rechnung machen, wenn er die Grenzen seines Gebiets (wie es unvermeidlich ist) unaufhörlich überschreitet, und sich in Wahn und Blendwerke verirrt."[60]

Und dann faßt er zusammen:

„Daß also der Verstand von allen seinen Grundsätzen a priori, ja von allen seinen Begriffen keinen andern als empirischen, niemals aber einen transzendentalen Gebrauch machen könne, ist ein Satz, der, wenn er mit Überzeugung erkannt werden kann, in wichtige Folgen hinaussieht."[61]

Diese Stelle ist deshalb bedeutsam, weil sie durch die Randstriche zeigt, daß sich Goethe nicht nur mit der gewissermaßen *praktischen* Konsequenz von Kants Kritik der Verstandestätigkeit beschäftigt, sondern sich auch deren theoretisch-methodische Grundlegung bewußt gemacht hat. Die kritische Grenzbestimmung, die Kant vollzieht, gründet sich auf seiner Lehre der *Apperzeption*. Die entsprechenden Darlegungen sind von Goethe mit Anstreichungen versehen worden.

II.3.3. Transzendentale Apperzeption

„Das: *Ich denke*, muß alle meine Vorstellungen begleiten können;"[62]

Mit diesem Satz begründet Kant die von ihm selbst so bezeichnete *kopernikanische Wende*[63]. Diese vollzieht sich allerdings im umgekehrten Sinne; denn während Kopernikus das geozentrische Weltbild in ein heliozentrisches umbildet, erklärt Kant das menschliche Bewußtsein zum Ausgangspunkt der Welterfahrung. Er begründet

---

[60] KdrV I 269; Molnár S.252. Die Querstriche markieren Zeilenanfang und Zeilenende, wo Goethe einen doppelten Randstrich gesetzt hat.
[61] ebenda
[62] KdrV I 136; Molnár S.181
[63] KrdV I 25

einen philosophischen Anthropozentrismus. In der *Vorrede zur zweiten Auflage* heißt es:

> „Wenn die Anschauung sich nach der Beschaffenheit der Gegenstände richten müßte, so sehe ich nicht ein, wie man a priori von ihr etwas wissen könne; richtet sich aber der Gegenstand (als Objekt der Sinne) nach der Beschaffenheit unseres Anschauungsvermögens, so kann ich mir diese Möglichkeit sehr wohl vorstellen."[64]

Die Möglichkeit der sinnlichen Wahrnehmung, ein Bewußtsein von den Gegenständen der Welt ist demnach bedingt durch die Beschaffenheit des menschlichen Anschauungsvermögens. Das Subjekt ist der Ausgangspunkt der Welterfahrung. Es ist zugleich – dies entwickelt Kant im §16, *Von der ursprünglich-synthetischen Einheit der Apperzeption* – dasjenige, was dem Mannigfaltigen einen einheitlichen Grund gibt. Er führt zunächst aus:

> „Diejenige Vorstellung, die vor allem Denken gegeben sein kann, heißt <u>Anschauung</u>."[65]

Anschauung ist demnach nicht der Inhalt, sondern die Fähigkeit oder der Akt einer Zuwendung zur Welt. Als solcher ist sie Vorstellung und wird von dem *Ich-denke* begleitet, liegt aber vor allem Denken, da dieses – wie Kant an anderer Stelle ausführt – derselben bedarf, um nicht *leer* zu sein. Als Vollzugsform des Bewußtseins bezieht die Anschauung die Inhalte der Erfahrung auf sich.

> „Also hat alles Mannigfaltige der Anschauung eine notwendige <u>Beziehung</u> auf das: *Ich denke*, in demselben Subjekt, darin dieses Mannigfaltige angetroffen wird."[66]

Hiermit ist ein Einheitsgrund des Sinnlichen gefunden, der nicht diesem selbst entstammt bzw. in selbiges hypothetisch hineingelegt wird. Dadurch ist er dem Zweifel der kritischen Philosophie überhoben, der die Existenzform der Dinge an sich bzw. der berechtigten Aussage über diese betrifft. Dieser Einheitsgrund ist als Vollzugsform des Bewußtseins sich seiner selbst unmittelbar gewiß.

---

[64] ebenda
[65] KdrV I 136; Molnár 182
[66] ebenda

> „Diese Vorstellung aber ist ein Actus der *Spontaneität*, d.i. sie kann nicht als zur Sinnlichkeit gehörig angesehen werden."[67]

Deshalb nennt Kant sie die *reine Apperzeption*. Die Einheit, die durch sie, also durch das alle Vorstellungen begleitende *Ich denke*, geschaffen wird, heißt *transzendentale Einheit* des Selbstbewußtseins. Es wird demnach das Selbstbewußtsein der Identitätsgrund des in der Anschauung gegebenen Mannigfaltigen. Wäre dies nicht so, dann befürchtet Kant:

> „würde ich ein so vielfarbiges verschiedenes Selbst haben, als ich Vorstellungen habe, deren ich mir bewußt bin."[68]

Von Molnár stellt heraus, daß diese Passagen Kants von Goethe mit großer Aufmerksamkeit studiert worden sind. Goethe war sich demnach der zentralen Wendung der Kantschen Philosophie – schon vor dem Gespräch mit Schiller – bewußt und hat, wie seine Äußerungen belegen, diese auch gewürdigt.

> „Kants System ist nicht umgestoßen. Dieses System oder vielmehr diese Methode besteht darin, Subjekt und Objekt zu unterscheiden; das Ich, das von einer beurteilten Sache urteilt mit dieser Überlegung, das bin doch immer ich der urteilt."[69]

Oder:

> „Ich danke der kritischen und idealistischen Philosophie, daß sie mich auf mich selbst aufmerksam gemacht hat, das ist ein ungeheurer Gewinn; [...]"[70]

Hieran schließt er wie folgt an:

> „sie kommt aber nie zum Objekt, dieses müssen wir so gut, wie der gemeine Menschenverstand zugeben, um am unwandelbaren Verhältnis zu ihm die Freude des Lebens zu genießen."[71]

Hiermit ist eine Einschränkung formuliert. Aber auch in dieser Einschränkung stimmen Goethe und Kant überein. Kant unterschei-

---

[67] ebenda
[68] KdrV I 137; Molnár S.184
[69] Biederman II, 402
[70] Brief an Schultz 18.9.1831; HABr. 4, 450
[71] ebenda

det zwischen dem *Objekt der Erfahrung* und dem *Objekt an sich selbst*. Bei ersterem wird auf die Form der Anschauung, wie sie durch die subjektive Organisation bedingt ist, geblickt.[72] Bei letzterem handelt es sich um das von Kant so bezeichnete *Ding an sich*. Dieses ist prinzipiell nicht erkennbar, da es unabhängig von den subjektiven Formen der Anschauung (Raum und Zeit) und des Denkens (Kategorien) existiert bzw. gedacht werden muß, denn auch eine positive Existenzaussage geht schon über die Befugnis des Erkennens hinaus. Es *muß* aber gedacht werden.

„Denn sonst würde der ungereimte Satz daraus folgen, daß Erscheinung ohne etwas wäre, was da erscheint."[73]

Gegenüber dem Ding an sich ist also weder eine positive Existenzaussage und noch weniger eine inhaltlich-qualifizierende Erkenntnisleistung möglich. Letztere kann sich lediglich auf Objekte der Erfahrung beziehen, welche sich immer der synthetischen Einheit der Apperzeption und auch derjenigen der Apprehension, welche ersterer gemäß ist[74], fügen muß. Jedes Gesetz, das erkannt wird, ist demnach nicht absolut.

---

[72] Vgl. KdrV I, 31
[73] ebenda
[74] Vgl. KdrV I, 154: „Also ist selbst schon *Einheit der Synthesis* des Mannigfaltigen, außer oder in uns, mithin auch eine *Verbindung*, der alles, was im Raume oder der Zeit bestimmt vorgestellt werden soll, gemäß sein muß, a priori als Bedingung der Synthesis aller *Apprehension* schon mit (nicht in) diesen Anschauungen zugleich gegeben. Diese synthetische Einheit aber kann keine andere sein, als die der Verbindung des Mannigfaltigen einer gegebenen *Anschauung überhaupt* in einem ursprünglichen Bewußtsein, den Kategorien gemäß, nur auf unsere *sinnliche Anschauung* angewandt. Folglich steht alle Synthesis, wodurch selbst Wahrnehmung möglich wird, unter den Kategorien, und, da Erfahrung Erkenntnis durch verknüpfte Wahrnehmung ist, so sind die Kategorien Bedingungen der Möglichkeit der Erfahrung, und gelten also a priori auch von allen Gegenständen der Erfahrung." Vgl. ferner KdrV I, 155 (Anmerkung): „Auf solche Weise wird bewiesen: daß die Synthesis der Apprehension, welche empirisch ist, der Synthesis der Apperzeption, welche intellektuell und gänzlich a priori in der Kategorie enthalten ist, notwendig gemäß sein müsse. Es ist eine und dieselbe Spontaneität, welche dort, unter dem Namen der Einbildungkraft, hier des Verstandes, Verbindung in das Mannigfaltige der Anschauung hineinbringt." Diese Zitate werden angeführt, um zu verdeutlichen, daß unter dem Gesichtspunkt der Objekterkenntnis bzw. -erfahrung Apper-

"Denn Gesetze existieren eben so wenig in den Erscheinungen, sondern nur relativ auf das Subjekt, dem die Erscheinungen inhärieren, so fern es Verstand hat, als Erscheinungen nicht an sich existieren, sondern nur relativ auf dasselbe Wesen so fern es Sinne hat."[75]

Und dann heißt es weiter:

"Allein Erscheinungen sind nur Vorstellungen von Dingen, die, nach dem, was sie an sich sein mögen, unerkannt da sind. Als bloße Vorstellungen aber stehen sie unter gar keinem Gesetze der Verknüpfung, als demjenigen, welches das verknüpfende Vermögen vorschreibt."[76]

Goethe hat diese Passagen bei Kant gelesen und einzelne Ausdrücke angestrichen. Es geht hieraus unerwarteter Weise hervor, daß seine einschränkende Bewertung der kritischen Philosophie auf dem Boden von Kants eigenen Darlegungen steht. Diese Bewertung ist dieselbe, welche die kritische Philosophie an sich selbst vornimmt. Goethe bemängelt, daß *die kritische Philosophie nicht zum Objekt komme*. Und analog bestätigt Kant, daß *die Dinge, nach dem, was sie an sich sein mögen, unerkannt da sind*. Der Unterschied liegt freilich darin, daß Kant sich damit zufrieden gibt und Goethe nicht. Auf dieser Grundlage läßt sich nun auch Goethes Bemerkung in dem Aufsatz *Glückliches Ereignis* verstehen, wenn er sagt, *daß die Kantische Philosophie das Subjekt so hoch erhebt, indem sie es einzuengen scheint*.[77] Durch die umgekehrte *kopernikanische Wende* Kants, durch seine Erkenntnisbegründung wird das Subjekt hoch erhoben. Die ursprüngliche transzendentale Apperzeption gewährleistet die Identität jeder Erscheinung für die Sinne im Subjekt des Erkennens. Es liegt aber zugleich eine Einengung vor, da ein Über-Sich-Hinausgehen des Subjektes, eine Erkenntnis der Objekte an sich unmöglich ist. In dem Aufsatz heißt es weiter, daß Schiller die Kantische Philosophie mit Freuden in sich aufgenommen habe.

---

zeption und Apprehension ununterschieden sind. Die zum einen mehr empirische, zum anderen mehr intellektuelle Ausrichtung hat für die Nähe zum Objekt keine Bedeutung. D.h. auch die Apprehension hat es in ihrer empirischen Ausrichtung *nie* mit Qualitäten eines Objektes an sich zu tun. Die vor allen Objekten konstituierte Apriorität des Bewußtseins wird demnach in *keinem* Akt der Erkenntnis unterbrochen.

[75] KdrV I, 156; Molnár S.203
[76] ebenda
[77] FA 24, 435

„[...] sie entwickelte das Außerordentliche was die Natur in sein Wesen gelegt, und er, im höchsten Gefühl der Freiheit und Selbstbestimmung, war undankbar gegen die große Mutter, die ihn gewiß nicht stiefmütterlich behandelte."[78]

Mit dem Ausdruck *große Mutter* ist auf eine universell-umfassende Wesensseite der Natur geblickt. Diese hat für Kant zumindest keine wissenschaftliche Relevanz. Goethe hatte sich innerhalb seiner Biographie auf eine solche Wesensseite zunächst religiös-künstlerisch bezogen, gewann später aber die Überzeugung, daß er sich innerhalb der Naturforschung dieser Seite auch wissenschaftlich nähern könne. Seine Naturforschung sucht eine Gesetzlichkeit aufzugreifen, welche nicht nur relativ für das Subjekt, sondern auch für das Objekt Bedeutung hat, die auch das Ansichsein der Objekte betrifft. Hierin liegt ein wesentlicher Unterschied zu Kant. Dies muß deutlich betont werden. Fritz Heinemann erläutert wie folgt:

„The complex and difficult question 'Goethe und Kant' cannot be solved in an incidental manner. But it is important to recognize that, despite their similar points of departure, the two move on entirely different planes, have different aims, directions, and interests. The fact that after a notable alternation of approaches and recoils, Goethe finally rejects Kantianism, because it is not able to reach the object, indicates the real difference in their points of view." [79]

Für Goethe ist es entscheidend, im Erkennen das Objekt der Erkenntnis auch in seiner Eigengesetzlichkeit zu erreichen und nicht lediglich das vorzufinden, was der Verstand aufgrund seiner eigenen Beschaffenheit in dasselbe hineinlegt. Das Erkennen darf daher nicht auf seine eigenen Bedingungen beschränkt bleiben. Eine kritische Vergegenwärtigung derselben ist zwar unerläßlich – allein hierin stimmt Goethe mit Kant überein (Heinemann spricht von *similar points of departure*) –, damit legt man sich aber noch nicht auf den *status quo* dieser Bedingungen fest, sondern gewinnt erst eine solide Grundlage, um das Erkennen so weiterzuentwickeln, daß es auch das Objekt erreicht. Es ist wohl tatsächlich so, daß ein großer Teil der Erkenntnisleistungen subjektbezogen und -bedingt ist, aber damit ist im Goetheschen Sinne noch nichts über eine mögliche Weiterentwicklung des Erkennens ausgemacht. In dieser Auffassung distanziert sich Goethe von Kant. Klaus Michael Meyer-Abich

---

[78] ebenda
[79] Fritz Heinemann, *Goethe's Phenomenological Method*. A.a.O. S.72

verdeutlicht eine solche Distanzierung gegenüber Kant auf folgende Weise:

> „Der kritische Trick [gemeint ist derjenige Kants], wie man das Verfahren wohl nennen darf, besteht also darin, hinsichtlich der Erkenntnis der Dinge dadurch Sicherheit zu gewinnen, daß man sich von ihnen ab- und sich selbst zuwendet, um zu ermitteln, was man selber zur Erscheinung der Dinge beiträgt, und sich dadurch zugleich seiner selbst versichert. Anders gesagt, lautet die Frage: Sind die Dinge, wie und was sie sind, weil wir so sind, wie wir sind?"[80]

Kants Philosophie gewinnt demnach *Erkenntnissicherheit* zum Preis eines *Objektverlustes*. Eben dies ist die Kritik, die Goethe vornimmt. Wenn Goethe sagt, daß die *idealistische Philosophie nicht zum Objekt komme*, dann stimmt er darin in gewisser Hinsicht mit Kant und dem Selbstverständnis der kritischen Philosophie überein. Was Kant aber im absoluten Sinne für den Leistungsumfang des Erkennens aussagt, gilt für Goethe nur relativ. Er behält sich die Möglichkeit einer An-Sich-Erkenntnis der Objekte vor. Dieser Unterschied zu Kant wird auch von Cassirer hervorgehoben.

II.4. Cassirers Goethe/Kant-Vergleich

Ernst Cassirer hat 1944 den Aufsatz *Goethe und die Kantische Philosophie* geschrieben. Er findet sich abgedruckt in dem 1991 erschienenen Band *Rousseau, Kant, Goethe*, dessen Herausgeber Rainer A. Bast ist. In seiner Einleitung hebt Bast hervor, daß sich Cassirers Denken stets in der Auseinandersetzung mit Kants Philosophie bewegt hat.

> „Zudem bekennt sich Cassirer öfter expressis verbis zum Idealismus wie auch zur kritischen bzw. transzendentalen Methode."[81]

Er habe sich aber nicht als Neukantianer verstanden wissen wollen und sich später gerade in Hinblick auf seine Philosophie der symbolischen Formen von einigen Positionen Kants distanziert. Mit Goethe sei Cassirer lebenslang tief verbunden gewesen in einer Art *Gedanken- und Seelenverwandtschaft*[82]. Der Aufsatz *Goethe und die*

---

[80] Klaus Michael Meyer-Abich, *Praktische Naturphilosophie*. A.a.O. S.163
[81] Ernst Cassirer, *Goethe und die Kantische Philosophie*. Einleitung Bast S.XII
[82] ebenda S.XV

Kantische Philosophie nimmt seinen Ausgang von einem Goethe-Zitat, das vor dem Hintergrund des Gespräches mit Schiller die Ambivalenz von Goethes Verhältnis zu Kant vor Augen stellt.

> „In Goethes Gesprächen mit Eckermann findet sich eine merkwürdige Äußerung, die biographisch und geistesgeschichtlich von größter Bedeutung ist, die aber bisher von der Goethe-Forschung kaum beachtet worden ist oder die zum mindesten noch nicht die rechte Erläuterung gefunden hat. Sie bezieht sich auf Goethes Verhältnis zur Kantischen Philosophie.
> 'Kant', – sagte Goethe – 'hat nie von mir Notiz genommen, wiewohl ich aus eigener Natur einen ähnlichen Weg ging als er. Meine *Metamorphose der Pflanzen* habe ich geschrieben, ehe ich etwas von Kant wußte, und doch ist sie ganz im Sinne seiner Lehre.'"[83]

Cassirer sucht in Anknüpfung hieran die Gemeinsamkeiten und Unterschiede zwischen Goethe und Kant herauszuarbeiten. Eine Gemeinsamkeit, auf die auch schon hingewiesen worden ist, bezieht sich auf die Grenzbestimmung des Erkennens.

> „Er [Kant] sprach als Erkenntnistheoretiker, der das Wissen auf sein eigenstes Gebiet, auf das Feld der möglichen Erfahrung und auf die Prinzipien der Sittlichkeit beschränkte. All dies konnte Goethe rückhaltlos anerkennen."[84]

Was Kants zentrales Anliegen seiner Kritik ist, die Abweisung einer metaphysischen Einmischung des Erkennens in das Gebiet der Erfahrung, das war Goethes Anliegen in der Naturwissenschaft. Er wollte eine streng erfahrungsorientierte Naturwissenschaft. Hierin stimmen beide überein. Damit verbunden ist, was auch von Cassirer betont wird, daß das Denken seine Inhalte allein aus der Erfahrung bezieht.

> „Das Ergebnis von Kants transzendentaler Analytik läßt sich in gewissem Sinne in *einem* Satz zusammenfassen. Es ist der Satz, daß Gedanken ohne Inhalt leer sind.[85] Einen Inhalt aber können nach Kant unsere Gedanken nur dadurch erhalten, daß sie sich auf die

---

[83] ebenda S.63
[84] ebenda S.79f
[85] Ursprünglicher Wortlaut bei Kant: „Gedanken ohne Inhalt sind leer, Anschauungen ohne Begriffe blind." (KdrV I, 98) Und: „Denn ohne Anschauung fehlt es aller unserer Erkenntnis an Objekten, und sie bleibt alsdenn völlig leer." (KdrV I, 105)

Anschauung – die reine oder empirische Anschauung – beziehen. [...] Von *dieser* Lehre mußte sich Goethe von Anfang an lebhaft angezogen fühlen."[86]

Das heißt, daß Gedanken ihre Anwendung und ihren Gehalt in einem stetigen Erfahrungsbezug finden. Cassirer drückt es an anderer Stelle so aus:

„[...] in Kants System ist die Idee nicht, wie bei Plato, ein Etwas, das der Erfahrung entgegensteht – das außerhalb ihrer liegt und über sie erhaben ist. Sie ist vielmehr ein Moment, ein Faktor im Erfahrungsprozeß selbst. Sie hat keine selbständige, abgesonderte, ontologische Existenz; aber sie ist ein regulatives Prinzip, das für den Erfahrungsgebrauch selbst notwendig ist und ihm erst seine Vollständigkeit, seine sytematische Einheit gibt."[87]

Die Idee ist demnach ein integrierter Bestandteil der Erfahrung. Dies wird von Cassirer als Gegensatz zu Platon gesehen, der Ideen als *abgesonderte, ontologische* Wesen begreift. Cassirer betont ihre regulative Funktion. Nun muß sich dieser Gegensatz aber nicht so scharf abzeichnen. Es könnten Ideen durchaus auch eine ontologische Existenz haben und zugleich integrierter Bestandteil der Erfahrung sein. Vor diesem Hintergrund braucht dann der Gegensatz zwischen Goethe und Schiller, wie er in dem Gespräch aufkommt, gar nicht so hoch veranschlagt werden. Dann wäre Schillers Ausspruch „*Das ist eine Idee, keine Erfahrung.*" nicht ausschließlich zu verstehen. Cassirer sieht hierin auch nicht die Absicht Schillers[88]. Auf den gleichen Sachverhalt reflektiert auch Peter Sachtleben, indem er Schillers Kantverständnis in Frage stellt:

„Wie nun Schiller den Begriff Idee verstanden haben mag, ist aus dem Gedankengut Kants nur schwer abzuleiten. Denn bei diesem besteht keine Kluft oder ein unüberbrückbarer Hiatus zwischen angeschauten Gegenständen und Idee."[89]

Diese Frage soll offen bleiben. Festzuhalten ist, daß Goethe wie Kant Ideen nicht außerhalb der Erfahrung veranschlagen, sondern sie als konstitutive Bedingungen, als Bestandteil der Erfahrung be-

---

[86] Ernst Cassirer, *Goethe und die Kantische Philosophie*. A.a.O. S.95f
[87] ebenda S.76
[88] Vgl. ebenda S.76
[89] Peter Sachtleben, *Das Phänomen Forschung und die Naturwissenschaft Goethes*. A.a.O. S.93

trachten. Diese Gemeinsamkeit ist jedoch nicht ganz eindeutig. Es besteht innerhalb ihrer ein wesentlicher Unterschied, nämlich derjenige, daß Goethe den *Inhalt* der Erfahrung und Kant deren *Form* ins Auge faßt. D.h. Kant sieht das *Wie* der Erfahrung durch in der subjektiven Organisation der menschlichen Erkenntnis bedingte Ideen, Goethe das *Was* der Erfahrung durch objektive *Natur*ideen strukturiert. Es liegt demnach ein anderer Ideenbegriff vor, auf den später eingegangen werden soll.

Ein weiterer Aspekt der Gemeinsamkeit, der von Cassirer genannt wird und der auch schon Erwähnung gefunden hat, ist derjenige der Bescheidenheit des Erkenntnisanspruches.

„Und auch die Kantische Bescheidenheit war ganz in seinem Sinne."[90]

An anderer Stelle spricht Cassirer von der *Entsagung*, eine Letzterkenntnis zu erlangen.

„Goethe sprach [...] von 'Urphänomenen'. In diesen Urphänomenen fand er die Grenze – eine Grenze nicht nur des Denkens, sondern auch des Schauens. Er forderte vom Naturforscher, daß er diese Grenze nicht überschreite [...] Daß dies eine gewisse Entsagung in sich schließt – darüber ist sich Goethe klar. Aber diese Entsagung schreckte ihn nicht. Er sah in ihr eine unerläßliche theoretische Forderung, wie er sie im Praktischen, als ein sittliches Gebot anerkannte."[91]

Gerade diese Perspektive, daß Goethe in der *Grenze* zugleich eine *Forderung* erblickt, markiert einen Unterschied zu Kant, der von Cassirer nicht erläutert wird. Zwar tritt der Gedanke der *Bescheidenheit* des Erkenntnisanspruches namentlich sowohl bei Goethe wie bei Kant auf, und insofern ist hier eine Gemeinsamkeit zu veranschlagen. Aber der Hintergrund, vor dem diese *Bescheidenheit* formuliert wird, ist ein durchaus verschiedener. Diese *Verschiedenheit* reicht in letzter Konsequenz so weit, daß sich Kants Bescheidenheit letztlich in ihr Gegenteil verkehrt. Denn eine Beschränkung allen Erkennens auf die festgelegten Bedingungen der Vernunft und eine damit einhergehende Negation einer Erkenntnis des Ansichseins der Objekte bedeutet letztlich eine Verabsolutierung des Subjektes. Meyer-Abich diagnostiziert in dieser Sicht Kants vermeintliche *Bescheidenheit* zu Recht als *Vermessenheit*. Es heißt:

---

[90] Ernst Cassirer, *Goethe und die Kantische Philosophie*. A.a.O.S.97
[91] ebenda S.84f

„Kant hat die wirkliche Vermessenheit der Kritischen Allmachtsphantasie einer total anthropomorphen Welt immer wieder in der übergroßen Bescheidenheit vermittelt, daß wir von den Dingen, wie sie 'an sich' sind, nun einmal nichts wissen könnten – außer der wirklichen Existenz der Außenwelt –, uns also damit bescheiden müßten, sie in unsern *bloß menschlichen* Kategorien zu 'buchstabieren'."[92]

Im Gegensatz dazu hat Goethe die größte Achtung vor der Eigengesetzlichkeit der Natur. Seine *Bescheidenheit* rührte nicht von einer vermessenen Selbstverabsolutierung des Subjektes, sondern sie gründet auf der kritischen Selbsteinschätzung des Leistungsvermögens des Erkennens, welches aktuell tatsächlich nicht in der Lage ist, die Gesetzlichkeit der Natur zu erreichen. Aber es orientiert sich dennoch immer wieder daran. Hier besteht also ein wichtiger Unterschied zu Kant, der von Cassirer nicht bemerkt wird.

Eine weiterer Gesichtspunkt, der von Cassirer neben der *Metaphysikkritik*, der *Erfahrungsbezogenheit des Verstandesgebrauches* und der *entsagenden Erkenntnisbescheidenheit* entwickelt wird, ist derjenige der gleichen Betrachtungsart von Natur und Kunst, der von Goethe selbst ausdrücklich betont wird und der sich gegen eine teleologische, nach menschlichen Zweckbegriffen orientierte Naturbetrachtung wendet.[93] – Diese vier von Cassirer so herausgearbeiteten Gemeinsamkeiten zwischen Goethe und Kant: *Metaphysikkritik*, *Erfahrungsbezug des Verstandesgebrauches*, *Erkenntnisbescheidung* und *Teleologiekritik*, markieren zugleich den Wert, den Kants Philosophie für die moderne Naturwissenschaft gewonnen hat. Interessanterweise liegt auch allein im Bereich dieser Motive die Würdigung, die Goethe von Seiten der Naturwissenschaft heute erfährt.[94] Dort aber, wo Kant selbst die Prinzipien der Naturwissenschaft streng formuliert, veranschlagt Cassirer einen entschiedenen Gegensatz zwischen Goethe und Kant. Cassirer führt Kants Haltung in einem Zitat wie folgt an:

---

[92] Klaus Michael Meyer-Abich, *Praktische Naturphilosophie*. A.a.O. S.168
[93] siehe ebenda S.66f
[94] Vgl. hierzu *Linder Biologie*, worin das Motiv der Erkenntnisbescheidung angesprochen wird: „Wesen und Sinn des Seins vermag also die Biologie nicht zu deuten. Aus dem Wissen um diese Grenze erwächst die Haltung, die in dem Worte GOETHES zum Ausdruck kommt: 'Das schönste Glück des denkenden Menschen ist das Erforschliche erforscht zu haben und das Unerforschliche ruhig zu verehren.'" (A.a.O. S.444)

II. Goethes Kant-Rezeption

> „Ich behaupte [...] daß in jeder besonderen Naturlehre nur soviel *eigentliche* Wissenschaft angetroffen werden könne, als darin Mathematik anzutreffen ist [...] Eine reine Naturlehre über bestimmte Naturdinge ist nur vermittelst der Mathematik möglich; und [...] so wird Naturlehre nur soviel eigentliche Wissenschaft enthalten, als Mathematik in ihr angewandt werden kann."[95]

Dann fährt er fort:

> „Das ist der denkbar schroffste Gegensatz zu Goethes Auffassung der Natur."[96]

Cassirer legt dar, daß Goethe andere Wege der Annäherung an die Natur suchte. Aus dem gleichen Grunde, aus welchem er mit Kant die Metaphysik zurückwies, wandte er sich gegen eine bloß mathematisierende Naturbetrachtung und tritt damit in einen Gegensatz zu Kant. Goethes Präferenz der Erfahrung veranlaßte ihn, eine rein mathematische Naturbetrachtung als im gleichen Maße unbefugte Einmischung in deren Autonomie aufzufassen. Cassirer erläutert, daß Kants Naturbegriff aus seiner Auffassung und Definition der Verstandesleistung folgt. Er zitiert Kant:

> „Wir müssen [...] empirische Gesetze der Natur, die jederzeit besondere Wahrnehmungen voraussetzen, von den reinen oder allgemeinen Naturgesetzen, welche, ohne daß besondere Wahrnehmungen zum Grunde liegen, bloß die Bedingungen ihrer notwendigen Vereinigung in einer Erfahrung enthalten, unterscheiden, und in Ansehung der letzteren ist Natur und mögliche Erfahrung ganz und gar einerlei [...] So klingt es zwar anfangs befremdlich, ist aber nichts destoweniger gewiß, wenn ich sage: der Verstand schöpft seine Gesetze (a priori) nicht aus der Natur, sondern schreibt sie dieser vor."[97]

Hieran schließt Cassirer an:

> „Einen solchen schlechthin gebietenden und gesetzgebenden Verstand kennt Goethe nicht."[98]

---

[95] ebenda S.64; Kantzitat aus *Metaphysische Anfangsgründe der Naturwissenschaft*. AA Bd IV, 470
[96] ebenda S.64
[97] ebenda S.93; Kantzitat aus KdrV I. AA Bd III, 158
[98] ebenda S.93

Wenn Kant eine Erfahrungsbezogenheit des Verstandes fordert und selbigen ohne Erfahrungsinhalt als leer beschreibt, dann heißt dies nicht, daß in dem Inhalt der Erfahrung das Naturgesetz gefunden werden kann. Dieses ist immanenter – oder in Kantischer Terminologie – transzendentaler Bestandteil der Vernunft. Diese Emanzipation des Verstandes von der Anschauung – Cassirer spricht von *Abstraktion* – wurde von Goethe nicht akzeptiert. Nach Cassirer nimmt Goethe einen intuitiven Verstand in Anspruch, der es vermag, innerhalb der Anschauung zu verweilen und zu Begriffen zu gelangen. Die Grundlage für Goethes Behauptung einer solchen intuitiven Fähigkeit sieht Cassirer in dessen Künstlertum begründet. Wenn dieses aber von Schiller mit der Kategorie des *Naiven* beschrieben wird[99], so gilt das nach Cassirer nicht für Goethes Wissenschaft:

„Aber der *Forscher* Goethe war nicht in diesem Sinne 'naiv'."[100]

Er schreibt dann über Goethes Art der Naturbetrachtung:

„Das ist durchaus nicht 'naiv'; es drückt vielmehr die klarste Einsicht des Forschers Goethe in den Wechselbezug von Phänomen und Theorie, von 'Idee' und 'Erfahrung' aus."[101]

Es kann festgehalten werden, daß Cassirer folgende wesentliche Unterschiede zwischen Goethe und Kant sieht: Goethe hat sich gegen eine einseitige *mathematische Naturerklärung* und gegen eine vom Anschauen abgesonderte, vorschreibende *Gesetzgebung des Verstandes* gegenüber der Natur gewehrt. Er hat an der Anschauungspräferenz des Verstandes festgehalten. Desweiteren arbeitet er mit der Möglichkeit eines *intuitiven Verstandesgebrauches*, der Gesetze nicht *gibt*, sondern *findet*. Einen solchen Verstand hat Kant dem menschlichen Vermögen abgesprochen. Cassirer sympathisiert mit diesem Erkenntnisverhalten Goethes und bringt es mit dem von ihm bearbeiteten Symbolbegriff in Verbindung. Im Folgenden soll nochmals näher auf Goethes eigene Studien von Kants Werken geblickt werden, insbesondere auf Goethes Rezeption der Stellen, die sich auf das Verhältnis von Begriff und Anschauung beziehen.

---

[99] Vgl. Schiller, *Naive und sentimentalische Dichtung*.
[100] Ernst Cassirer, *Goethe und die Kantische Philosophie*. A.a.O. S.82
[101] ebenda S.83

II.5. Sinnliche Anschauung und Denken bei Kant

Kant benennt zwei Quellen der menschlichen Erkenntnis: die sinnliche Anschauung und das Denken.

> „Es gibt aber, außer der Anschauung keine andere Art, zu erkennen, als durch Begriffe."[102]

Die Begriffe entspringen allein dem menschlichen Verstand als *absolute Einheit, rein und unvermischt*[103]. Sie werden demnach nicht durch Anschauung erworben.

> „Also ist die Erkenntnis eines jeden, wenigstens des menschlichen, Verstandes eine Erkenntnis durch Begriffe, nicht intuitiv, sondern diskursiv."[104]

Hiermit ist eine Separierung der beiden Erkenntnisquellen Anschauung und Denken und zugleich das Problem ihrer Kooperation gegeben. Wie können Anschauung und Denken in- bzw. miteinanderwirken? Kant führt zunächst wie folgt weiter aus[105]:

> „Alle Anschauungen, als sinnlich, beruhen auf Affektionen, die Begriffe also auf *Funktionen*. Ich verstehe aber unter Funktion die Einheit der Handlung, verschiedene Vorstellungen unter einer gemeinschaftlichen zu ordnen. Begriffe gründen sich also auf der Spontaneität des Denkens, wie sinnliche Anschauungen auf der Rezeptivität der Eindrücke. Von diesen Begriffen kann nun der Verstand keinen andern Gebrauch machen, als daß er dadurch urteilt. Da keine Vorstellung unmittelbar auf den Gegenstand geht, als bloß die Anschauung, so wird ein Begriff niemals auf einen Gegenstand unmittelbar, sondern auf irgendeine andere Vorstellung von demselben (sie sei Anschauung oder selbst schon Begriff) bezogen. Das Urteil ist also die mittelbare Erkenntnis eines Gegenstandes, mithin die Vorstellung einer Vorstellung desselben."[106]

Dies bedeutet, daß aufgrund der Festlegung des Verstandes auf eine *diskursive* Spontaneität eine *unmittelbare* – in Kants Verständnis in-

---

[102] KdrV I, 109; Molnár S.166f (Unterstreichungen von Goethe)
[103] ebenda
[104] KdrV I, 109; Molnár S.167
[105] Die fortlaufenden Randstriche Goethes bestätigen seine mitverfolgende Kenntnisnahme.
[106] KdrV I, 109f; Molnár S.167

tuitiv-anschauende – Gegenstandserkenntnis nicht möglich ist. Er untersucht weiter, wie sich die *Funktion* des Verstandes gegenüber der durch die Anschauung vermittelten bzw. gegebenen Mannigfaltigkeit verhält.

> „/[...]Das erste, was uns zum Behuf der Erkenntnis aller Gegenstände a priori gegeben sein muß, ist das *Mannigfaltige* der reinen Anschauung; die *Synthesis* dieses Mannigfaltigen durch die Einbildungskraft ist das zweite, gibt aber noch keine Erkenntnis. Die Begriffe, welche dieser reinen Synthesis *Einheit* geben, und lediglich in der Vorstellung dieser notwendigen synthetischen Einheit bestehen, tun das dritte zum Erkenntnisse eines vorkommenden Gegenstandes, und beruhen auf dem Verstande./"[107]

Die Begriffe schaffen demnach eine Einheit, die aber lediglich in der Vorstellung besteht. Die Frage, die hiermit aufgeworfen wird, ist die folgende:

> „[...], wie nämlich subjektive Bedingungen des Denkens sollten objektive Gültigkeit haben [...]"[108]

Goethe hat diesen Satz nach einer längeren Passage ohne Anstreichungen mit einem doppelten Randstrich versehen, was darauf hindeutet, daß er hier nicht nur Kants eigenen Gedanken reflektierend zur Kenntnis genommen hat, sondern hierin eine entscheidende Fragestellung sieht, die für ihn von großer Bedeutung ist. Es ist die Frage, in welchem Verhältnis die Erkenntnis zu ihrem Gegenstand steht. Kant führt seinen Gedanken hierzu an späterer Stelle nochmals deutlicher aus:

> „Allein die Verbindung (coniunctio), eines Mannigfaltigen überhaupt, kann niemals durch Sinne in uns kommen, und kann also auch nicht in der reinen Form der sinnlichen Anschauung zugleich mit enthalten sein; denn sie ist ein Actus der Spontaneität der Vorstellungskraft, und, da man diese zum Unterschiede von der Sinnlichkeit, Verstand nennen muß, so ist alle Verbindung, wir mögen uns ihrer bewußt werden oder nicht, es mag eine Verbindung des Mannigfaltigen der Anschauung, oder mancherlei Begriffe, und an der ersteren der sinnlichen, oder nicht sinnlichen Anschauung sein, eine Verstandeshandlung, die wir mit der allgemeinen Benennung

---

[107] KdrV I, 117; Molnár S.170 (Der ganze Absatz ist von Goethe mit einem Randstrich versehen worden.)
[108] KdrV I 129; Molnár S.177

II. Goethes Kant-Rezeption 65

<u>Synthesis</u> belegen würden, um dadurch zugleich bemerklich zu machen, daß wir uns nichts, als im Objekte verbunden, vorstellen können, ohne es vorher selbst verbunden zu haben, und unter allen Vorstellungen die <u>Verbindung</u> die einzige ist, die nicht durch Objekte gegeben, sondern nur vom Subjekte selbst verrichtet werden kann, weil sie ein Actus der <u>Selbsttätigkeit</u> ist."[109]

Es ist also für Kant eindeutig, daß alle Einheit, alle Verbindung nur durch den Verstand, nur durch die Selbsttätigkeit geleistet werden kann. Sie kann niemals durch die Sinne gewonnen werden. Der Grund der Einheit, die der Verstand schafft, ist – dies führt Kant anschließend aus – die *transzendentale Apperzeption*. Würde sie nicht geleistet, dann verlöre das Selbst seine eigene Einheit. Was Kant also hier vollzieht, ist nicht ein Dualismus von Begriff und Erfahrung. Denn in Kants Verständnis müssen Begriffe immer erfahrungsbezogen sein und Erfahrungen unterstehen ihrerseits der Form der Anschauung, sind also gleichermaßen begrifflich bzw. subjektbezogen. Kants Erkenntnistheorie schafft demnach geradezu – und dies ist Zielrichtung und Leistung seiner Transzendentalphilosophie – eine Einheit von Begriff und Erfahrung. Es ist die Einheit des Selbstbewußtseins. Diese Einheit ist aber nur auf Kosten einer objektiven Gegenstandserkenntnis möglich. Um eine solche ging es jedoch Goethe, wenn er in *Der Versuch als Vermittler zwischen Objekt und Subjekt* schreibt:

„Ein weit schwereres Tagwerk übernehmen diejenigen, die durch den Trieb nach Kenntnis angefeuert die Gegenstände der Natur an sich selbst und in ihrern Verhältnissen untereinander zu beobachten streben, von einer Seite verlieren sie den Maßstab der ihnen zu Hülfe kam, wenn sie als Menschen die Dinge in Bezug auf sich betrachteten. [...] So soll den echten Botaniker weder die Schönheit noch die Nutzbarkeit einer Pflanze rühren; er soll ihre Bildung, ihre Verwandtschaft mit dem übrigen Pflanzenreiche untersuchen; und wie sie alle von der Sonne hervorgelockt und beschienen werden, so soll er mit einem gleichen ruhigen Blicke sie alle ansehen und übersehen, und den Maßstab zu dieser Erkenntnis, die Data der Beurteilung nicht aus sich, sondern aus dem Kreise der Dinge nehmen die er beobachtet."[110]

Goethe hielt es demnach prinzipiell für möglich, ein solches *Tagwerk* zu unternehmen. Das heißt nicht, daß er es von vornherein für

---

[109] KdrV I, 134f; Monár S.179f
[110] HA 13, 10

erfolgversprechend hielt. Wie sich gezeigt hat, anerkennt Goethe das Ergebnis von Kants Kritik: Alle Erkenntnis ist subjektbedingt. Was aber berechtigterweise für die *Form* des Erkennens gilt – denn es gibt keine Erkenntnis ohne erkennendes Subjekt –, das muß nicht im gleichen Maße für den *Gehalt* gelten. Was den *Gehalt* angeht, so mag der Ausgangspunkt der Erkenntnis an das Subjekt gebunden sein. Goethe bezeichnet dies als die *natürliche Art, die Sachen anzusehen*.[111] Nach Goethe ist das Subjekt aber in der Lage, sich zu einer objektiven Auffassung des Gehaltes, der dem durch die Sinneserfahrung vermittelten Objekt zu Grunde liegt, zu entwickeln. Es nimmt dann *die Data der Beurteilung nicht aus sich, sondern aus dem Kreise der Dinge*. Goethe schließt eine Entwicklung des erkennenden Subjektes demnach nicht aus. Für ihn ist die Leistungsfähigkeit des Erkennens zwar *formal* an das Subjekt gebunden, der Möglichkeit nach aber kann es den *Gehalt* des Objektes erreichen. In ähnlicher Weise argumentiert Klaus Michael Meyer-Abich. Er hebt zunächst Goethes Übereinstimmung mit der Transzendentalphilosophie hervor:

„Goethe ließ also die Kantische Einsicht in die grundsätzliche Anthropomorphie allen menschlichen Erkennens – vernünftigerweise – gelten."[112]

Dann schließt er an:

„Fühlte Kant sich nun damit aber seiner selbst und vor den Objekten sicher, bewertete Goethe die 'Kantische Philosophie, welche das Subjekt so hoch erhebt, indem sie es einzuengen scheint', nur um so mehr als eine Herausforderung, 'zum Objekt zu kommen'."[113]

Hier besteht ein Unterschied zu Kant, insofern Kant eine prinzipielle aus den von ihm dargelegten formalen Bedingungen des Verstandes herrührende Subjektbeschränkung des Erkennens konstatiert. Alle *Verbindung* ist nach Kant Sache des Subjektes. Allein was nach Goethe offen bleibt, ist, ob die durch die Vorstellung geleistete Verbindung nicht zuletzt auch dem *Gehalt* des Objektes entspricht. Hier trifft Goethe keine prinzipielle Vorentscheidung über die Leistungsfähigkeit des Erkennens. Diese ist in seinem Sinne eine je und je faktische, die sich im Einzelurteil bewährt oder versagt. Das

---

[111] Vgl. S.48
[112] Klaus Michael Meyer-Abich, *Praktische Naturphilosophie*. A.a.O. S.178
[113] ebenda

Versagen bezeichnet dann auch keine prinzipielle Erkenntnisgrenze, sondern eine konkrete Aufgabenstellung für das Subjekt. Es sei auf diesen Punkt nochmals näher anhand der *Kritik der Urteilskraft* geblickt, und zwar unter der Fragestellung des möglichen Erkenntnisgewinns, der von Kant bzw. Goethe ins Auge gefaßt wird.

II.6. Was leistet das Erkennen?

Es wurde bereits angeführt, daß für Goethe das Studium der *Kritik der Urteilskraft* von größerem Interesse war als das der *Kritik der reinen Vernunft*. Dies liegt daran, daß Kant in der *Kritik der Urteilskraft* konkreter darlegt, wie sich das Erkennen gegenüber der Natur verhält, wie es Urteile bildet und die einzelnen Naturreiche unterschiedlich ergreift. Hier sah sich Goethe mit einer Beschreibung und Erläuterung dessen konfrontiert, was sein tägliches Geschäft war. Es wurde bereits darauf hingewiesen, daß Kant zwei Urteilsformen unterscheidet[114]: die bestimmende und die reflektierende Urteilskraft, wobei allein die reflektierende Urteilskraft in der Lage ist, die *mannigfaltigen Formen* der Natur aufzufassen.[115] Sie hat die Aufgabe, zu dem Besonderen das Allgemeine zu finden. Kant fragt, wie dieses Allgemeine gedacht werden müsse.

„Die reflektierende Urteilskraft, die von dem Besonderen in der Natur zum Allgemeinen aufzusteigen die Obliegenheit hat, bedarf also eines Prinzips, welches sie nicht von der Erfahrung entlehnen kann, weil es eben die Einheit aller empirischen Prinzipien unter gleichfalls empirischen aber höheren Prinzipien, und also die Möglichkeit der systematischen Unterordnung derselben unter einander, begründen soll. Ein solches transzendentales Prinzip kann also die reflektierende Urteilskraft sich nur selbst als Gesetz geben."[116]

Dieses Gesetz wird dann von Kant wie folgt formuliert:

„[...] so ist das Prinzip der Urteilskraft, in Ansehung der Form der Dinge der Natur unter empirischen Gesetzen überhaupt, die *Zweckmäßigkeit der Natur* in ihrer Mannigfaltigkeit. D.i. die Natur wird durch diesen Begriff so vorgestellt, als ob ein Verstand den Grund der Einheit des Mannigfaltigen ihrer empirischen Gesetze enthalte. Die Zweckmäßigkeit der Natur ist also ein besonderer Begriff a

---

[114] siehe S.46f.
[115] s. KdU 88
[116] KdU 88

priori, der lediglich in der reflektierenden Urteilskraft seinen Ursprung hat."[117]

Kant entwirft hier den Zweckbegriff der Natur. Er betont ausdrücklich, daß es sich dabei um ein bloßes Regulativ, um einen regulativen Hilfsbegriff handelt, der ohne jede konstitutive Funktion von allein subjektiver Bedeutung ist. Im Rahmen seiner Teleologiekritik kommt Kant hierauf nochmals zu sprechen, um die Absurdität der Annahme einer menschlichen Zwecken analogen *objektiven* Zweckmäßigkeit in der Natur herauszustellen.

> „Würden wir dagegen der Natur *absichtlich*-wirkende Ursachen unterlegen, mithin der Teleologie nicht bloß ein *regulatives* Prinzip für die bloße *Beurteilung* der Erscheinungen, denen die Natur nach ihren besondern Gesetzen als unterworfen gedacht werden könne, sondern dadurch auch ein *konstitutives* Prinzip der *Ableitung* ihrer Produkte von ihren Ursachen zu Grunde legen: so würde der Begriff eines Naturzwecks nicht mehr für die reflektierende, sondern die bestimmende Urteilskraft gehören; alsdann aber in der Tat gar nicht der Urteilskraft eigentümlich angehören [...], sondern als Vernunftbegriff, eine neue Kausalität in der Naturwissenschaft einführen, die wir doch nur von uns selbst entlehnen und andern Wesen beilegen, ohne sie gleichwohl mit uns als gleichartig annehmen zu wollen."[118]

Dies ist der bei Kant schon hervorgehobene Grundzug der kritischen und relativierenden Bezugnahme auf die subjektiven Erkenntnisvollzüge. Goethe konnte mit dieser Haltung gut übereinstimmen, insbesondere da Kant, wenn er auch den *inhaltlichen* Wert der Urteilskraft in Frage stellt, er zugleich deren *methodischen* Wert hervorhebt. Dieser methodische Wert hat dann nach Kants Verständnis nur für das Subjekt Bedeutung.

> „Allein die *reflektierende* Urteilskraft soll unter einem Gesetze subsumieren, welches noch nicht gegeben und also in der Tat nur ein Prinzip der Reflexion über Gegenstände ist, für die es uns objektiv gänzlich an einem Gesetze mangelt, oder an einem Begriffe vom Objekt, der zum Prinzip für vorkommende Fälle hinreichend wäre. Da nun kein Gebrauch der Erkenntnisvermögen ohne Prinzipien verstattet werden darf, so wird die reflektierende Urteilskraft in solchen Fällen ihr selbst zum Prinzip dienen müssen: welches, weil

---

[117] KdU 89
[118] KdU 307

es nicht objektiv ist, und keinen für die Absicht hinreichenden Erkenntnisgrund des Objekts unterlegen kann, als bloßes subjektives Prinzip, zum zweckmäßigen Gebrauche der Erkenntnisvermögen, nämlich über eine Art Gegenstände zu reflektieren, dienen soll."[119]

Kant spricht hier von einem *zweckmäßigen Gebrauch*. D.h. die Allgemeinbegriffe, mit denen die Urteilskraft umgeht, haben nicht eigentlichen Erkenntniswert, sondern Orientierungswert. Ein solcher vergleichsweise praktischer Nutzen des Erkennens bildet auch den *common sense* der modernen Naturwissenschaft, wobei dort Zweckmäßigkeit weniger einen Erkenntnispragmatismus – wie bei Kant –, als einen Handlungspragmatismus meint. Erkenntnisgewinn und Wahrheitsfrage bemessen sich allein am Erfolg der technischen Umsetzung. Solcher Naivität macht sich Kants Erkenntnisbegriff, wenn er ihr auch philosophisch die Tore öffnet, nicht schuldig. – Goethe verfährt in seinem eigenen Erkenntnisverhalten ähnlich pragmatisch wie Kant mit seinem Begriff der *Zweckmäßigkeit*. Wie schon angeführt, entwickelt Goethe in dem Aufsatz *Der Versuch als Vermittler von Objekt und Subjekt* eine Methode, die eine kritische Distanzierung und innere Souveränität gegenüber den vom Denken hervorgebrachten Begriffen und Ideen übt. Sofern die Produkte des Denkens nicht an und in der Erfahrung gewonnen und erprobt werden, behandelt er sie lediglich als Hypothesen. In dem Aufsatz *Anschauende Urteilskraft* führt er mit Bezugnahme auf Kant aus:

„Er mochte freilich bemerkt haben wie anmaßend und naseweis der Mensch verfährt, wenn er behaglich, mit wenigen Erfahrungen ausgerüstet, sogleich unbesonnen abspricht und voreilig etwas festzusetzen, eine Grille die ihm durchs Gehirn läuft den Gegenständen anzuheften trachtet."[120]

Solche *Grillen* können – im Bewußtsein ihrer ontologischen Irrelevanz – allein zweckmäßig, nämlich in Hinsicht auf eine möglichst vollständige Vergegenwärtigung der Erfahrung eingesetzt werden. Es heißt:

„Eine Idee über Gegenstände der Erfahrung ist gleichsam als ein Organ aufzufassen, dessen ich mich bediene, um sie mir eigen zu machen."[121]

---

[119] KdU 334f
[120] FA 24, 447
[121] Brief vom 28. August 1796; ZA 19, 245

Oder an anderer Stelle:

> „Es ist mit Meinungen, die man wagt, wie mit Steinen, die man voran im Brette bewegt; sie können geschlagen werden, aber sie haben ein Spiel eingeleitet, das gewonnen wird."[122]

Die angeführten Zitate vergegenwärtigen die vorsichtige Zurückhaltung, die Goethe gegenüber Begriffen und Ideen einnimmt. Er faßt sie zunächst lediglich als Hypothesen auf, als Denkmöglichkeiten, die eine Erfahrungsgegebenheit erschließen helfen. Diese methodische Einstellung erachtet er als vorläufig. Sie wird bewußt mit dem Ziel durchgeführt, eine objektive Erkenntnisdimension zu erreichen, die sich nicht nur als regulativ, sondern auch als konstitutiv erweist. In dieser Perspektive liegt ein wesentlicher Unterschied zu Kant. Eichhorn erläutert:

> „So verdankt Goethe Kant die kritische Unterscheidung zwischen dem erfahrenden Subjekt und dem dieses affizierenden Gegenstand. Während jedoch Goethe die Bestimmungen des Gegenstandes diesem selbst wie dem Subjekt entnimmt, gehören sie bei Kant dem Verstande an, der den Gegenstand vorstellt [...] Transzendentalität in *diesem* Sinne [bezieht sich auf den ausgelassenen Teil des Zitates] bezeichnet die 'a priori' gegebenen Bedingungen jeder möglichen Erfahrung, die selbst nicht erfahrbar sind, so daß Kant nur die ontische=sinnliche Erfahrung, sofern das Subjekt vom Objekt affiziert wird, kennt; die ontologische Erfahrung der Welt als zeitlich-räumlicher Verbundenheit der Gegenstände ist danach nicht möglich, da Zeit und Raum reine Anschauungsformen seien, die selbst nicht in die Erfahrung treten. [...] Damit kennt Kant auch nicht die eidetische Erfahrung als Erfahrung dessen, was dem Wahrgenommenen über seine Jeweiligkeit und Individuiertheit hinaus Dauer verleiht."[123]

Dieses Problem der Objekterkenntnis zeigt sich deutlicher noch, wo Kant nicht allein den Mechanismus der Natur, sondern wo er die organische Natur behandelt. Dort heißt es:

> „Einige Produkte der materiellen Natur können nicht, als nach bloß mechanischen Gesetzen möglich, beurteilt werden (ihre Beurteilung erfordert ein ganz anderes Gesetz der Kausalität nämlich das der Endursachen)."[124]

---

[122] HA 12, 421
[123] Peter Eichhorn, *Idee und Erfahrung im Spätwerk Goethes*. A.a.O. S.57
[124] KdU 336

II. Goethes Kant-Rezeption

Nach Kant ist das Erkennen zunächst nur in der Lage, über die Natur „nach dem Prinzip des bloßen Mechanismus [zu] reflektieren"[125]. Er fragt sich nun, wie es möglich ist, etwas über Erscheinungen auszumachen, die nicht bloß mechanisch sind.

> „Nur wird behauptet, daß die *menschliche Vernunft*, [...], niemals von dem, was das Spezifische eines Naturzwecks ausmacht, den mindesten Grund, wohl aber andere Erkenntnisse von Naturgesetzen wird auffinden können; wobei es als unausgemacht dahin gestellt wird, ob nicht in dem uns unbekannten inneren /Grunde der Natur selbst die physisch-mechanische und die Zweckverbindung an denselben Dingen in einem Prinzip zusammen hängen mögen: nur daß unsere Vernunft sie in einem solchen nicht zu vereinigen im Stande ist, und die Urteilskraft also, als (aus einem subjektiven Grunde) *reflektierende*, nicht als (einem objektiven/ Prinzip der Möglichkeit der Dinge an sich zufolge) bestimmende Urteilskraft, genötigt ist, für gewisse Formen in der Natur ein anderes Prinzip, als das des Naturmechanismus zum Grunde ihrer Möglichkeit zu denken."[126]

Die mit einem Schrägstrich markierten Passagen des Abschnittes wurden von Goethe mit einer Klammer und drei Ausrufezeichen versehen (wobei die ungewöhnliche Einteilung nicht exakt den Sinnabschnitt bezeichnet, sondern auf die in Goethes Ausgabe andere Zeileneinteilung zu beziehen ist). Er hebt damit ausdrücklich hervor, welche Bedeutung die Überlegung Kants für ihn hat. Es ist die Frage nach dem inneren Grunde der Natur, in welchem der Möglichkeit nach die durch die reflektierende Urteilskraft erschlossene physisch-mechanische Verbindung und die Endursache in einem Prinzip verbunden sind. Es geht um einen einheitlichen Grund der Natur. Einem solchen galt Goethes forschendes Bemühen. Molnár erläutert diesen Gedanken wie folgt:

> „Worum es Goethe offenbar geht, ist die Feststellung, daß das gedanklich bestimmende Prinzip aller Erkenntnis, nämlich Ursachenzusammenhang als mechanische Kette ohne Ende, und die Einheit des Dinges an sich, nämlich die Endursache aller Erscheinungsformen, im letzten Grunde ein und dasselbe Prinzip sein mögen und somit auch der Gegensatz zwischen Wissendem und Gewußtem, Ich und Welt, die Möglichkeit einer letzten und ersten Einheit zuläßt."[127]

---

[125] KdU 337
[126] KdU 338; Molnár S.332
[127] Molnár S.129f

Kant sieht das Erkennen aber nicht in der Lage, ein solches einheitliches Prinzip zu erfassen. Es kann nur als Möglichkeit gedacht werden. Der Grund für diese Begrenztheit liegt nach Kant in der besonderen Beschaffenheit des menschlichen Verstandes. Hierauf soll noch näher eingegangen werden.

II.6.1. Menschlicher und intuitiver Verstand

In der Anmerkung des §76 der *Kritik der Urteilskraft* charakterisiert Kant den menschlichen Verstand wie folgt:

> „Es ist dem menschlichen Verstand unumgänglich notwendig, Möglichkeit und Wirklichkeit der Dinge zu unterscheiden. Der Grund davon liegt im Subjekte und der Natur seiner Erkenntnisvermögen. Denn, wären zu dieser ihrer Ausübung nicht zwei ganz heterogene Stücke, Verstand für Begriffe, und sinnliche Anschauung für Objekte, die ihnen korrespondieren, erforderlich: so würde es keine solche Unterscheidung (zwischen dem Möglichen und Wirklichen) geben. Wäre nämlich unser Verstand anschauend, so hätte er keine Gegenstände als das Wirkliche."[128]

Es liegt demnach in der besonderen Konstitution des Verstandes (nicht anschauend zu sein), die es ihm unmöglich macht, in der *Wirklichkeit* zu stehen, d.h. nicht lediglich regulative Verstandesbegriffe, sondern konstitutive Naturbegriffe im Erkennen zu erreichen. Zugleich sieht Kant aber die Notwendigkeit, „die unabläßliche Forderung der Vernunft [...], irgend ein Etwas (den Urgrund) als unbedingt notwendig existierend anzunehmen."[129] Aber es bleibt immer ein „unerreichbarer problematischer Begriff"[130]. Nun entwirft Kant im weiteren die Idee eines anderen Verstandes, den er wie folgt beschreibt:

> „Unser Verstand ist ein Vermögen der Begriffe, d.i. ein diskursiver Verstand, für den es freilich zufällig sein muß, welcherlei und wie sehr verschieden das Besondere sein mag, das ihm in der Natur gegeben werden, und das unter seine Begriffe gebracht werden kann. Weil aber zur Erkenntnis doch auch Anschauung gehört, und ein Vermögen einer *völligen Spontaneität der Anschauung* ein von der Sinnlichkeit unterschiedenes und davon ganz unabhängiges Er-

---

[128] KdU 354
[129] KdU 355
[130] ebenda

II. Goethes Kant-Rezeption   73

kenntnisvermögen, mithin Verstand in der allgemeinen Bedeutung sein würde: so kann man sich auch einen intuitiven Verstand [...] denken, welcher nicht vom Allgemeinen zum Besonderen und so zum Einzelnen (durch Begriffe) geht, und für welchen jene Zufälligkeit der Zusammenstimmung der Natur in ihren Produkten nach *besonderen* Gesetzen zum Verstande nicht angetroffen wird, welche dem unsrigen es so schwer macht, das Mannigfaltige derselben zur Einheit des Erkenntnisses zu bringen; ein Geschäft, das der unsrige nur durch Übereinstimmung der Naturmerkmale zu unserm Vermögen der Begriffe, welche sehr zufällig ist, zu Stande bringen kann, dessen ein anschauender Verstand aber nicht bedarf."[131]

Hier wird der intuitive Verstand als eine *Spontaneität der Anschauung*, als eine Art innere Anschauungstätigkeit beschrieben, welcher die Gesetzlichkeit und Einheit der Natur aufzunehmen im Stande ist. Etwas später folgt eine weitere Erläuterung:

„Nun können wir uns aber auch einen Verstand denken, der, weil er nicht wie der unsrige diskursiv, sondern intuitiv ist, vom Synthetisch-Allgemeinen (der Anschauung eines Ganzen, als eines solchen) zum Besonderen geht, d.i. vom Ganzen zu den Teilen."[132]

Goethe sieht gerade einen solchen Verstand, den Kant als die menschlichen Möglichkeiten übersteigend auffaßt, in der Perspektive der menschlichen Fähigkeitsentwicklung. In dem Aufsatz *Anschauende Urteilskraft* führt er selbst das oben stehende Zitat Kants an und bringt zum Ausdruck, daß es ihm in seiner wissenschaftlichen Forschung immer um einen solchen Verstand, um ein solches Vermögen zu tun war. Hier liegt demnach ein deutlicher Gegensatz zwischen Goethe und Kant vor.

Der Grund für die im Voranstehenden ausführlich angeführten Zitate liegt darin, daß nachgewiesen werden sollte, daß die Auffassung, die Goethe in dem Gespräch mit Schiller vertritt, keineswegs aus Unkenntnis der kritischen Philosophie Kants erfolgte. Im Gegenteil, Goethe formuliert auf Grundlage seines Kant-Studiums eine bewußte Stellungnahme zu einzelnen Positionen der Kantischen Philosophie. Dies geht aus der auffälligen Parallelität der Formulierungen hervor. Denn wenn Goethe in dem Aufsatz *Glückliches Ereignis* schreibt, daß es möglich sei,

„[...] die Natur nicht gesondert und vereinzelt vorzunehmen, son-

---

[131] KdU 359f
[132] KdU 361; Molnár S.338 (Unterstreichungen von Goethe)

dern sie wirkend und lebendig, aus dem Ganzen in die Teile strebend darzustellen [...]"[133]

so entspricht diese Formulierung Kants Beschreibung des intuitiven Verstandes, der

„[...] vom Synthetisch-Allgemeinen [...] zum Besonderen, d.i. vom Ganzen zu den Teilen geht"[134]

Und wenn Goethe Schiller antwortet:

„Das kann mir sehr lieb sein daß ich Ideen habe ohne es zu wissen, und sie sogar mit Augen sehe."[135]

so stimmt dies mit der Aussage Kants überein:

„Wäre nämlich unser Verstand anschauend, so hätte er keine Gegenstände als das Wirkliche."[136]

Es zeigt sich demnach, daß das *Gespräch*, von dem Goethe berichtet, nicht zwischen dem philosophisch gebildeten Kantianer Schiller und einem philosophischen Laien stattfand. Man gewinnt vielmehr den Eindruck, daß Goethe in der Frage des *intuitiven Verstandes* bewußt eine andere Auffassung vertritt. Vor diesem Hintergrund ist ein Argument, das Gadamer bringt, schwer einzuordnen. Gadamer beschreibt den Einfluß, den das *Gespräch*, den Schiller auf Goethe ausübte, wie folgt:

„Es wird ihm [Goethe] allmählich natürlich, von der Idee als dem Höheren zu sprechen, ja sein 'Urphänomen' als Idee zu bezeichnen. Er ist damit ganz auf die Seite Schillers übergetreten, gegen dessen Behauptung: "Das ist eine Idee!" er sich anfangs so gesperrt hatte, und zwei Jahrzehnte später, im Jahr 1817, der einzigen Zeit seines späteren Lebens, für die nochmals eine anhaltendere Beschäftigung mit der Kantischen Philosophie bezeugt ist, spricht er selbst von dem Hiatus, der Kluft zwischen Idee und Erfahrung, die zu überschreiten unsere ganze Kraft sich vergeblich bemüht, und gibt dem Philosophen ausdrücklich recht, welcher behauptet, daß keine Idee der Erfahrung völlig kongruiere, und er ist zufrieden,

---

[133] FA 24, 436
[134] KdU 361
[135] FA24, 437
[136] KdU354

wenn dieser 'wohl zugibt, daß Idee und Erfahrung analog sein können, ja müssen.'"[137]

Was liegt hier vor? Handelt es sich wirklich um eine Annahme der Position Kants? Das Zitat, das Gadamer anführt, entstammt dem Aufsatz *Bedenken und Ergebung*, der eigentümlicherweise im gleichen Jahr 1817 verfaßt worden ist wie der Aufsatz *Glückliches Ereignis*. Will man diesen Widerspruch zweier im gleichen Jahr verfaßten Aufsätze nicht einfach stehen lassen: einmal eine Adaption des von Schiller vertretenen Kantianismus und einmal eine bewußt eingenommene Gegenposition zur Frage nach der Möglichkeit eines intuitiven Verstandes, – so muß im Genaueren auf Goethes Darstellung in dem Aufsatz *Bedenken und Ergebung* geblickt werden. Goethe gibt in dem Aufsatz eine Erläuterung von Idee und Erfahrung, die möglicherweise eine Lösung enthält.

„Die Schwierigkeit Idee und Erfahrung miteinander zu verbinden erscheint sehr hinderlich bei aller Naturforschung: die Idee ist unabhängig von Raum und Zeit, die Naturforschung ist in Raum und Zeit beschränkt, daher ist in der Idee Simultanes und Sukzessives innigstverbunden, auf dem Standpunkt der Erfahrung hingegen immer getrennt und eine Naturwirkung, die wir der Idee gemäß als simultan und sukzessiv zugleich denken sollen, scheint uns in eine Art Wahnsinn zu versetzen. Der Verstand kann nicht vereinigt denken, was die Sinnlichkeit ihm gesondert überlieferte, und so bleibt der Widerstreit zwischen Aufgefaßtem und Ideiertem immerfort unaufgelöst."[138]

Hier fällt ins Auge, daß Goethe Idee und Erfahrung allein unter dem Gesichtspunkt ihrer inneren Qualität und somit Polarität ins Auge faßt. Es liegt darin aber keine Entgegensetzung von Subjekt und Objekt, von der in sich geschlossenen Apriorität des Subjektes, dem die Objekte in ihrem Ansichsein unzugänglich bleiben müssen. Es geht Goethe zunächst allein um die Beschreibung zweier unterschiedlicher Qualitäten. Die Vergegenwärtigung dieses Unterschiedes ist Goethe durch die kritische Philosophie bedeutsam geworden. Und er sieht, daß der Verstand unfähig ist, diesen Gegensatz aufzulösen. Das muß aber auch für Goethe gar nicht unbedingt das Ziel sein. Man gewinnt den Eindruck, daß es vielmehr um eine bewußte Vergegenwärtigung dieses Gegensatzes, um das Erfahren der Spannung der Polarität geht, welche von Goethe durch-

---

[137] Gadamer S.22
[138] HA 13, 31f

aus als zur Natur gehörig gesehen wird. Unter dieser Voraussetzung ist dann nicht entscheidend, den Gegensatz aufzulösen, sondern im Auffassen, im Erfahren dieses Gegensatzes im einzelnen Naturobjekt zu einer Vertiefung der *Anschauung* zu gelangen. So schließt der Aufsatz *Bedenken und Ergebung* mit einem Gedicht, dessen erste Zeilen lauten:

> „So schauet mit bescheidnem Blick
> Der ewigen Weberin Meisterstück"[139]

Und so endet der Aufsatz *Glückliches Ereignis* mit einer ähnlichen Hinwendung zur Anschauung:

> „Und wer kann zuletzt sagen, daß er wissenschaftlich in der höchsten Region des Bewußtseins immer wandele, wo man das Äußere mit größter Bedächtigkeit, mit so scharfer als ruhiger Aufmerksamkeit betrachtet, wo man zugleich sein eigenes Innere, mit kluger Umsicht, mit bescheidener Vorsicht, walten läßt, in geduldiger Hoffnung eines wahrhaft reinen, harmonischen Anschauens."[140]

In dieser Aussage zeigt sich einerseits das Gemeinsame, das Kant und Goethe bewegt. Sie ist von Goethe wohl auch bewußt zum Schluß des Aufsatzes *Glückliches Ereignis* angeführt, da er hierin sein Verständnis und auch seinen Gewinn aus der Kantischen Philosophie zum Ausdruck bringt. Denn er beschreibt die methodisch strenge Haltung gegenüber den am Erkennen beteiligten *äußeren* und *inneren* Elementen. Der *großen Bedächtigkeit* und der sowohl *scharfen* wie *klugen Aufmerksamkeit*, womit die Erfahrung behandelt wird, korrespondiert die *kluge Umsicht* und *bescheidene Vorsicht*, mit der das eigene Innere, mit der Begriffe und Ideen behandelt werden. Damit sind lediglich die Elemente des Erkennens aufgeführt. Es geht nun aber andererseits offensichtlich nicht – und das ist Goethes eigene Aussage, die unabhängig von Kant formuliert wird – um eine urteilende Einordnung. Es geht allein darum, beide Bereiche – das Äußere und das Innere, die Erkenntnisbedingungen des Subjektes und das Gegebensein des Objektes – *anzuschauen*. Diese Anschauung muß in *geduldiger Hoffnung* entwickelt werden. Und zwar ist sie *rein* und *harmonisch*, was heißt, daß sie nicht durch das Subjekt getrübt ist und des weiteren, daß sie die polare Spannung zwischen Idee und Erfahrung ausgleicht. – Man kann sagen, daß Goethe zwar – wie Gadamer anführt – die Polarität von Idee und

---

[139] HA 13, 32
[140] Fa 24, 438

Erfahrung konstatiert, darin aber eigentlich nicht eine Erkenntnisgrenze, sondern einen Anschauungsgewinn erfährt. Dies ist sein entschiedener Gegensatz zu Kant, was bedeutet, daß er nicht – wie Gadamer behauptet – *auf die Seite Schillers übergetreten ist*. Eine von der Erscheinungswelt abgelöste Idee, welche allein für das erkennende Subjekt von Bedeutung ist, hat er nie akzeptiert.

In ähnlicher Weise argumentiert Peter Matussek. Er legt dar – wie an früherer Stelle schon angeführt[141] –, daß Goethe in der Auseinandersetzung mit der Kantischen Philosophie von einem *naiven* zu einem *kritischen Realismus* übergegangen ist.[142] Damit entferne er sich aber schon von Kant, indem er Motive von Schellings Identitätsphilosophie miteinbeziehe. Es heißt bei Matussek:

> „Schelling suchte den reflexionsphilosophischen Dualismus zu überwinden, mit dem Kant die Erkenntnis auf die Kategorien transzendentaler Subjektivität reduziert und das Ding an sich außerhalb ihres Fokus gerückt hatte. Seine Naturphilosophie kulminiert in einem Identitätskonzept."[143]

Und dann erläutert er bezogen auf Goethe:

> „Goethe benutzt die Identitätsphilosophie gleichsam nur als Leiter, um zur reinen Anschauung der Urphänomene aufzusteigen."[144]

Ob Goethe tatsächlich eine Identität von Geist und Materie, Subjekt und Objekt im Sinne Schellings annimmt, ist aufgrund des oben angeführten Zitates zweifelhaft. Auch Matussek bezieht sich in seiner These allein auf eine Passage des *Faust* und gesteht zu, daß in Fausts Vereinigungswillen mit dem *Erdgeist* mehr Gefühlseuphorie als erkenntnistheorethische Sachlichkeit mitschwingt. Es ist aber ungeachtet dessen festzuhalten, daß Goethe sein Schwergewicht auf die *Anschauung* legt. Die Anschauung bietet, wenn auch keine Übereinstimmung, so doch eine Vergegenwärtigung von Geist und Materie, oder besser in Goethes Worten von Idee und Erfahrung. Hier sieht auch Matussek den Unterschied zu Schelling. Er spricht von der

> „[...] Rückführung der bei Schelling spekulativ konzipierten intel-

---

[141] siehe S.39f.
[142] Vgl. Peter Matussek, *Naiver und kritischer Physiozentrismus bei Goethe*. A.a.O. S.234
[143] ebenda S.235
[144] ebenda

lektuellen Anschauung auf die konkret-sinnliche Wahrnehmung der Urphänomene."[145]

In der Sicht Matusseks geht Goethe demnach über einen *naiven Realismus* hinaus, indem er die Erkenntnisbeteiligung des Subjektes im Sinne der Transzendentalphilosophie kritisch reflektiert. Er geht aber auch über die in seinem Verständnis transzendentalphilosophische Subjektbeschränkung hinaus, indem er im Sinne Schellings in den „Vollzügen des transzendentalen Ich eine Repräsentation der Wirklichkeit"[146] sucht. Und er begründet eine spezifisch eigene Position, indem er diese Wirklichkeit in der *Anschauung* der Urphänomene gewinnt.

II.7. Zusammenfassung und Vorblick

Die voranstehende Darstellung war bemüht, wesentliche Elemente von Goethes Kantverständnis zu entwickeln. Sie ist zu folgenden Ergebnissen gelangt:

Goethe hat das Grundanliegen Kants einer kritischen Vergegenwärtigung der Beteiligung des Subjektes beim Zustandekommen von Erkenntnis und der Abweisung einer unbefugten metaphysischen Einmischung in das Gegebensein der Erfahrung als unerläßliche methodische Orientierung der Naturforschung gewürdigt. Er konnte das methodisch-kritische Anliegen von Kants Philosophie schätzen, insofern es um eine Bewußtmachung aller am Erkenntnisvorgang beteiligten transzendentalen Elemente geht. Diese Bewußtmachung führt dazu, daß die Inhalte der Erfahrung, das, was angeschaut wird, niemals als in Begriffen verfügbar oder einfachhin übertragbar aufgefaßt wird. Eine Erkenntnis, die derart zustande kommt, würde von Kant als *leere Vernünftelei* oder *überschwenglich* bezeichnet. Die Konsequenz ist der bescheidene Verzicht auf eine Letzterkenntnis. Erkenntnis ist in Goethes Sinne ein dynamischer Prozess, der sich *in* der Erfahrung ereignet und aufgrund ihrer Unerschöpflichkeit nicht abschließbar ist.

In dieser *methodischen* Grundorientierung findet sich Goethe mit Kant einig. Er bezieht jedoch eine dezidiert andere Position, wenn es um die *inhaltliche* Einschätzung des Erkennens geht. Kant schließt eine Annäherung des Erkennens an die Wesensseite, an das Ansichsein der Dinge aus. Der Verstand verhält sich *gesetzgebend*. Er stellt

---

[145] ebenda S.234
[146] ebenda

Gesetze der Erscheinungswelt auf, welche nach Kant aber *keinen hinreichenden Erkenntnisgrund des Objektes*[147] geben, sondern ein *bloßes subjektives Prinzip*[148] darstellen. Goethe sieht zwar die faktische Subjektbedingtheit des Erkennens. Er teilt jedoch nicht die Vorentscheidung Kants, daß die Wesensseite der Natur prinzipiell verschieden ist von demjenigen, was der ideelle Gehalt des Denkens ist. Goethe sieht die Möglichkeit einer Entwicklung des erkennenden Subjektes hin zur Auffassung der Gesetzmäßigkeit der Natur. Es geht Goethe also nicht um eine *Natur*, die sich den Bedingungen des Erkennens fügt, sondern er strebt, das Erkenntnisvermögen so weiterzuentwickeln, daß es die Eigengesetzlichkeit der Natur zu erfassen vermag. Diese Perspektive ist für ihn durch die Möglichkeit des intuitiven Verstandes gegeben, der von Kant dem Menschen abgesprochen wird. In Goethes Aufsatz *Anschauende Urteilskraft* heißt es:

„[...], daß wir uns, durch das Anschauen einer immer schaffenden Natur, zur geistigen Teilnahme an ihren Produktionen würdig machten."[149]

Mit diesem Satz bezeichnet Goethe eine weite Entwicklungsperspektive des Erkennens. Und gerade diese Entwicklungsperspektive markiert den Unterschied zu Kant. Es ist keine ontologische Aussage über das Wesen der Natur. Es ist keine Metaphysik und auch keine in irgendeiner Weise *platonisierende* letztgültige geistige Perspektive, die Goethe vor Augen liegt. In konsequenter Fortsetzung der kantischen *Methode* der Erfahrungsbezogenheit des Verstandesgebrauches, aber im Gegensatz zu Kants *inhaltlicher* Aussage, kann er auch keinen *gesetzgebenden Verstand* akzeptieren, der der Natur ihre Gesetze vorschreibt. Goethe behält sich die schlichte Möglichkeit vor, *neue* Erfahrungen zu machen, – *neu* bezogen auf die von Kant proklamierte Apriorität der menschlichen Erkenntnis. Desweiteren blickt er auf die offene Möglichkeit des Bewußtseins, sich zu verändern, wobei nicht auszuschließen ist, daß sich dabei auch ein objektiver ontologisch relevanter Gehalt zeigt, der als der innere gesetzmäßige Grund der Naturerscheinungen wirksam ist. Hegge stellt diese Entwicklungsperspektive heraus, die Goethe im Gegensatz zu Kant offen läßt:

„The same is naturally true in principle of the Kantian forms of intuition and understanding, which are to be understood as being

---

[147] KdU 334
[148] ebenda
[149] HA 13, 31

already laid down in man's constitution as conditions for the scientific structuring of the given. Although the systematic use of these latter forms is conditioned by the researcher's work, they exist in principle ready-made in man's cognitive make-up.

Goethe's 'sensory imagination', on the other hand, refers to a form of cognition which must first be developed by means of the researcher's own work with the material of experience. It is not a part of his make-up (except as a potential capacity), but rather to be compared to an *organ* (a word Goethe himself uses) which he can develop, or perhaps better, train by systematic use.

Here Goethe's view of science breaks radically with the epistemological view prevailing today, and which on this point follows in part the empiricist tradition and in part the Kantian. The basic assumption of the prevailing view is that the *a posteriori* element in cognition is contingent and that only the *a priori* is apodeictic, necessary. Or in other words, inasmuch as there are apodeictic elements in cognition, these it takes to be *a priori*, whether understood as forms of our understanding, as 'conditions of the very possibility of experience' in Kant's sense, or in a more empiricist vein as 'conventions'. Goethe, too, thinks that there are such *a priori* elements in our cognition, but maintains that besides these, yet still precisely *through* experience, and intimately linked with it through observation, experiment, and systematic classification of the given, it is possible to develop organs for a widened apodeictic cognition. This means that while the Kant-inspired tradition conceives the cognitive capacity itself as in principle given, Goethe's view is that this capacity is precisely something that can be *developed*, and that it is only by its development that we can attain a genuine science. Although sensory imagination may not exist as a developed organ today, it may do so tomorrow.

From which it also follows that whereas recent science has largely directed itself towards those areas of cognition where man's cognitive capacity is already well developed, *a priori*, namely mathematics and, in general the quantitative, Goethe aims at a development of corresponding capacities in other, namely qualitative, areas."[150]

Hegge kontrastiert hier eine Bewußtseinsverfassung, die fertig gebildet ist und vorwiegend mit *quantitativen* Inhalten umgeht und eine Bewußtseinshaltung, die sich zu einer Erkenntnis *qualitativer* Gehalte hinarbeitet. Im Nachfolgenden soll Goethes wissenschaftliche Methode, die eine solche Entwicklung anstrebt, genauer untersucht werden.

---

[150] Hjalmar Hegge, *Theory of Science in the Light of Goethes Science of Nature*. A.a.O.S.209f

III. Goethes wissenschaftliche Methode

III.1. Subjekt und Objekt

Die voranstehende Betrachtung hat einzelne Positionen Goethes im Kontext von Kants Philosophie diskutiert. Es konnte dabei deutlich werden, daß sich Goethe dem eigentlich zentralen Problem einer jeden epistemologischen Philosophie, der Einschätzung, Unterscheidung bzw. Vermittlung von Subjekt und Objekt, bewußt gestellt hat. Insbesondere ist dieses Problem der Angelpunkt des durch das *Gespräch* eingeleiteten, zehn Jahre bis zu Schillers Tod währenden Arbeits- und Freundschaftsbundes zwischen Goethe und Schiller gewesen. In dem schon angeführten Aufsatz *Glückliches Ereignis* heißt es:

> „[...], und so besiegelten wir, durch den größten, vielleicht nie ganz zu schlichtenden Wettkampf zwischen Objekt und Subjekt, einen Bund, der ununterbrochen gedauert, und für uns und andere manches Gute gewirkt hat."[1]

Goethe bezog sich bekanntermaßen mehr auf die Objektseite, wohingegen Schiller dem Subjekt beim Zustandekommen von Erkenntnis einen größeren Anteil zusprach. Diese Differenzierung spielte nicht nur bei wissenschaftlichen und methodischen Fragen eine große Rolle, sondern war oft noch bedeutender bei künstlerisch-ästhetischen Problemen. Hans Börnsen macht auf zwei entscheidende Briefe aus der Korrespondenz zwischen Goethe und Schiller aufmerksam[2], die dieses Problem beleuchten. Goethe befindet sich auf einer Reise in Frankreich und fühlt sich von einzelnen Eindrücken merkwürdig berührt. Er berichtet an Schiller:

> „Ich bin auf einen Gedanken gekommen, den ich Ihnen, weil er für meine übrige Reise bedeutend werden kann, sogleich mitteilen will, um Ihre Meinung zu vernehmen, inwiefern er richtig sein möchte? und inwiefern ich wohl tue, mich seiner Leitung zu überlassen? Ich habe, indem ich meinen ruhigen und kalten Weg des Beobachtens, ja des bloßen Sehens ging, sehr bald bemerkt, daß die Rechenschaft,

---

[1] FA 24, 437
[2] Hans Börnsen, *Leibniz' Substanzbegriff und Goethes Gedanke der Metamorphose.* A.a.O. Vgl. S. 67ff

die ich mir von gewissen Gegenständen gab, eine Art von Sentimentalität hatte, [...]"³

Es ist eine *Sentimentalität*, die ihn bei bestimmten Gegenständen anrührt. Er fährt dann fort, sich diesen Eindruck näher zu vergegenwärtigen und zu erklären:

„Ich habe daher die Gegenstände, die einen solchen Effekt hervorbringen, genau betrachtet und zu meiner Verwunderung bemerkt, daß sie eigentlich symbolisch sind. Das heißt, wie ich kaum zu sagen brauche, es sind eminente Fälle, die in einer charakteristischen Mannigfaltigkeit, als Repräsentanten von vielen andern dastehen, eine gewisse Totalität in sich schließen, eine gewisse Reihe fordern, Ähnliches und Fremdes in meinem Geiste aufregen und so von außen wie von innen an eine gewisse Einheit und Allheit Anspruch machen."⁴

Die Interpretation, die Goethe seiner Empfindung gibt, führt dahin, daß die betreffenden Gegenstände die Eigenschaft haben, viele andere miteinander zu verbinden, für andere zu stehen und als einzelne zugleich eine gewisse Allgemeinheit auszumachen. Diese Eigenschaft benennt Goethe mit dem Namen *Symbol*. Er schließt seinen Brief an Schiller wie folgt:

„Sagen Sie mir Ihre Gedanken hierüber in guter Stunde, damit ich erweitert, befestigt und erfreut werde, die Sache ist wichtig, denn sie hebt den Widerspruch, der zwischen meiner Natur und der unmittelbaren Erfahrung lag, den in früherer Zeit ich niemals lösen konnte, sogleich auf und glücklich, denn ich gestehe Ihnen, daß ich lieber gerad nach Hause zurückgekehrt wäre, um aus meinem Innersten Phantome jeder Art hervorzuarbeiten, als daß ich noch einmal, wie sonst (da mir das Aufzählen eines Einzelnen nun einmal nicht gegeben ist) mit der millionenfachen Hydra der Empirie herumzuschlagen hätte; denn wer bei ihr nicht Lust oder Vorteil zu suchen hat, der mag sich beizeiten zurückziehen."⁵

Was ist der *Widerspruch*, der zwischen Goethes Natur und der unmittelbaren Erfahrung liegt? Im Kontext des Angeführten kann es nur heißen, daß Goethes Natur mehr auf eine Ganzheitlichkeit ausgerichtet war, welche durch die *unmittelbare Erfahrung* nicht ge-

---

[3] Brief vom 16. August 1797; Briefw. 335f
[4] Briefw. 336
[5] Briefw. 337f

geben werden kann. Und er hatte weder *Lust* noch *Vorteil*, sich mit der *millionenfachen Hydra der Empirie herumzuschlagen*. Das Erlebnis, was er hatte, ist ihm deshalb wichtig, weil er in der *symbolischen* Erfahrung der Gegenstände eine unmittelbare Entsprechung zu seiner Natur empfand. Interessant ist nun, wie Schiller auf dieses Erlebnis von Goethe antwortet:

> „Das sentimentale Phänomen in Ihnen befremdet mich gar nicht, und mir dünkt, Sie selbst haben es sich hinlänglich erklärt. [...] Nur eins muß ich dabei noch erinnern. Sie drücken sich so aus, als wenn es hier auf den Gegenstand ankäme, was ich nicht zugeben kann. Freilich der Gegenstand muß etwas *bedeuten*, so wie der poetische etwas *sein* muß; aber zuletzt kommt es auf das *Gemüt* an, ob ihm ein Gegenstand etwas bedeuten soll, und so deucht mir das Leere und Gehaltreiche mehr im Subjekt als im Objekt zu liegen."[6]

Hier kommt der Unterschied zwischen Goethe und Schiller deutlich zum Ausdruck: Was Goethe im Objekt findet, das veranschlagt Schiller im Subjekt. Merkwürdig ist, daß Schiller auf diesen Unterschied so eingeht, als handele es sich um ein Darstellungsproblem: *Sie drücken sich so aus, als wenn ...* Immerhin kennen sich beide schon drei Jahre und diese unterschiedliche Grundhaltung ist schon, wenn man der Authentizität des von Goethe dreiundzwanzig Jahre nach der ersten Begegnung verfaßten Berichtes Glauben schenken will, während des ersten Gespräches zum Ausdruck gekommen: *denn der Punkt, der uns trennte, war dadurch aufs strengste bezeichnet.*[7] Schiller hätte demnach um diese Grundeinstellung Goethes wissen müssen. Wie dem auch sei, Goethe geht in den Folgebriefen auf diesen Einwand Schillers nicht mehr ein. Erst 1829 bezieht er nochmals Stellung dazu. Und zwar ist es Staatsrat Schultz – dies wird auch von Börnsen angeführt und erläutert –, der Goethe Folgendes schreibt:

> „Nichts aber hat mich so festgehalten, und ist mir oft so ungeheuer erschienen, als was in den Briefen Nr. [...] vorkommt, wo Sie das Bedeutende im Objekte erkennen, Schiller solches aber nur für einen Akt des Subjektes anerkennen will."[8]

Goethe erwidert darauf:

---

[6] Brief vom 7. September 1797; Briefw. 353f
[7] FA 24, 437
[8] Brief vom 4. Juni 1829; Schultz S.374f

„Schließlich aber darf ich nicht unbemerkt lassen, daß ich auf Ihre Anregung die Briefe [...] wieder gelesen; fürwahr hier ist die Achse, um die sich der Correspondenten uneinige Einigkeit bewegt."⁹

Es ist deutlich, daß es sich für Goethe in dieser Frage nicht um ein Darstellungsproblem, sondern um eine Überzeugung handelt, die er für sich selbst und im Gedankenaustausch mit Schiller vielfach reflektiert hat. In einem Folgebrief an Staatsrat Schultz, der sich nochmals auf diesen Gegenstand bezieht, findet sich auch die schon angeführte Stelle, in der es heißt:

„Ich danke der kritischen und idealistischen Philosophie, daß sie mich auf mich selbst aufmerksam gemacht hat; das ist ein ungeheurer Gewinn: sie kommt aber nie zum Objekt; [...]"¹⁰

Daß sich diese Aussage im Zusammenhang der Subjekt/Objekt-Diskussion findet, zeigt, daß Goethe diesen Problembereich, der einen Gegenstand des Austausches mit Schiller bildete, immer auch im Kontext der kritischen Philosophie, d.i. der Philosophie Kants gesehen hat. Die Frage, um die es geht, ist die, ob in einem Objekt der Betrachtung, welches der sinnlichen Wahrnehmung gegeben ist, ein Gehalt vorliegt oder gefunden wird, der diesem Objekt selbst zu eigen ist oder ob jeder Gehalt allein dem Subjekt angehört. Die Antwort auf diese Frage entscheidet darüber, ob es etwas Subjekt und Objekt Vermittelndes gibt oder ob beide dualistisch geschieden sind, und zwar unter ontologischem, nicht bloß unter ästhetischem Gesichtspunkt, denn hier denkt auch Schiller an eine Verbindung.

Es ist in diesem Zusammenhang auch interessant, daß es sich für Goethe im Umgang mit dieser Frage nicht um eine bloße Meinungsbildung oder den Inhalt einer Überzeugung handelt, sondern um eine Aufgabenstellung. Er markiert damit einen Übergang von der Philosophie zur Praxis wissenschaftlichen Forschens. Goethes Forschungsanliegen bewegt sich immer vor dem Horizont dieser Fragestellung der Vermittlung von Subjekt und Objekt. Es bezieht daher seine hohe philosophische Bewußtheit und seinen eminent philosophischen Wert, daß es die zentralen Fragen der Philosophie nicht eigentlich auf die wissenschaftliche Praxis anwendet (denn das würde die Praxis als Anwendungsfeld in ein derivatives Verhältnis zur ursprünglich philosophischen Problematik stellen), sondern sie

---

⁹ Brief vom 29. Juni 1829; WA Abt.IV, Bd.45, S.318
¹⁰ HA Br 450, Brief vom 18. September 1831

innerhalb dieser erfährt, verfolgt und in jedem wissenschaftlichen Ergebnis zugleich eine philosophische Tiefe berührt. Hieraus erklärt sich wohl auch die große Achtung, die Goethes Naturwissenschaft weniger von Fachkollegen als von den Philosophen der Zeit, Hegel, Schelling, Fichte, Schopenhauer u.a. und auch der Folgezeit gezollt wurde. Diese philosophische Praxis soll anhand des Aufsatzes *Der Versuch als Vermittler von Objekt und Subjekt* näher vergegenwärtigt werden.

III.2. Der Versuch als Vermittler von Objekt und Subjekt[11]

Am 10. Januar 1798 schickt Goethe den Aufsatz *Der Versuch als Vermittler von Objekt und Subjekt* an Schiller. Er bemerkt dabei, daß er *ohngefähr 4 bis 5 Jahre alt sein kann*[12]. Dies bedeutet, daß er *vor* dem *Gespräch* verfaßt wurde und zwar in der Zeit von Goethes Beschäftigung mit der *Farbenlehre*[13]. Der Aufsatz zählt zu Goethes frühesten theoretisch-methodischen Abhandlungen. Daß er in zeitlicher Nähe und wohl auch im Zusammenhang mit der *Farbenlehre* und nicht mit Goethes botanischen Studien entstanden ist, mag daran liegen, daß die Farbenlehre schon zu Beginn von Goethe im wissenschaftlichen Widerspruch zu Newton entwickelt worden war. Dieses antithetische Element lag bei der Botanik nicht vor. Was Goethe dort entwickelte, bildete nicht einen Gegensatz, sondern eine Ergänzung zu Linné. Bei der Farbenlehre war es aber gleich die erste berühmte Entdeckung, die den Gegensatz zur Newton'schen Lehre enthielt. Goethe war in der Folge stärker darum bemüht, den von ihm so konstatierten *Irrtum* Newtons auf methodische Fehler zurückzuführen. Dies veranlaßte ihn, sich das eigene methodische Vorgehen bewußt zu machen. In diesem Zusammen-

---

[11] Eine Besprechung und Erläuterung der wissenschaftstheoretischen Prinzipien des Aufsatzes *Der Versuch als Vermittler von Objekt und Subjekt* ist vielfach unternommen worden. Vorzüglich zu nennen sind: Jürgen Blasius, *Zur Wissenschaftstheorie Goethes*. A.a.O.; Walter Strolz, *Das Naturgeheimnis in Goethes Anschauungskraft*. A.a.O. und Herbert Witzenmann, *Goethes Idee des Experiments und die moderne Naturwissenschaft*. A.a.O.
[12] Vgl. Brief vom 10.1.1798: „Ich lege einen kleinen Aufsatz bei, der ohngefähr 4 bis 5 Jahre alt sein kann, es wird Sie gewiß unterhalten zu sehen, wie ich die Dinge damals nahm."(Briefw. 416)
[13] Vgl. HA 13, 563 (Kommentarteil)

hang ist der Aufsatz zu sehen, auf dessen Hauptmotive im Folgenden eingegangen werden soll.

Zu Beginn heißt es dort:

„Sobald der Mensch die Gegenstände um sich her gewahr wird, betrachtet er sie in Bezug auf sich selbst, [...]"[14]

Diese natürliche Grundhaltung des Menschen ist eine Art psychologische Variante von Kants transzendentaler Apperzeption. Die Vermittlung zwischen Objekt und Subjekt, die dabei geschieht, ist diejenige, daß das Subjekt das Objekt auf sich selbst, auf seine eigenen Bedingungen und Bedürfnisse bezieht. Da die psychologische Disponierung jedoch selten mit den Gegebenheiten des jeweiligen Objektes zusammenstimmt, ist der Mensch bei dieser Art, die Dinge anzusehen, *tausend Irrtümern* ausgesetzt. Goethe stellt dieser Haltung eine andere Betrachtungsart gegenüber, die darauf zielt, *die Gegenstände der Natur an sich selbst und in ihren Verhältnissen untereinander zu beobachten*. Das Motiv für dieses Bestreben ist nicht *Gefallen* oder *Mißfallen*, *Nutzen* oder *Schaden*, *Anziehen* oder *Abstoßen*, sondern der – wie Goethe sagt – *Trieb nach Erkenntnis*. Es ist menschenkundlich von besonderem Interesse, daß auch die von Goethe dargestellte zweite Haltung, die der Mensch als *gleichsam göttliches Wesen* ausübt, von einem *Trieb* herrührt. Es ist demnach nicht ein Ideal, das von außen an den Menschen herangetragen wird, sondern das in ihm liegt, wenn es sich auch in einer gewissen Spannung zu der anderen Haltung befindet. Im *Faust* wird dieses Motiv bekanntermaßen wie folgt angesprochen:

„Zwei Seelen wohnen, ach! in meiner Brust,
Die eine will sich von der andern trennen;
Die eine hält, in derber Liebeslust,
Sich an die Welt mit klammernden Organen;
Die andere hebt gewaltsam sich vom Dust
Zu den Gefilden hoher Ahnen."[15]

Eine ähnliche Polarisierung der menschlichen Grundhaltungen findet sich in Schillers *Ästhetischen Briefen* in der Darstellung des Stoff- und Formtriebes. Die Vermittlung zwischen Objekt und Subjekt, die durch die von Goethe beschriebene zweite Haltung erfolgt, ist eine solche der Bezugnahme des Subjektes auf das Objekt, und zwar derart, daß das Subjekt sich *entäußert*. Es sieht von sich selbst ab.

---

[14] HA 13, 10
[15] Faust I, 1112-1117; HA 3, 41

III. Goethes wissenschaftliche Methode 87

Wie dies geschieht, erläutert Goethe an späterer Stelle des Aufsatzes. Zunächst kommt er auf den *status quo* der Wissenschaft zu sprechen. Das wissenschaftliche Bemühen, einen Gegenstand in seiner Eigenart zu begreifen, führt zu *Erkenntnissen*, die dann in *Handlungen* angewandt werden. Ein solches Vorgehen wird von Goethe als *klug* bezeichnet. Was hier vorliegt, ist ein Vollzug der ersten Haltung auf Grundlage der zweiten. Es ist in gewisser Weise die existenzielle Bedürftigkeit der ersten Haltung, die es nahelegt, im Vollzug der zweiten Haltung möglichst streng zu sein. Die genaue Erkenntnis eines Objektes macht es möglich, dieses besser zum eigenen Nutzen einzusetzen. Etwas anderes ist es, die gleiche Strenge unabhängig vom eigenen Vorteil zu üben.

> „Allein wenn der Beobachter ebendiese scharfe Urteilskraft zur Prüfung geheimer Naturverhältnisse anwenden, wenn er in einer Welt, in der er gleichsam allein ist, auf seine eigenen Tritte und Schritte achtgeben, sich vor jeder Übereilung hüten, seinen Zweck stets im Auge haben soll, ohne doch selbst auf dem Wege irgendeinen nützlichen oder schädlichen Beistand unbemerkt vorbeizulassen, wenn er auch da, wo er von niemand so leicht kontrolliert werden kann, sein eigener strengster Beobachter sein und bei seinen eifrigsten Bemühungen immer gegen sich selbst mißtrauisch sein soll: so sieht wohl jeder, wie streng diese Forderungen sind und wie wenig man hoffen kann sie ganz erfüllt zu sehen, man mag sie nun an andere oder an sich machen."[16]

Diese *einsame Strenge*, die die Wissenschaft aufgibt, wird nach Goethe dadurch befördert, daß anders als in der Kunst die Wissenschaft eine Angelegenheit *vieler* Menschen ist. Goethe entwirft das Ideal einer Forschungsgemeinschaft, die sowohl Quantität wie Qualität der Beobachtungen als auch die Varietät der Gesichtspunkte steigert und so als Gemeinschaft das ergänzt und vollbringt, was der Einzelne kaum leisten kann. Gleiche Bedeutung kommt der Geschichte (als genetische Voraussetzung aktueller Wissenschaft) und dem Zeitalter (als die sowohl kommunikative wie überkommunikative[17] Inspirationsquelle der Wissenschaft) zu. Die Wissenschaft

---

[16] HA 13, 11
[17] Auf dieses eigentümliche Phänomen weist Goethe mit folgenden Worten hin: „Es läßt sich bemerken, daß die Kenntnisse, gleichsam wie ein eingeschlossenes aber lebendiges Wasser, sich nach und nach zu einem gewissen Niveau erheben, daß die schönsten Entdeckungen nicht sowohl durch die Menschen als durch die Zeit gemacht worden, wie denn eben sehr wichtige Dinge zu gleicher Zeit von zweien oder wohl gar mehr geübten Denkern gemacht worden." (HA 13, 13)

befindet sich demnach im Kontinuum einer zeit- und raumübergreifenden Forschungsgemeinschaft, welche die subjektiven Übereilungen Einzelner relativiert und nivelliert, Intersubjektivität gewährleistet und dadurch nach Goethe zum Objekt hin konvergiert.

Im Anschluß an diese allgemeine Betrachtung kommt Goethe nun auf das Ideal einer Forschungsmethode zu sprechen. Es sind hier in erster Linie zwei Dinge zu berücksichtigen, die von Goethe auch schon zuvor Erwähnung gefunden haben. Es heißt:

> „Daß die Erfahrung, wie in allem, was der Mensch unternimmt, so auch in der Naturlehre, von der ich gegenwärtig vorzüglich spreche, den größten Einfluß habe und haben solle, wird niemand leugnen, so wenig man den Seelenkräften, in welchen diese Erfahrungen aufgefaßt, zusammengenommen, geordnet und ausgebildet werden, ihre hohe und gleichsam schöpferisch unabhängige Kraft nicht absprechen wird. Allein wie diese Erfahrungen zu machen und wie sie zu nutzen, wie unsere Kräfte auszubilden und zu brauchen, das kann weder so allgemein bekannt noch anerkannt sein."[18]

Das eine ist die *Erfahrung*, die von der Außenwelt gewonnen, d.h. die am Objekt gemacht wird. Das andere sind die *Seelenkräfte*, die mit dieser Erfahrung umgehen. Beide Elemente bedürfen gleicher Beachtung und Ausbildung. In dieser Feststellung wird ein erstes wesentliches Merkmal von Goethes Forschungsart berührt. Die Erfahrung, die gemeinhin als das durch Sinne Gegebene verstanden wird, wird nicht einfach als Gegebenes hingenommen, sondern sie wird in dem *Wie* und *Was* ihres Auftretens thematisiert. Der *Versuch* im Goetheschen Sinne ist zunächst nichts anderes als eine vorsätzliche Wiederholung eines Phänomens, eine bewußte Vergegenwärtigung des Inhaltes einer Erfahrung. Damit ist nicht unbedingt ein mit hochkomplizierten Apparaturen durchgeführtes Experiment nach heutigem Verständnis gemeint – es kann auch das heißen –, sondern es bedeutet vor allem die intersubjektive, reproduzierbare[19], in ihren Bedingungen vergegenwärtigte Erfahrung. Blasius schreibt in diesem Sinne:

> „Den Versuch nennt er [Goethe] die Erfahrung, die sich durch intersubjektive Reproduzierbarkeit auszeichnet."[20]

---

[18] HA 13, 12
[19] Intersubjektivität und Reproduzierbarkeit sind u.a. Kriterien eines modernen Wissenschaftsverständnisses. Vgl. Gernot Böhme, *Ist Goethes Farbenlehre Wissenschaft?* A.a.O.
[20] Jürgen Blasius, *Zur Wissenschaftstheorie Goethes*. A.a.O. S.372

III. Goethes wissenschaftliche Methode 89

D.h. er ist zunächst nichts mehr. Ein kritisches Bewußtsein könnte hier einwenden, daß die Erfahrung im Grunde das nicht sei, was sie zu sein vorgibt. Es seien hochkomplizierte physikalische, chemische und biochemische Prozesse notwendig, um etwas so Erfahrung sein zu lassen, wie es in unserem Bewußtsein auftritt. Dies ist Gegenstand der Sinnesphysiologie. Zudem werden verschiedene Bewußtseinsleistungen vorausgesetzt, die das Verständnis der jeweiligen Erfahrung und ihrer Kontextualität ermöglichen. Der Einwand, der sich hieraus ergibt, ist der, daß Erfahrung zum einen sinnesphysiologischen und zum anderen bewußtseinsspezifischen Bedingungen unterliegt. Sie sei demnach in ihrem ersten Auftreten nicht ursprünglich. Goethes Erfahrungsbegriff, wie er sich zunächst in dem Aufsatz *Der Versuch als Vermittler von Objekt und Subjekt* zeigt, ist von diesem Einwand nicht betroffen, da sich die Erfahrung unabhängig davon, wodurch sie bedingt sein mag und was sie *eigentlich* sei, zunächst als das zeigt, was sie ist. Ein Rot erscheint dem Bewußtsein als Rot unabhängig davon, daß die Physik dieses als Licht mit einer bestimmten Wellenlänge beschreibt. Und diese erste Tatsache ist zunächst der Gegenstand von Goethes *Versuch*. Er betont dann, daß diese Erfahrung oder Wahrnehmungsgegebenheit[21] nicht vorschnell in einen theoretischen Zusammenhang eingebunden werden darf.

> „Man kann sich daher nicht genug in acht nehmen, daß man aus Versuchen nicht zu geschwind folgere, daß man aus Versuchen nicht unmittelbar etwas beweisen, noch irgendeine Theorie durch Versuche bestätigen wolle; [...]"[22]

Ein Versuch für sich genommen kann demnach kein Beweis für eine Theorie sein. Dieser Punkt wird auch in Schillers Antwortbrief nach Erhalt des Aufsatzes hervorgehoben.

> „Das ist mir z.B. sehr einleuchtend, wie gefährlich es ist, einen theoretischen Satz unmittelbar durch Versuche beweisen zu wollen. Es stimmt dies, wie mir deucht, mit einer anderen philosophischen Warnung überein, daß man seine Sätze nicht durch Beispiele beweisen solle, weil kein Satz dem Beispiel gleich ist. Die entgegen-

---

[21] *Wahrnehmung* wäre das nach heutigem Sprachgebrauch angemessenere Wort, da *Erfahrung* schon die begrifflich gefaßte *Wahrnehmung* meint. Goethe trifft diese Sprachunterscheidung nicht. *Erfahrung* bedeutet bei ihm das durch die Sinne Gegebene. Im Folgenden wird Goethes Wortgebrauch beibehalten.
[22] HA 13, 14

gesetzte Methode verkennt den essentiellen Unterschied zwischen der Naturwelt und der Verstandeswelt ganz, ja sie hebt die ganze Natur auf, indem sie bloß ihre Vorstellung uns in den Dingen und nie umgekehrt finden läßt."[23]

Schiller greift Goethes These auf. Dadurch wird der Grund für die deutliche Scheidung ersichtlich. Was nämlich vorläge, wenn durch einen Versuch eine Theorie bzw. durch ein Beispiel ein allgemeiner Satz bewiesen werden sollte, wäre eine Vermischung und keine Vermittlung von Objekt und Subjekt. Das Subjekt würde lediglich seine eigenen Auffassungsbedingungen in das Objekt hineinlegen. Goethe charakterisiert diesen Abweg mit großer Eindringlichkeit:

„[...]; denn hier an diesem Passe, beim Übergang von der Erfahrung zum Urteil, von der Erkenntnis zur Anwendung ist es, wo dem Menschen alle seine inneren Feinde auflauren, Einbildungskraft, die ihn schon da mit ihren Fittichen in die Höhe hebt, wenn er noch immer den Erdboden zu berühren glaubt, Ungeduld, Vorschnelligkeit, Selbstzufriedenheit, Steifheit, Gedankenform, vorgefaßte Meinung, Bequemlichkeit, Leichtsinn, Veränderlichkeit, und wie die ganze Schar mit ihrem Gefolge heißen mag, alle liegen hier im Hinterhalte und überwältigen unversehens den handelnden, so auch den stillen, von allen Leidenschaften gesichert scheinenden Beobachter."[24]

Es sind demnach die individuellen Beschränkungen des Subjektes, die zu einer vertrübenden Durchmischung von Subjektivem und Objektivem führen. In diesem Sinne stellt Goethe klar, daß ein Versuch nichts anderes als *ein isolierter Teil unserer Erkenntnis* ist. Es ist eine einzelne bewußt gemachte Erfahrung (Wahrnehmung) und – dies ist entscheidend – keine objektive Verbindung von Erfahrungen. Denn das Verbinden ist nicht durch die Erfahrung gegeben, sondern ist Sache des Denkens. Goethe führt aus:

„Wenn von einer Seite eine jede Erfahrung, ein jeder Versuch ihrer Natur nach isoliert anzusehen sind, von der andern Seite die Kraft des menschlichen Geistes alles, was außer ihr ist und was ihr bekannt wird, mit einer ungeheuren Gewalt zu verbinden strebt, so sieht man die Gefahr leicht ein, welche man läuft, wenn man mit einer gefaßten Idee eine einzelne Erfahrung verbinden oder irgendein Verhältnis, das nicht ganz sinnlich ist, das aber die bildende

---

[23] Brief vom 12.1.1798; Briefw. 417
[24] HA 13, 14f

Kraft des Geistes schon ausgesprochen hat, durch einzelne Versuche beweisen wollen."[25]

Der Inhalt der sinnlichen Anschauung und das Bestreben des Denkens stellen demnach zwei divergierende Kräfte dar. Wird dies nicht berücksichtigt, so besteht die Gefahr einer Despotie der Idee. Goethe fordert gegenüber dem gewöhnlichen Vorstellungsbewußtsein, welches vorschnell Verbindungen schafft, eine Reduktion. Wir bewegen uns gewöhnlich in unseren Vorstellungen, ohne die in sie eingegangenen Elemente, das sind Erfahrungen von der einen und Begriffe von der anderen Seite, zu unterscheiden, oder – wie Goethe sagt: zu *isolieren*. Goethes *Versuch* fordert dagegen zunächst eine Vorstellungsaskese, die das Eigentliche der Erfahrung, nämlich Einzelheit zu sein, vor Augen führt.[26] Auf diesen Aspekt macht auch Edmund Husserl aufmerksam.[27] Er hebt in seiner Vorlesung *Analyse der Wahrnehmung* hervor, daß jeder Gegenstand als Wahrnehmung sich zunächst beschränkt zeigt:

> „Sehen wir den Tisch, so sehen wir ihn von irgendeiner Seite und diese ist dabei das eigentlich Gesehene; er hat noch andere Seiten. Er hat eine unsichtige Rückseite, er hat unsichtiges Inneres, und diese Titel sind eigentlich Titel für vielerlei Seiten, vielerlei Komplexe möglicher Sichtigkeit."[28]

Jede Wahrnehmung ist demnach zunächst beschränkt. Unser Wahrnehmen grenzt einen Gegenstand aus dem ihm eigenen Kontinuum aus. Im Bewußtwerden dieser Beschränkung weist aber zugleich jede Wahrnehmung auf andere mögliche Wahrnehmungen hin. Husserl schreibt:

---

[25] HA 13, 16
[26] Vgl. hierzu auch MuR: „Es ist eine schlimme Sache, die doch manchen Beobachter begegnet, mit einer Anschauung sogleich eine Folgerung zu verknüpfen und beide für gleich geltend zu achten." (HA 12, 449)
[27] Vgl. hierzu auch Friedemann Schwarzkopf, *The Metamorphosis of the Given. Toward an Ecology of Consciousness*. Es heißt dort bezogen auf Husserls Methode der *Reduktion*: „Phenomenological reduction is the process in which the 'elements' of cognitive activity – phenomena and experiences that guide our attentional movement – can be isolated and identified in their specific Nature. It is a procedure to behold the inner nature of all phenomena of consciousness. Husserl's contribution was the precise and detailed description of this cognitive process." (A.a.O. S.71)
[28] Edmund Husserl, *Analyse der Wahrnehmung*. A.a.O. S. 56

> „Zunächst werden wir darauf aufmerksam, daß jede Wahrnehmung, noematisch: jeder einzelne Aspekt des Gegenstandes in sich selbst auf eine Kontinuität, ja auf vielfältige Kontinua möglicher neuer Wahrnehmungen verweist, eben diejenigen, in denen sich derselbe Gegenstand von immer neuen Seiten zeigen würde. Das Wahrgenommene in seiner Erscheinungsweise ist, was es ist, in jedem Momente des Wahrnehmens, (als) ein System von Verweisen, mit einem Erscheinungskern, an dem sie ihren Anhalt haben, und in diesen Verweisen ruft es uns gewissermaßen zu: es gibt noch Weiteres zu sehen, dreh mich doch nach allen Seiten, durchlaufe mich dabei mit dem Blick, tritt näher heran, öffne mich, zerteile mich."[29]

Der Deutlichkeit halber sei angemerkt, daß der Verweis auf anderes weniger in der Wahrnehmung selbst liegt, diese ist vereinzelt, als vielmehr im menschlichen Bewußtsein, das die Vereinzelung zu überwinden trachtet. Das Wesentliche an Husserls Darlegung ist, daß das Bewußtsein innerhalb der Wahrnehmung selbst eine Kontinuität aufsucht und sie nicht in dieselbe *hineindenkt*. Hierzu ist eine Abkehr von der Vorstellungsgebundenheit und auch -belastung des Bewußtseins nötig, wie sie Goethe fordert. Die Selbstgenügsamkeit und der Narzissmus des Vorstellungsbewußtseins sollen aufgehoben werden.

> „Der Mensch erfreut sich nämlich mehr an der Vorstellung als an der Sache, oder wir müssen vielmehr sagen: der Mensch erfreut sich nur einer Sache, insofern er sich dieselbe vorstellt, sie muß in seine Sinnesart passen, und er mag seine Vorstellungsart noch so hoch über die gemeine erheben, noch so sehr reinigen, so bleibt sie doch gewöhnlich nur eine Vorstellungsart; [...]"[30]

Diese Darstellung erinnert an die von Thomas S. Kuhn herausgestellte paradigmatische Gebundenheit des Bewußtseins.[31] Die theo-

---

[29] ebenda S.57
[30] Ha 13, 15
[31] Vgl. Thomas S. Kuhn, *Die Struktur der wissenschaftlichen Revolution*. A.a.O. Ein Vergleich zwischen Kuhns Thesen und Goethes Auseinandersetzung mit dem Problem einer *theoriebeladenen* Wissenschaft findet sich bei Frederick Amrine, *The Metamorphosis of the Scientist*. A.a.O. Außerdem Ders., *Goethe's Science in the Twentieth Century*. A.a.O. Ein weiterer Autor, der für die Aktualität von Goethes Begriff von Wissenschaft anhand von Kuhns Thesen argumentiert, ist Jürgen Blasius. Er schreibt: „Goethes Auffassung von Wissenschaft geht ebenso wie die Kuhns davon aus, daß die Art und Weise, wie man Versuche und deren

III. Goethes wissenschaftliche Methode 93

retische und im schlechteren Fall die psychologisch-habituelle Voreinstellung³² bestimmt die Sicht auf Phänomene. In dem Maße als vorgestellt wird, wird etwas vor den Blick gestellt, das die freie Sicht auf die Phänomene behindert. Goethes *Versuch* thematisiert dage-

---

Ergebnisse, wissenschaftliche Phänomene ansieht, immer schon vorbelastet, vorstrukturiert ist durch die Überzeugung, was die rechte Art und Weise sei, wissenschaftliche Phänomene anzusehen. Alle Aussagen sind schon 'theoriebeladen', es gibt keine theoriefreien Fakten." (In: *Zur Wissenschaftstheorie Goethes.* A.a.O. S.382) Vgl. desweiteren Walter Strolz, Das Naturgeheimnis in Goethes Anschauungskraft: „Er [Goethe] bezieht sich in seiner Analyse nicht auf eine ganz bestimmte experimentelle Theorie, sondern er faßt ins Auge, inwiefern der Mensch als solcher in der Naturbetrachtung mit der Vielfalt seiner Anlagen und Fähigkeiten ins Spiel kommt. Nicht dem törichten Bestreben, den Versuch 'an sich', ohne seine grundsätzliche Eingebundenheit ins Allgemein-Menschliche, zu erklären, gilt sein Nachdenken, sondern gerade seiner problembeladenen Menschlichkeit." (A.a.O. S.539)

³² In einem Brief an Schiller hebt Goethe karikativ hervor, wohin es führt, wenn eine Zurückdämmung des Vorstellungsbewußtsein nicht geübt, und stattdessen jeder Gegenstand, jede Erfahrung unhinterfragt im Kontext der eigenen Vorstellungen und psychologischen Dispositionen gesehen wird: „Indem ich diese Woche verschiedene physische Schriften wieder ansahe, ist es mir recht aufgefallen, daß die meisten Forscher die Naturphänomene als eine Gelegenheit brauchen, die Kräfte ihres Individuums anzuwenden und ihr Handwerk zu üben. Es geht über alle Begriffe, wie zur Unzeit *Newton* den Geometer in seiner Optik macht, es ist nicht besser, als wenn man die Erscheinung in Musik setzen oder in Verse bringen wollte, weil man Kapellmeister oder Dichter ist. Der *Mechaniker* läßt das Licht aus Kugeln bestehn, die sich einander stoßen und treiben; wie sie nun mehr oder weniger schief abprallen, so müssen die verschiednen Farben entstehen; beim *Chemiker* solls der Wärmestoff und besonders in der neuern Zeit der Oxygen getan haben, ein stiller und besonders bescheidner Mann wie *Klügel* zweifelt und läßt es dahingestellt sein, *Lichtenberg* macht Späße und neckt die Vorstellungsarten der andern; *Wünsch* bringt eine Hypothese vor, die toller ist als ein Kapitel aus der Apokalypse, verschwendet Tätigkeit, Geschicklichkeit im Experimentieren, Scharfsinn im Kombinieren an den absurdesten Einfall in der Welt, *Gren* wiederholt das Alte, wie einer, der ein symbolisches Glaubensbekenntnis abbetet, und versichert, es sei das Rechte. Genug, es ist mehr oder weniger jedem darum zu tun, seinen individuellen Zustand mit der Sache zu verbinden und sich womöglich dabei seine Konvenienz zu machen. Wir wollen nun sehen, wie wir uns vor diesen Gefahren in acht nehmen, helfen Sie mir mit aufmerken." (Brief vom 13.1.1798; Briefw. 419)

gen zunächst keine *Vermittlung*, sondern eine *Unterscheidung* von Objekt und Subjekt.[33] Es heißt in den *Maximen und Reflexionen*:

> „Es ist daher das beste, wenn wir bey Beobachtungen soviel als möglich uns der Gegenstände und beym Denken darüber soviel als möglich unsrer selbst bewußt sind."[34]

Diese gesteigerte Bewußtheit, die zunächst mehr unterscheidend tätig ist, wird von Goethe als ein erster Schritt aufgefaßt. Für ein weiteres Vorgehen muß Folgendes berücksichtigt werden:

> „In der lebendigen Natur geschieht nichts, was nicht in einer Verbindung mit dem Ganzen stehe, und wenn uns die Erfahrungen nur isoliert erscheinen, wenn wir die Versuche nur als isolierte Fakta anzusehen haben, so wird dadurch nicht gesagt, daß sie isoliert sei-

---

[33] Dieser Vorgang der kritischen Unterscheidung von Subjekt und Objekt, der ein wesentlicher Bestandteil der Goetheschen Forschung bildet, ist auch innerhalb der gegenwärtigen Wissenschaftstheorie gewürdigt worden. Walter Gebhard zitiert Goethe: „Der Mensch begreift niemals wie anthropomorphisch er ist." (HA 12, 436). Dann schließt er an: „Die 'moderne' Anwendung dieses Satzes muß lauten: Dem Denken fällt es schwer, die Insolvenzen seiner Involviertheit in sich selbst zu begreifen. Schwer zu begreifen ist wie 'psychomorph' die Sprache ist, mit der wir Denken beschreiben. Ideologiekritische Analyse von Texten und Denksystemen heißt immer: die Frage stellen: Wie wirken die *motivationalen* und *medialen* 'Gegebenheiten' auf Inhaltlichkeit und Intentionsstruktur ein, gibt es aufweisbare Verzerrungen der epistemologischen Struktur – des 'Diskursnetzes', das in jedem singulären Diskurs insgesamt ausgespannt ist – etwa dadurch, daß das Gesamtnetz an einer Stelle ein 'Gewicht' zu tragen hat, das zu Deformationen und Funktionsstörungen führt? [...] Wenn Goethe, wie von Klaus H. Kiefer ausgeführt, das 'Heil' unseres Wissens in der 'Anschauung' als einem 'Mittleren' (Vgl. Klaus H. Kiefer, *Goethe und der Magnetismus. Grenzphänomene des naturwissenschaftlichen Verständnisses.* A.a.O.) erwartet, so haben wir diesen Integrationsaufgaben erhöhtes Interesse zuzuwenden. Topoi, die Vermittlungsfunktionen umschließen, verdienen vorrangige Beachtung in jeder Diskursanalytik." (Walter Gebhard, *Allgemeine Ansicht nach Innen. Ideologiekritische Aspekte von Goethes anschauendem Denken.* A.a.O. S.320)

[34] MuR, FA 13, 94; Vgl. auch: „Bei Betrachtung der Natur im Großen wie im Kleinen hab' ich unausgesetzt die Frage gestellt: Ist es der Gegenstand oder bist du es, der sich hier ausspricht? Und in diesem Sinne betrachte ich auch Vorgänger und Mitarbeiter." (FA 13, 50)

III. Goethes wissenschaftliche Methode 95

en, es ist nur die Frage: wie finden wir die Verbindung dieser Phänomene, dieser Begebenheit."[35]

Die Qualität der *Ganzheitlichkeit*, die Goethes Naturbegriff kennzeichnet, ist sicherlich eine inhaltliche Vorentscheidung, die aber zum einen insofern methodisch unproblematisch ist, da sie nicht als Urteil den Dingen aufgeprägt wird. Hier gilt: Wir können alles denken, insofern wir uns bewußt sind, daß wir es *denken*. Zum anderen erscheint diese Vorentscheidung bis heute auf überzeugende Weise kaum hintergehbar. Mag beispielsweise die Gottesidee im neuzeitlichen Denken säkularisiert und der Spielwiese metaphysischer Gemütsbedürfnisse zugewiesen worden sein, der Begriff der Ganzheitlichkeit konnte weder durch epistemologischen Dekonstruktivismus, noch durch analytische Physik aufgelöst werden. Interessanterweise rekurriert die neue Richtung der *Chaosforschung* entschieden auf ein umfassendes Ordnungsgefüge in der Natur.[36] Im übrigen setzt jede atomistisch gefärbte Variante der Materieerklärung ein Ganzes voraus. Denn jegliche Teilung teilt ein bezogen auf die jeweilige Teilung Ungeteiltes.

Goethes Begriff der Ganzheitlichkeit ist nicht primär ontologisch dimensioniert. Er setzt ihn, ähnlich wie es auch bei Husserl in dem angeführten Zitat der Fall ist (Kontinuum der Wahrnehmung), zunächst lediglich epistemologisch ein, d.h. er sucht, ob etwas über die Vereinzelung des singulären Versuchs innerhalb der Erfahrungsgegebenheiten selbst hinausführt. Soweit ist die Anwendung des Begriffes der Ganzheitlichkeit demnach methodisch gerechtfertigt. Im weiteren sei zunächst noch auf die Ursprünge von Goethes Ganzheitsverständnis eingegangen.

Goethe hat seinen Begriff der Ganzheitlichkeit insbesondere im Studium der Philosophie Spinozas ausgebildet. Eine Beschäftigung mit ihr ist in drei Phasen seines Lebens bezeugt: 1773, im Winter 1784/85 und 1811.[37] Neben den Ausführungen in *Dichtung und Wahrheit* und in zahlreichen brieflichen Stellungnahmen, insbesondere an Jacobi, findet sich eine deutliche inhaltliche Bezugnahme in der sogenannten *Studie nach Spinoza*. Sie ist in einer Handschrift Frau von Steins überliefert und wird auf den Winter 1784/85 da-

---

[35] HA 13, 17
[36] Vgl. James Gleick, *Chaos – die Ordnung des Universums: Vorstoß in die Grenzbereiche moderner Physik*. A.a.O.
[37] Vgl. hierzu: Bernhard Suphan, *Goethe und Spinoza*. A.a.O..Und des weiteren Wilhelm Dilthey, *Aus der Zeit der Spinoza-Studien*. A.a.O.. Und: Kommentarteile: HA 13, 562 und MA 2.2, 874-877

tiert. In dieser Zeit beschäftigt sich Goethe zusammen mit Frau von Stein mit Spinozas *Ethik*. Das Thema des Aufsatzes ist das Verhältnis von Idee und Erscheinung, Ganzes und Teil. Es wird eine unbedingte Immanenz der Idee in der Erscheinung proklamiert:

> „Der Begriff vom Dasein und der Vollkommenheit ist ein und ebenderselbe."[38]

Es ist also eine Diesseitigkeit, die für Goethes Begriff der Gottnatur ausschlaggebend ist.[39] Zudem wird eine Partizipation des Teiles am Ganzen dargelegt:

> „Alle beschränkte Existenzen sind im Unendlichen, sind aber keine Teile des Unendlichen, sie nehmen vielmehr teil an der Unendlichkeit."[40]

Deutlicher findet sich dieses Motiv in Folgendem ausgedrückt:

> „In jedem lebendigen Wesen sind das, was wir Teile nennen, dergestalt unzertrennlich vom Ganzen, daß sie nur in und mit demselben begriffen werden können, und es können weder die Teile zum Maß des Ganzen noch das Ganze zum Maß der Teile angewendet werden, und so nimmt, wie wir oben gesagt haben, ein eingeschränktes lebendiges Wesen teil an der Unendlichkeit oder vielmehr es hat etwas Unendliches in sich, [...]"[41]

Ganzes und Teil bestehen gleichwertig nebeneinander. Das Ganze ist kein abstrahiertes und abgezogenes Allgemeines, sondern es wirkt unmittelbar in den Teilen. Und das Teil partizipiert am Zusammenhang der Idee. Teil und Ganzes greifen ineinander.[42] Auf welche

---

[38] HA 13, 7
[39] Vgl. Grete Schaeder, *Die Idee der „Wahlverwandtschaften"*: „Die Idee der Gottnatur ist das philosophische Grunderlebnis Goethes, das in frühe Jugendjahre zurückreicht und sich in seinem eigenen Bewußtsein mit dem Namen Spinozas verbunden hat." (A.a.O. S.186) Vgl. desweiteren Richard Berdon Haldane, *Goethe als Denker*. Haldane führt aus (a.a.O. S.8), daß Goethe bei Spinoza ein dem seinigen verwandtes Gottesverständnis und bei Leibniz ein dem seinen verwandten Individualitätsbegriff gefunden hat.
[40] HA 13, 7
[41] HA 13, 8
[42] Vgl. hierzu Manfred Kleinschnieder, *Goethes Naturstudien*: „Durch die Forderung, daß die Theorie sich auf eine Gesamtheit von Phänome-

III. Goethes wissenschaftliche Methode

Weise dies aber geschieht, bleibt offen. Die *Studie nach Spinoza* hat Modellcharakter. Goethe sah auch, daß ihm die Philosophie Spinozas bei einer Bearbeitung und etwaigen Einlösung dieses Motivs der Ganzheitlichkeit in der wissenschaftlichen Forschung nicht sehr hilfreich sein konnte. Er schreibt an Jacobi:

> „Vergieb mir daß ich so gern schweige wenn von einem göttlichen Wesen die Rede ist, das ich nur in und aus den rebus singularibus erkenne, zu deren nähern und tiefern Betrachtung niemand mehr aufmuntern kann als Spinoza selbst, obgleich vor seinem Blicke alle einzelne Dinge zu verschwinden scheinen."[43]

Bei Spinoza gewinnt Goethe lediglich eine inhaltliche Orientierung, keine methodische Hilfe. Die Idee der Ganzheit, die Goethe im Studium von Spinozas Philosophie gewinnt, ist ein Vorentwurf. Als solcher kommt er auch in dem Aufsatz *Der Versuch als Vermittler von Objekt und Subjekt* zum Tragen, indem Goethe darauf hinweist, daß die Isolierung der Einzelerfahrung im Versuch zunächst eine rein methodische Funktion erfüllt, nämlich der vorschnellen Verbindung der Vorstellungen zu entgehen. Goethe erläutert:

> „Wir haben oben gesehen, daß diejenigen am ersten dem Irrtume unterworfen waren, welche ein isoliertes Faktum mit ihrer Denk- und Urteilskraft unmittelbar zu verbinden suchten. Dagegen werden wir finden, daß diejenigen am meisten geleistet haben, welche nicht ablassen alle Seiten und Modifikationen einer einzigen Erfahrung, eines einzigen Versuches nach aller Möglichkeit durchzuforschen und durchzuarbeiten."[44]

In diesem Motiv des *Durcharbeitens der Erfahrung* kommt ein neues Element zum Ausdruck. Es geht nicht mehr nur um eine bewußt isolierende Kenntnisnahme, um eine Auflösung des Vorstellungsgewebes, wie es sich gewöhnlich über die Erfahrungen legt und täglich von unserem Bewußtsein gesponnen wird. Dieses Auflösen des Vorstellungsgewebes – wie es Goethe fordert – ist ähnlich dem Auflösen des Gewebes, wie es Penelope, die Frau des Odysseus, nächtlicherweile tut, um sich der Schar der aufdringlichen Freier zu entziehen. Solcher Freier wie sie auch Goethe in der Schilderung der Gefahren erwähnt, die am Übergang von der Erfahrung zum Urteil

---

nen gründen müsse, bestimmt sich der Zusammenhang von Besonderem und Allgemeinen." (A.a.O. S.168f)
[43] Brief vom 9.6.1785; HA Br. 1, 476
[44] HA 13, 17

lauern. In dem Motiv des *Durcharbeitens der Erfahrung* geht es nun um ein inhaltliches Eingehen auf die Erfahrung. Dies dient aber im Wesentlichen nicht dem Erkenntnisgewinn und der Urteilsbildung. Es dient der Kenntnisnahme. Goethe führt aus, daß in der Natur die *gemeineren Kräfte in einer ewigen Wirkung und Gegenwirkung sind*[45]. Jedes Phänomen grenzt an das Nächste und ist mit anderen auf unzählig verschiedenfache Weise verbunden. Diese Tatsache legt den Ausdruck der *millionenfachen Hydra der Empirie*[46] nahe. An anderer Stelle heißt es:

> „Empirie: Unbegrenzte Vermehrung derselben, Hoffnung der Hülfe daher, Verzweiflung an Vollständigkeit."[47]

Die Empirie ist in diesem Verständnis das Fatum des Wissenschaftlers. Eine Erfahrung steht zusammenhangslos neben unzähligen anderen. Nirgends ist ein Anhaltspunkt. Die eigene Verständnisbemühung bricht sich an jeder Einzelerscheinung.[48] Es bleibt die Alternative: Entweder Kapitulation vor dem Unzusammenhang oder Oktroyierung eines hypothetisch gebildeten Zusammenhangs auf die Erfahrung. Goethe schlägt einen anderen Weg ein, der sich dadurch auszeichnet, daß sich das Bewußtsein gegenüber dem Gegebenen der Erfahrung nicht bloß passiv aufnehmend verhält, sondern einen aktiven Beobachtungsgestus vollzieht. Es ist dies mit aktiver Durcharbeitung der Erfahrung gemeint. Der Betrachter sorgt selbst für die Vielzahl der Erfahrungen. Es heißt bei Goethe:

> „Die Vermannigfaltigung eines jeden einzelnen Versuches ist also die eigentliche Pflicht eines Naturforschers."[49]

Der Betrachter wird nicht von den Erfahrungen erschlagen, sondern in Form der *Vermannigfaltigung* bringt er sie selbst hervor, wobei die Folge der Hervorbringung und die Beziehung jeder Einzelerfahrung zu anderen der Erfahrung selbst entnommen wird. Hier wird demnach ein Element, das sonst dem Denken zu eigen ist,

---

[45] HA 13, 17f
[46] Brief an Schiller vom 17.8.1797; Briefw. 397
[47] MuR; HA 12, 366
[48] Vgl. MuR: „Die Menschen sind durch die unendlichen Bedingungen des Erscheinens dergestalt obtruiert, daß sie das Eine Urbedingende nicht gewahren können."(HA 12, 446) Und: „Wir leben innerhalb der abgeleiteten Erscheinungen und wissen nicht, wie wir zur Urfrage kommen sollen." (HA 12, 446)
[49] HA 13, 18

eine Aktivität, in der Beobachtung betätigt. Jedoch nicht, dies ist entscheidend, als Urteilsüberwurf, sondern als qualitativer Mitvollzug des Inhaltes der Beobachtung. Die Kraft des Denkens stellt sich der Beobachtung als ideeller Rezipient zur Verfügung. Es ist eine Art passive Aktivität oder auch aktive Passivität, indem das Denken sich nicht urteilend in die Erfahrung einmischt, sondern den der Erfahrung eigenen Inhalt lediglich vergegenwärtigt. Es ist der Inhalt der Erfahrung, der im denkaktiven Licht der Beobachtung anschaulich wird. Ohne diese Miteinbeziehung des Denkens in die Beobachtung ist diese, wie Kant ausführt, blind. Was durch diese Tätigkeit geschieht, ist demnach eine reale Vermittlung des ideellen Vollzugs des Subjektes mit dem Gehalt des Objektes. Ein Element, das allein dem Subjekt zuzuordnen ist, das Denken, wird dem Objekt zur Verfügung gestellt. Es stellt sich nun die Frage, wie es das Denken vermag, nicht seinen eigenen subjektiven Inhalt, sondern wirklich den der Erfahrung objektiv geltend zu machen. Bedeutet diese Einbeziehung des Denkens nicht genau die Form von Subjektivismus, die zuvor durch die Übung der Vorstellungsreduktionierung und der Erfahrungsisolierung vermieden werden sollte? Wodurch ist gewährleistet, daß es sich hier nicht genau um die Form von unbefugter subjektiver Einmischung in die Erfahrung handelt, die zuvor kritisiert worden ist? Um dies zu verdeutlichen, muß etwas weiter ausgeholt werden.

III.2.1. Blicklenkung

Im Folgenden soll eine besondere Fähigkeit des Denkens betrachtet werden: die Fähigkeit der *Blicklenkung*. Es scheint sich hier um eine Banalität zu handeln, da diese Fähigkeit eine fortwährende, jedoch unbewußt angewandte Leistung des Bewußtseins ist. Zum anderen hat sie aber eine tiefreichende Bedeutung, da sie die Grundlage für das Bewußtsein bildet, sich der Welt zuzuwenden. Rudolf Steiner gibt folgendes Beispiel:

> „Ein anderes ist es, wenn A zu B sagt: 'Betrachte jenen Menschen im Kreise seiner Familie und du wirst ein wesentlich anderes Urteil über ihn gewinnen, als wenn du ihn nur in seiner Amtsgebarung kennen lernst'; ein anderes ist es, wenn er sagt: 'Jener Mensch ist ein vortrefflicher Familienvater.'"[50]

---

[50] Rudolf Steiner, *Grundlinien einer Erkenntnistheorie der Goetheschen Weltanschauung*. A.a.O. S. 24

Was hier vorliegt, sind zwei unterschiedliche Urteilsformen. Einmal wird ein gegebener Sachverhalt beurteilt und das andere Mal wird dieser Sachverhalt überhaupt erst in das Blickfeld gerückt. Herbert Witzenmann verdeutlicht diesen Unterschied, indem er von einem *urteilenden* und einem *blicklenkenden Begriffsgebrauch* spricht.[51] Die Begriffe werden im ersten Fall dazu verwandt, ihren eigenen Zusammenhang, ihren eigenen Gehalt der Erfahrungsgegebenheit aufzuprägen und das andere Mal werden sie gebraucht, um diese Erfahrungsgegebenheit sichtbar zu machen. Es sei noch ein Beispiel herangezogen: Zwei Personen gehen einen Feldweg am Waldrand entlang. Es ist Spätsommer und das abgemähte Stoppelfeld liegt zu ihrer Linken. In einiger Ferne liegt ein dunkler Gegenstand zwischen den kurzen, goldgelben Halmen. Der Linksgehende, in das Gespräch vertieft, hat es im Vorbeigehen als Stein gedeutet. Da ruft der Rechte aus: „Sieh', was ist das dort drüben auf dem Feld?" In diesem Moment springt ein Hase auf und rennt hakenschlagend, mit angelegten Löffeln davon. – Hier liegt eine ähnliche Situation wie in dem Beispiel Steiners vor: Der Linksgehende hat den Inhalt eines Begriffes einfachhin einer sinnlichen Wahrnehmung aufgeprägt. Angemessen wäre es gewesen – wenngleich dies nicht von großem Weltinteresse zeugt –, zu sagen bzw. zu urteilen: 'Dort liegt etwas *steinartiges*.' Der Rechtsgehende verwendet seine Begriffe von vornherein im Sinne einer Frage, die sich an die Erfahrung richtet und von ihr – in diesem Fall *blitzschnell* – beantwortet wird. Ein weiteres Beispiel für die blicklenkende Beteiligung von Begriffen beim Gewahrwerden einer Erfahrungs- bzw. Wahrnehmungsgegebenheit sind die sogenannten *Vexierbilder*: Man sieht eine Zeichnung, die recht schnell als *alte Hexe* gedeutet wird. Entweder durch eine Aufforderung oder durch eine selbst veranlaßte neue Blickeinstellung gewahrt man in derselben Zeichnung die *junge Schönheit*. Es hat sich an der Wahrnehmung faktisch nichts geändert. Dennoch können zwei inhaltlich ganz verschiedene Begriffe mit gleicher Berechtigung auf sie angewandt werden. Damit ist nicht gesagt, daß die Wirklichkeit ein Vexierbild ist. Was man sieht, hängt aber, wie sich zeigt, wesentlich von der begrifflichen Voreinstellung

---

[51] Vgl. Herbert Witzenmann, *Ein Weg zur Wirklichkeit. Bemerkungen zum Wahrheitsproblem*: „Man kann nämlich Begriffe nicht nur in inhaltlicher, sondern auch in blicklenkender Bedeutung anwenden." (A.a.O. S.22f). Vgl. ferner Herbert Witzenmann, *Sinn und Sein. Der gemeinsame Ursprung von Gestalt und Bewegung. Zur Phänomenologie des Denkblicks. Ein Beitrag zur Erschließung seiner menschenkundlichen Bedeutung*. A.a.O.

ab. Hierbei ist zu bedenken, daß eine einmal gelungene begriffliche Fassung einer Wahrnehmung eine gewisse Selbstgenügsamkeit und Befriedigung des Fragebedürfnisses mit sich bringt. Man ist mit dem Bild der *alten Hexe* oder *jungen Schönheit*, was auch immer zuerst gesehen wird, zunächst zufrieden. Deshalb braucht es eine aktive begriffliche Disponierung, eine innere Beweglichkeit und Regsamkeit, die fähig ist, immer neu auf die Wahrnehmung zuzugehen. Hier spielt die Idee der schon erwähnten Forschungsgemeinschaft hinein. Eine Vielzahl von Wissenschaftlern gewährleistet im glücklichen Fall eine Vielzahl von Perspektiven, wodurch immer neue und andere Aspekte der Erfahrung gesichtet werden. Naturforschung lebt in dieser Hinsicht von der größtmöglichen Varietät. Goethe hat diesbezüglich eine radikale Toleranz vertreten. Er schreibt:

> „Das schädlichste Vorurteil ist, daß irgendeine Art Naturuntersuchung mit dem Bann belegt werden könne."[52]

Und eine andere Maxime lautet:

> „In New York sind neunzig verschiedene christliche Konfessionen, von welchen jede auf ihre Art Gott und den Herrn bekennt, ohne weiter an einander irre zu werden. In der Naturforschung, ja in jeder Forschung, müssen wir es so weit bringen; denn was will das heißen, daß jedermann von Liberalität spricht und den andern hindern will nach seiner Weise zu denken und sich auszusprechen."[53]

Jede Form der Reglementierung und Legitimierung ist für die blicklenkende Produktivität hinderlich.[54] Wenn also auf der einen Seite – wie Goethe betont – bei dem Übergang von der Erfahrung zum Urteil die größte Strenge obwalten muß, so muß hier bei der ideellen Perspektivierung die größte Offenheit und Toleranz geübt werden. Hier liegt der eigentliche Wert der Hypothesen und Theorien.

> „Die Theorie an und für sich ist nichts nütze, als insofern sie uns an den Zusammenhang der Erscheinungen glauben macht."[55]

---

[52] MuR; HA 12, 431
[53] MuR; FA 25, 92
[54] Vgl. in diesem Zusammenhang auch Goethes Aufsatz *Vorschlag zur Güte* (FA 25, 40f), der die jedem offene Liberalität und Toleranz der Wissenschaft proklamiert.
[55] MuR; HA 12, 443

Die Theorie wird demnach bewußt instrumentell oder – wie im Rahmen des Kant-Kapitels schon angeführt – *zweckmäßig*[56] eingesetzt. Nicht ihr eigener Inhalt wird der Erfahrung aufgebürdet. Dies ist – wie Goethe oft betont – die große Gefahr der Naturforschung.

> „Theorien sind gewöhnlich Übereilungen des Verstandes, der die Phänomene gern los sein möchte und an ihrer Stelle deswegen Bilder, Begriffe, ja oft nur Worte, einschiebt. Man ahnet, man sieht auch wohl, daß es nur ein Behelf ist; liebt sich nicht aber Leidenschaft und Parteigeist jederzeit Behelfe? Und mit Recht, da sie ihrer bedürfen."[57]

Hypothesen und Theorien haben allein Behelfswert.[58] Sie haben eine methodische Bedeutung. Interessant ist, daß wenn innerhalb von Goethes Methode des *Versuchs* zunächst von einer Reduktion der Vorstellungs- und Theoriebildung die Rede ist, daß nun eine Steigerung dieses ideellen Anteiles nötig ist, um dessen instrumentellen Gebrauch zu gewährleisten. Diese Möglichkeit des instrumentellen Ideengebrauchs verdankt sich der in den angeführten Beispielen herausgestellten Eigenschaft der Idee, nicht nur sich selbst, sondern auch anderes sichtbar machen zu können.

Es sei noch ein weiteres Beispiel zur Verdeutlichung angeführt: In dem Schauspiel *Pygmalion* von Bernard Shaw findet sich folgende Szene. Der Sprachforscher *Higgins* führt ein Fachgespräch mit seinem Kollegen *Pickering*. Sie haben einen Vormittag lang den von *Higgins* aufgezeichneten Idiomen und Dialekten zugehört. Schließlich sagt

> „*Pickering*: 'I'm quite done up for this morning.'
> *Higgins*: 'Tired of listening to sounds?'
> *Pickering*: 'Yes. It's a fearful strain. I rather fancied myself because I can pronounce twenty-four distinct vowel sounds; but your hundred and thirty beat me. I can't hear a bit of difference between most of them.'
> *Higgins*: 'Oh, that comes with practice. You hear no difference at first; but you keep on listening and presently you find they're all as different as A from B.'"

Auf dreierlei macht dieser Dialog aufmerksam:

---

[56] Vgl. S.69
[57] MuR; HA 12, 440
[58] Vgl. in diesem Zusammenhang auch Goethes Aufsatz *Über die Notwendigkeit von Hypothesen* (FA 25, 24f)

III. Goethes wissenschaftliche Methode

1. Pickering wird es müde, den Vokalen und Konsonanten zuzuhören. Er kann lediglich vierundzwanzig Unterschiede hören. Higgins hingegen hört hundertunddreißig Unterschiede. Die Müdigkeit von Pickering rührt davon her, daß er sich innerhalb der Phänomene nicht wach erhalten kann. Sie sagen ihm nichts. Es bedarf einer ideell-differenzierenden Aktivität, die die Phänomene verstehen läßt. Eine rein passiv-rezipierende Haltung verschläft den Inhalt dessen, was sie aufnimmt. Es heißt bei Goethe:

„Kein Phänomen erklärt sich an und aus sich selbst."[59]

Und an anderer Stelle:

„Die Phänomene sind nichts wert, als wenn sie uns eine tiefere Einsicht in die Natur gewähren, oder wenn sie uns zum Nutzen anzuwenden sind."[60]

Die Phänomene erhalten ihren Wert erst dadurch, daß sie ideell durchdrungen werden. Dies ist durchaus auch pragmatisch zu verstehen. Es ist eine Absage an einen radikalen Phänomenalismus und Empirismus. Dies ist eine Besonderheit des Goetheschen Phänomenbegriffs, daß es ihm nicht um die Phänomene als solche ging, sondern darum, durch sie ein tieferes Verständnis zu erlangen. Schiller hat diese Eigenheit anfangs falsch eingeschätzt und Goethes Erfahrungsbezogenheit als zu einseitig kritisiert. In dem an früherer Stelle schon angeführten Brief an Körner schreibt Schiller:

„Seine Philosophie mag ich auch nicht ganz: sie holt zuviel aus der Sinnenwelt, wo ich aus der Seele hole. Überhaupt ist seine Vorstellungsart zu sinnlich und betastet mir zuviel."

Dann fährt er fort, auf ein anderes Element bei Goethe aufmerksam machend:

„Aber sein Geist wirkt und forscht nach allen Directionen und strebt, sich ein Ganzes zu erbauen, und das macht mir ihn zum großen Mann."[61]

---

[59] MuR; HA 12, 434. Vollständig lautet das Zitat: „Kein Phänomen erklärt sich an und aus sich selbst; nur viele, zusammen überschaut, methodisch geordnet, geben zuletzt etwas, das für Theorie gelten könnte."
[60] MuR; HA 12, 435
[61] Schiller Br. 3, 113f

In dem Maße, wie Schiller bemerkt, daß Goethes Naturforschung ideell geleitet war, nahm er den Vorwurf des einseitigen Phänomenalismus zurück. Es geht beiden darum, auch innerhalb der Erfahrung ideell aktiv zu bleiben. Ein stupider Empirismus ist genauso abwegig wie ein spekulativ-hyperaktiver Rationalismus.

2. Der Dialog zwischen *Higgins* und *Pickering* weist des weiteren daraufhin, daß eine Differenzierung innerhalb des Gegebenen der Erfahrung nur möglich ist durch eine von ideeller Seite inspirierte Aufmerksamkeit der Beobachtung. Die Unterschiede, die *Higgins* hört, sind objektiv in der Erfahrung auffindbar. Sie werden von *Pickering* nicht gehört, da er nicht genügend Begriffe auf diesen Phänomenbereich angewendet hat.

3. Dies führt zu dem dritten Aspekt des Dialoges: die Übung. Die Aufmerksamkeit des Betrachters muß, um zu realen Unterscheidungen zu gelangen, geübt werden: *Oh, that comes with practice*. Hier spielt demnach der häufige und wiederholte Umgang mit einem Erfahrungsfeld eine Rolle.

Die unter Punkt zwei angeführte *Aufmerksamkeit* kann als eine ideelle Organbildung bezeichnet werden. Damit ist der schon erwähnte *blicklenkende Begriffsgebrauch* gemeint. In einem Brief schreibt Goethe:

> „Eine Idee über Gegenstände der Erfahrung ist gleichsam ein Organ, dessen ich mich bediene, um diese zu fassen, um sie mir eigen zu machen."[62]

Die Idee dient also nicht der nachträglichen Klassifikation, der Einordnung und Beurteilung von vorgegebenen Erfahrungen, sondern ermöglicht erst deren Vergegenwärtigung und Aneignung. Auf diese Weise ist die Idee unmittelbar in den Vorgang der Erfahrung eingebunden. Zugleich stellt Goethe aber auch die Dualität zwischen Idee und Erfahrung heraus. Er fährt in dem Brief fort:

> „Die Idee kann mir bequem sein, ich kann andern zeigen, daß sie es ihnen auch sein werde: aber es läßt sich nach meiner Vorstellungsart nur sehr schwer, und vielleicht gar nicht beweisen, daß sie wirklich mit den Objekten übereinkomme und mit ihnen zusammentreffen müsse."[63]

Das Problem der Übereinstimmung zwischen Idee und Gegenstand (soweit er durch die Wahrnehmung gegeben ist) bleibt zunächst

---

[62] Brief vom 28.8.1796; HA Br. 2, 237
[63] ebenda

offen. Gleichwohl kann und muß die Idee als ein Organ der Betrachtung eingesetzt werden. Ein weiteres Beispiel sei zur Verdeutlichung angeführt: Von zwei am Strand stehenden Personen ruft einer aus: „Siehst du den Delphin dort durch die Wellen schwimmen?" – Erst der Begriff des Delphins macht den ebenfalls sich in Wellenform bewegenden Rücken von den umgebenden Wellen unterscheidbar. Der Begriff oder die Idee ist das Organ der Betrachtung. In diesem Sinne zieht Julia Gauss eine Parallele zu Kant:

> „In völliger Übereinstimmung mit Kant formulierte Goethe die Bedeutung der Forschungstheorien. Ein methodischer Grundsatz gilt ihm wie jenem als subjektive Maxime, die zum 'zweckmäßigen Gebrauch der Erkenntnis dienen soll' [...] Mit Vorliebe nennt er diese Maximen 'Ideen' oder 'Vorstellungsarten' und versichert, bei echtverstandener Forschung handle es sich darum, sich ihrer als 'Organe' – nach unserem Sprachgebrauch: Arbeitshypothesen – zu 'bedienen', niemals aber Objektbeziehungen dogmatisch zu 'erklären'."[64]

Was aber gewährleistet sein muß, ist, daß das Organ der Auffassung (die Idee) dem durch es erfaßten Gegenstand adäquat gebildet wird. Allein der Begriff des *Delphines* macht diesen auch sichtbar. Vor diesem Hintergrund ist der bekannte Reim Goethes zu verstehen:

> „Wär nicht das Auge sonnenhaft,
> Wie könnten wir das Licht erblicken?
> Lebt nicht in uns des Gottes eigene Kraft,
> Wie könnt uns Göttliches entzücken?"[65]

Im *Auge* liegt nach Goethes Auffassung etwas dem *Licht* verwandtes. Erst dadurch ist es befähigt, das äußere Licht zu sehen. Das Erkennen muß sich ebenso dazu bringen, in sich einen ideellen Gehalt zu produzieren, der erst, wenn er dem ideellen Gehalt des Objektes entspricht, es befähigt, diesen zu erblicken. - Es kann sich an dieser Stelle folgender Einwand erheben: Wenn nur gesehen wird, was gedacht wird, dann sind alle Wahrnehmungen und Erfahrungen subjektbedingt. Das ist aber gerade die Form von Kantianismus, die Goethe zu überwinden sucht. Denn es fragt sich, welche Objektivität dann noch gewährleistet ist. – Es ist richtig, daß die Wahr-

---

[64] Julia Gauss, *Goethe und die Prinzipien der Naturforschung bei Kant*. A.a.O. S.60
[65] HA 13, 324

nehmungen und Erfahrungen subjektbedingt sind. Dies bedeutet aber keinen prinzipiellen Subjektivismus. Denn Goethes Idee der Wiederholung, Vermannigfaltigung und Durcharbeitung einer Erfahrung meint gerade eine sukzessive Erweiterung der subjektiven Gesichtspunkte, um möglichst viele Seiten eines Gegenstandes kennenzulernen. Hier findet eine ideelle Aktivität statt, die über subjektive Beschränkungen mehr und mehr hinausgeht. Da diese Aktivität auf der Fähigkeit und fortgesetzten Tätigkeit der Unterscheidung von Objekt und Subjekt, wahrnehmlichem und begrifflichem Anteil an der Erkenntnis, aufruht, läuft sie nicht Gefahr, sich selbst an die Stelle eines Objektes zu setzen. Es ist eine in sich offene und hinsichtlich der Phänomene transparente ideelle Aktivität, die ihre innerhalb der Wirklichkeit sich steigernde Gültigkeit durch die Akzeptanz von Seiten der Erfahrung entfalten kann. Dieser Zusammenhang ist von Herbert Witzenmann im Anschluß an die Erkenntniswissenschaft Rudolf Steiners verschiedentlich ausgeführt worden. Er beschreibt den Vorgang der Näherung eines ideellen Elementes, eines Begriffes, an eine Erfahrung bzw. Wahrnehmung als eine *Individualisierung* dieses Begriffes durch die Wahrnehmung. Er führt dann aus:

> „Hierbei ist es wichtig, sich darüber [...] im klaren zu sein, daß diese Individualisierung, wenn sie unverfälscht ist, nicht durch den Erkennenden hervorgebracht wird. Vielmehr gibt dieser durch die Heranführung des Begriffs an die Wahrnehmung nur den Anlaß dazu, daß sich dieser Vorgang innerhalb der Realisierung des betreffenden Gebildes abspielt. Die Individualisierung erfolgt also nicht durch das Subjekt, sondern durch das Objekt des Erkennens. Sie ist das Ergebnis des Einflusses, den die wahrnehmliche auf die begriffliche Seite des im Erkennen entstehenden (realisierten) Gebildes ausübt. Sie zeigt an, in welcher Weise der Begriff durch die Wahrnehmung festgehalten [...] wird."[66]

Witzenmann spricht im weiteren von *objektseitig* bzw. *subjektseitig* geprägten Vorstellungen. Hierbei kommt allein ersteren das Merkmal objektiver Wirklichkeit zu. Er faßt dann den Prozeß, den er mit Bezug auf Goethe *experimentelle Urteilsbildung* nennt, wie folgt zusammen:

> „Das wirklichkeitsgemäße Verhalten bei der Bildung von Wahrnehmungsurteilen kann nunmehr auf Grund des Vorausgehenden wie

---

[66] Herbert Witzenmann, *Ein Weg zur Wirklichkeit. Bemerkungen zum Wahrheitsproblem*. A.a.O. S.33f

folgt charakterisiert werden: Die Bildung eines Wahrnehmungsurteils muß in der geschilderten Weise durch die Tätigkeitsenthaltung gegenüber der Wahrnehmung [Vorstellungsreduzierung] und die Tätigkeitssteigerung gegenüber dem Denken [ideelle Aktivität] vorbereitet werden. Nach dieser Vorbereitung kann die experimentelle Urteilsbildung in der Weise erfolgen, im Versuch, mehrere vermutlich geeignete Begriffe anzuwenden, deren Zuständigkeit erprobt wird. Diese Erprobung betrifft die Frage, welcher dieser Begriffe von der Wahrnehmung 'angenommen' wird. Dieses 'Angenommenwerden' seitens der Wahrnehmung wird als das Festhalten des 'angebotenen' Begriffs durch die Wahrnehmung beobachtet. Das 'Annehmen' kommt in der Bildung objektgeprägter Vorstellungen zum Ausdruck. Der Vorgang dieser Urteilsbildung ist dann ein solcher wie bei einem Experiment. Werden doch der zu beurteilenden Wahrnehmung (dem Wahrnehmungskomplex) solange Begriffe 'angeboten', bis das Begriffsangebot angenommen wird und dadurch die inhärente Vorstellung entsteht. Soll das Urteil dabei nicht verfälscht werden, muß sich der Urteilende sorgfältig aller Ergänzungen des Vorgangs der Vorstellungsbildung durch subjektgeprägte Vorstellungen enthalten. Das Urteil wird also nicht vom Vorstellenden gebildet, sondern von diesem nur vorbereitet und eingeleitet und dann als ein Vorgang, der sich in der Wirklichkeit abspielt, *beobachtet*. [...] Ein wirklichkeitsgemäß gebildetes Wahrnehmungsurteil ist demgemäß nicht eine Handlung eines urteilenden Subjekts, sondern die Beobachtung eines objektiven Vorgangs."[67]

Durch diesen Gedankengang wird deutlich, daß die Objektivität eines Urteils innerhalb der Goetheschen Versuchsbedingungen durch das Objekt selbst gewährleistet ist. Zugleich zeigt sich, daß diese von Goethe beschriebenen Versuchsbedingungen im Wesentlichen Bewußtseinsbedingungen sind. Goethes Forschungs- und Wissenschaftsbegriff trägt nicht die Züge einer romantischen Naturverklärung, noch einer idealisierend-naiven Phänomenhingabe, wie es eine sympathisierend-abwehrende Haltung der Gegenwart vermeint. Goethes Forschung zeichnet sich vielmehr durch ein ausgeprägtes wissenschaftliches Ethos aus, welches alle am Erkenntnisprozeß beteiligten Elemente sowohl in kritischer Unterscheidung bewußt macht wie es sie produktiv einzusetzen sucht. Die Bewußtseinshaltung der *experimentellen Urteilsbildung* oder des *Versuchs* wurde von Goethe fortwährend geübt und hat insbesondere seinem künstlerischen Schaffen – hierauf wird später noch eingegangen wer-

---

[67] ebenda S.35f

den – einen besonderen Akzent gegeben. Folgendes Beispiel für diese fortwährende Bewußtseinsübung, das auch von Witzenmann besprochen wird, sei angeführt.

Goethe notiert folgenden Vers:

„Ein dürres Blatt im Wind getrieben
Sieht öfters einem Vogel gleich"[68]

Diese lapidar-banale Begebenheit erhält ihren Wert dadurch, daß Goethe sie für würdig befand aufzuschreiben. Er erwähnt sie zunächst im Tagebuch am 24. Dezember 1828.[69] Was veranlaßte ihn dazu? Man vergegenwärtige sich die Situation: Es ist Winter. Es ist vermutlich Abend, das Licht hat schon nachgelassen und Dämmerung ist aufgezogen. Vielleicht ist es auch neblig. Goethe bemerkt, daß sich etwas bewegt, hält es zunächst für einen Vogel und erkennt es dann als Blatt. Und gerade dieser Moment, wenn der Begriff sich mit der Erfahrung verbindet, *dieser Pass, an dem alle Gefahren lauern*, wird in das Zentrum der Aufmerksamkeit gerückt. Gewöhnlich bleibt nur die jeweilige Vorstellung im Bewußtsein haften: Vogel bzw. Blatt. Und es sind dann vielleicht noch die begleitenden seelischen Regungen erinnerbar: Zuerst ein leichtes Erschrecken, wie es auftritt, wenn unerwartet ein Vogel auffliegt, und dann Erleichterung darüber, daß es nur ein Blatt ist. Doch diese Gefühle verblassen in der Regel schnell. Goethe aber richtet gerade darauf seine Aufmerksamkeit. Er beobachtet, wie ein Begriff in eine Wahrnehmung übergeht. Man kann sagen, daß hier ebenfalls ein leichtes Erschrecken stattfindet – das Erlebnis hat daher auch Symbolcharakter –, nämlich das Erschrecken darüber, wie beweglich diese Sphäre des Überganges eines Begriffes in eine Wahrnehmung ist. Es ist das Erlebnis, daß die Wirklichkeit nicht festgefügt ist, wie es die Vorstellungen glauben machen wollen. Der Beobachter muß vorsichtig sein, weil viele Gefahren lauern. Sein Bedürfnis nach einem sicheren Stand in der Wirklichkeit reißt ihn leicht zu vorschnellen Urteilen hin, die ihm aber, wenn von Seiten der Erfahrung nichts Eindeutiges entgegenkommt, keinen festen Grund zu geben vermögen. Es braucht eine gewisse Kraft, um diesen *Schwebezustand* bis zur endgültigen begrifflichen Fixierung einer Wahrnehmung aushalten zu können. Und gerade in dieser Kraft hat sich Goethe zu üben versucht. Insofern gibt die scheinbar belanglose Tagebuchnotiz ein Bild von Goethes Bewußtseinsschulung. Das *Schweben* der

---

[68] FA 2, 870
[69] Vgl. Kommentar FA 2, 1342

ideellen Aktivität (zwischen Vogel und Blatt), das Zurückhalten des vorschnellen Urteils mit dem Ziel einer *reinen* Vermittlung von Objekt und Subjekt ist die Grundübung von Goethes naturwissenschaftlicher Schulung.

Hierbei kommt ein weiterer Aspekt von Goethes Begriff der *Anschauung* zum Tragen. In dieser Bedeutung meint Anschauung nicht nur die Vergegenwärtigung des Inhaltes eines Objektes durch die ideelle Organbildung und Fokussierung des Bewußtseins. Es meint nicht lediglich eine Objektwahrnehmung. *Anschauung* meint hier zugleich das aufmerksame Mitverfolgen des Überganges eines Begriffs in eine Wahrnehmung. Das Bewußtsein *schaut an*, wie sich ein von ihm hervorgebrachter Begriff mit einer Wahrnehmung verbindet. Insofern findet in gewisser Weise eine Anschauung des Erkenntnisvorganges statt. Auf diese philosophische Besonderheit wird an späterer Stelle, wenn Goethes *Anschauende Urteilskraft* näher behandelt wird, noch ausführlicher eingegangen werden.

Es sei noch Folgendes hervorgehoben: Die vorstehende Darstellung impliziert eine dezidiert philosophische Position, was das Verhältnis von Idee, Begriff und Erfahrung angeht. Für Goethe werden Begriffe weder einfachhin mit der sinnlichen Wahrnehmung übermittelt, noch werden sie daraus abstrahiert. Er grenzt sich dadurch von einer Strömung ab, die durch Hume und Bacon eingeleitet wurde und im naturwissenschaftlich orientierten Positivismus ihre Fortsetzung findet.[70] Begriffe und Ideen sind Produkte des menschlichen Denkens. Hierin stimmt Goethe mit Kant überein, obgleich ein Unterschied darin besteht, daß Goethe ihre Tragweite und Gültigkeit – darauf wurde schon aufmerksam gemacht – nicht auf das denkende Bewußtsein beschränkt wissen wollte. Frederick Amrine erläutert diese Position wie folgt:

---

[70] Vgl. hierzu Goethes Kritik an Bacon: „Denn ob er schon selbst immer darauf hindeutet, man solle die Partikularien nur deswegen sammeln, damit man aus ihnen wählen, sie ordnen und endlich zu Universalien gelangen könne; so behalten doch bei ihm die einzelnen Fälle zu viel Rechte, und ehe man durch Induktion, selbst diejenige, die er anpreist, zur Vereinfachung und zum Abschluß gelangen kann, geht das Leben weg und die Kräfte verzehren sich. Wer nicht gewahr werden kann, daß ein Fall oft tausende wert ist, und sie alle in sich schließt, wer nicht das zu fassen und zu ehren imstande ist, was wir Urphänomene genannt haben, der wird weder sich noch andern jemals etwas zur Freude und zum Nutzen fördern können." (*Geschichte der Farbenlehre*. HA 14, 91f) Vgl. hierzu auch die Darlegungen von Manfred Kleinschnieder, *Goethes Naturstudien*. A.a.O. S.168f, der diese Passage Goethes im Zusammenhang mit der Aristoteles-Kritik bespricht.

„Unlike e.g. Kant[71], Goethe has confidence in the phenomena – confidence that they are transparent to the underlying idea. For Goethe, the active idea is to be found within the phenomena themselves. However, unlike Hume or Bacon (and like Kant), he believed that the idea is not given immediately in experience: it must be sought in the labor of experimentation and practice."[72]

Amrine sagt, daß die Idee *in* der Erfahrung selbst gelegen ist. D.h. wenn sie auch nicht mit der Erfahrung gegeben ist, sie doch in ihr gefunden werden kann. Hier liegt ein Problem der Goetheschen Forschung, auf das im Zusammenhang mit dem Gedankengang von Witzenmann schon eingegangen worden ist, nämlich wie dasjenige, was durch das Denken hervorgebracht wird, dann in der Erfahrung objektiv identifiziert bzw. verifiziert werden kann. In dem Aufsatz *Der Versuch als Vermittler von Objekt und Subjekt* kommt Goethe auch darauf zu sprechen.

III.2.2. Erfahrung höherer Art

Die voranstehende Betrachtung hat gezeigt, daß Goethes *Versuch* als bloße und reine Vergegenwärtigung der Erfahrung zunächst eine Unterscheidung von Objekt und Subjekt bedeutet, indem die Beteiligung des Subjektes schon beim Gewahrwerden und desweiteren bei der Qualifizierung des Objektes bemerkt wird. Auf dieser Grundlage kann eine Vermittlung von Objekt und Subjekt erfolgen, indem die ideelle Produktivität in ihrer Urteilsfunktion zurückgestaut und allein zur blicklenkenden Organbildung in sich transparent gemacht wird. Theorien und Hypothesen sind dann nicht mehr die subjektiven Überwürfe über die in ihrem Inhalt nicht ergriffenen Wahrnehmungen, sondern Angebote einer durch die Erfahrung selbst zu leistenden qualifizierenden Verifikation. Die der inneren Schulung unterliegende experimentelle Bewußtseinshaltung im Goetheschen Sinne rückt in das Blickfeld der Anschauung nicht allein das Endergebnis einer Vorstellung, wodurch die von Goethe eingangs beschriebene *natürliche Art die Dinge anzusehen* gekennzeichnet ist. Sie schaut zugleich den Übergang eines Begriffes in

---

[71] Amrine setzt hier folgende Anmerkung: „To be more precise, unlike the Kant of the First Critique, although perhaps very much like the Kant of the Third – but elaboration of this difficult and interesting point would greatly exceed the bounds of this essay."
[72] Frederick Amrine, *The Metamorphosis of the Scientist*. A.a.O. S.194

die Wahrnehmung an und ist dadurch in der Lage, eine unberechtigte subjektive Einmischung zu untersagen. Schiller spricht in diesem Zusammenhang auch mit Bezug auf Kant von einer *strengen kritischen Polizei*.[73] Dem beipflichtend muß zugleich entgegnet werden, daß die von Goethe angestrebte Forschungshaltung eine Gesinnung kultiviert, welche im unvereinbaren Gegensatz zum *gesetzgebenden Verstand* Kants steht. Nach Kant wird Natur erst durch die Gesetze des Verstandes konstituiert. Sie ist ihm nichts anderes als Erscheinung unter den Gesetzen des Verstandes. Bei Goethe hingegen steht die Natur dem Subjekt in ihrer wesenseigenen Gesetzlichkeit gegenüber und verifiziert bzw. falsifiziert bei entsprechender Einstellung die Begriffsangebote des Denkens. Goethe sagt:

„Die Natur verstummt auf der Folter; ihre treue Antwort auf redliche Frage ist: Ja! Ja! Nein! alles übrige ist von übel."[74]

D.h. die Natur läßt sich kein Gesetz aufdiktieren bzw. abringen. In ähnlicher Weise formuliert Goethe rückblickend gegenüber Eckermann:

„Wenn ich bei Erforschung naturwissenschaftlicher Gegenstände zu einer Meinung gekommen war, so verlangte ich nicht, daß die Natur mir sogleich recht geben sollte; vielmehr ging ich ihr in Beobachtungen und Versuchen prüfend nach und war zufrieden, wenn sie sich so gefällig erweisen wollte, gelegentlich meine Meinung zu bestätigen."[75]

Die Bestätigung geht demnach von der Natur aus. Der Forscher kann lediglich – wie es in den Ausführungen von Witzenmann auch dargelegt wird – ideelle Angebote, Begriffsangebote machen, die von der Natur (Wahrnehmung, Erfahrung) dann bestätigt oder abgelehnt werden: *ihre treue Antwort auf redliche Frage ist: Ja! Ja! Nein!* Dieser Gedanke wird von Goethe in dem Aufsatz *Der Versuch als Vermittler von Objekt und Subjekt* weiterentwickelt. Nachdem der Inhalt der Erfahrung vergegenwärtigt, die Erfahrung wiederholt und des weiteren in ihren Beziehungen zu anderen Erfahrungen beleuchtet wurde, führt Goethe an:

„Die Vermannigfaltigung eines jeden einzelnen Versuches ist also die eigentliche Pflicht eines Naturforschers."[76]

---

[73] Brief vom 12.1.1798; Briefw. S.417
[74] MuR; HA 12, 434
[75] Gespräch mit Eckermann vom 1.10.1828; Biedermann 4, 23
[76] HA 13, 18

Diese *Vermannigfaltigung* meint ein wiederholtes Vergegenwärtigen eines Phänomens. Das Gleiche wird in seinen unterschiedlichen Erscheinungsformen aufgesucht: In der Botanik das *Blatt* in allen Varianten seines Erscheinens, in der Farbenlehre beispielsweise ein *Blau* in allen Erscheinungsformen und -bedingungen. Man kann in einer gewissen Hinsicht von einem *Einüben* der Erfahrung sprechen. Dies ist der dritte Aspekt des Dialoges zwischen *Higgins* und *Pickering*, wenn *Higgins* sagt: *Oh, that comes with practice*. Dieses *Einüben* ist ähnlich dem Einüben eines Musikstückes. Zunächst hat man es mit einzelnen Tönen bzw. Noten zu tun. Das Üben besteht in einem fortwährenden Wiederholen der Einzeltöne bis sie sich im gekonnten Spiel zu einer Melodie, d.h. zu einer aus der Einzelheit der Töne generierten Ganzheit zusammenschließen. Die Einzelheiten gehen demnach eine Verbindung ein, die in ihnen selber gelegen ist und die sich durch die Aktivität desjenigen, der übt, bekundet. Ronald Brady führt in diesem Zusammenhang ebenfalls das Beispiel einer *Melodie* an. Sein Gedankengang geht wie folgt:

> „Consider the experience of music. When a single note, say, middle C, is played alone, the experience we have of this note is quite different from that obtained when we strike middle C and then, as soon as it stops sounding, the G above it. The single tone in the second instance enters into movement – seems to be *going* somewhere. It has been placed in the context of the interval; it expresses a gesture.
> The movement of melody may be described as a sequence of musical gestures, or a long gesture of qualitatively differentiated stages. But the movement is never in the notes themselves. Alone, they go nowhere. We say we *hear* a melody, but by that we mean a mental process: we place the sounds in the context of the intervals and their sequence. Yet our speech is correct; we hear, and recognize, melody. By what sort of a concept is such a cognition formed?
> The music moves, but its gesture is not made by the notes. Nor does the musician make the gesture – he only *follows* it. The melody itself acts as the directive power behind the whole process, leading the musician and placing the notes: a felt power, in response to which we make metaphors of the 'drive' and 'force' of a passage. As experienced, melody is never something done, a mere effect, but something doing, a causal activity.
> This fact gives melody a cognitive status. Notice, for example, that if melody itself did not direct the placement of the notes, then the musician would, and for reasons unknown to us. Without the melody, we could have no understanding of why one thing follows another, no law govering before and after. It acts, therefore, as if it were a conceptual standard explaining the why and wherefore of

the sounds. Yet it gains this cognitive power only to the degree that it is directly perceived – *felt* – as the directive energy. It is both experience and idea, percept and concept, or better, an *intuitive* concept."[77]

Die Ganzheit ist demnach etwas, das weder einfach durch das Subjekt hervorgebracht wird, noch einfach im Objekt gegeben ist, sondern das im Maße der ideellen Aktivität des Subjektes am Objekt zur Erscheinung kommt. Goethe spricht dann von einer *Erfahrung höherer Art*, weil sie über die Eigenschaft anderer Erfahrungen, unverbundene Einzelheit zu sein, hinausgeht. Sie ist dennoch Erfahrung, weil die Verbindung zu anderen Erfahrungen durch sie selbst entwickelt wird und dadurch *eine* aus mehreren Erfahrungen bestehende Erfahrung erscheint. Goethe führt wie folgt aus:

„Ich habe in den zwei ersten Stücken meiner optischen Beiträge eine solche Reihe von Versuchen aufzustellen gesucht, die zunächst aneinander grenzen und sich unmittelbar berühren, ja, wenn man sie alle genau kennt und übersieht, gleichsam nur Einen Versuch ausmachen, nur Eine Erfahrung unter den mannigfaltigsten Ansichten darstellen.
Eine solche Erfahrung, die aus mehreren andern besteht, ist offenbar von einer höhern Art."[78]

Die Erfahrung höherer Art stellt demnach eine *Reihe* von Erfahrungen dar, die untereinander verbunden sind. Andrew Jaszi gibt folgende Erläuterung dieses Motivs der Reihenbildung und des Versuchs:

„Das ist die Methode des 'Versuchs' und der 'Reihenbildung', [...], auf die Goethe bis ins späte Alter immer wieder zu sprechen kommt und bei welcher der Vergleichung nicht die Rolle zufällt, den Aufstieg von der verdinglichten Allgemeinheit des abstrakten Begriffes zu ermöglichen, sondern die Rolle der Auflockerung des erstarrten Einzelnen zu jenem symbolischen Wechsel, in dem sich die werthafte Dauer oder Idee zur Darstellung bringt."[79]

Es geht also nicht um eine Abstraktion der Idee von der Erfahrung, sondern umgekehrt um eine Konkretion der Idee in der Erfahrung.

---

[77] Ronald Brady, *Goethe's Natural Science. Some Non-Cartesian Meditations*. A.a.O. S.157f
[78] HA 13, 18
[79] Andrew Jaszi, *Entzweiung und Vereinigung. Goethes symbolische Weltanschauung*. A.a.O. S.76

Das *erstarrte* Einzelne, als solches sich die Erfahrung zunächst gibt, wird *aufgelockert*. Was heißt das? Der Begriff der *Auflockerung*, den Jaszi verwendet, betont einen interessanten Aspekt. Die Erfahrung stellt sich zunächst als unverbunden und zusammenhangslos dar, wohlgemerkt erst dann, wenn das gewöhnliche Vorstellungsgewebe aufgelöst worden ist, wenn durch die kritische Unterscheidung von Objekt und Subjekt die immer schon geleistete subjektive Verbindung wiederum zurückgebildet, reduziert worden ist. Die Erfahrung tritt dann ideen- und begriffslos auf. Der blicklenkende und organbildende Ideengebrauch tastet die Erfahrungen ab. Diese nimmt nur die Begriffsangebote an, die mit ihrer eigenen Qualität übereinstimmen. Durch gesteigerte begriffliche Aktivität wird die Erfahrung qualitativ angereichert bzw. zeigt ihren eigenen Reichtum. Sie erhebt sich von Innen her zu einer eigenen ideellen Gestalt. Es ist wie das Auflockern und Bearbeiten eines Erdbodens, in den Begriffssamen gelegt werden, die dort keimen können. Die Erfahrung wird von unten – d.h. nicht durch eine über ihr schwebenden platonischen Idee und auch nicht durch ein apriorisches Kategoriensystem – aufgelockert und dadurch transparent, durchlässig für die in ihr selbst gelegene Idee. Was allein über der Erfahrung sich *schwebend* erhält, ist die blicklenkende Denkaktivität, die aufmerksame Beobachtung, die sich nicht zu urteilsförmigen Verfestigungen hinreißen läßt.

Wie aber stellt sich dieser Sachverhalt bei einer Sinnestäuschung dar? Man fährt mit dem Auto auf einer sonnenüberstrahlten Straße. In einiger Entfernung sieht man eine glänzende Wasserpfütze, die sich beim Annähern in Nichts auflöst. Was liegt vor? Es ist zu bemerken, daß die zunächst *richtige*, durch die Erfahrung bestätigte Qualität die einer im Licht flirrenden Fläche ist. Daß es sich um eine Wasserpfütze handelt, ist keineswegs durch die Erfahrung bestätigt, sondern lediglich eine Erinnerung daran, daß sich Wasser in eben dieser Weise spiegelt. Hier müßte das eintreten, was Goethe Wiederholung bzw. Vermannigfaltigung nennt. Die Erfahrung muß noch weiter durchdrungen und bearbeitet werden. Im Näherfahren klärt sich dann, daß es kein Wasser ist.[80] Die Erfahrung und

---

[80] Vgl. hierzu: „Wenn ich die Konstanz und Konsequenz der Phänomene, bis auf einen gewissen Grad, erfahren habe, so ziehe ich daraus ein empirisches Gesetz und schreibe es den künftigen Erscheinungen vor: Passen Gesetz und Erscheinung in der Folge völlig, so habe ich gewonnen, passen sie nicht ganz, so werde ich auf die Umstände der einzelnen Fälle aufmerksam gemacht und genötigt neue Bedingungen zu suchen, unter denen ich die widersprechenden Versuche reiner darstellen kann; zeigt sich aber manchmal, unter gleichen Umständen, ein

nicht der Betrachter *bestimmt*, ob etwas *richtig* bzw. *falsch* ist. Die Natur sagt *Ja* oder *Nein*, zuweilen auch „Jein", was heißt, daß die Erfahrung noch mehr untersucht werden muß. Nicht der Verstand ist *gesetzgebend*, sondern die Natur bestätigt ihre eigenen Gesetze. Es bedarf aber einer Forschung, welche mit großer ideeller Produktivität und auch im Goetheschen Sinne *Phantasie* an die Erfahrung herantritt, um innerhalb ihrer die Ideen zu generieren, die zu ihr gehören bzw. die sie selbst als *Erfahrung höherer Art* ausspricht.

III.2.3. Mathematik

Nun kommt Goethe auf einen Gesichtspunkt zu sprechen, der besondere Beachtung verdient, da er hierin vielfach kritisiert worden ist. Es ist sein Verhältnis zur Mathematik. Cassirer betont in diesem Zusammenhang, daß man zwischen Goethe und Kant auf den ersten Blick nur den *schärfsten Gegensatz* entdecken kann.

> „Dieser Gegensatz läßt sich in zwei Worten aussprechen: in dem Wort Mathematik und in dem Namen Newton."[81]

Ein wesentlicher Kritikpunkt Goethes an Newtons Farbentheorie ist die auf mathematische Formeln beschränkte Erklärung der Licht- und Farberscheinungen. Diese Kritik ist von Jürgen Blasius ausführlich besprochen worden. Er schlägt eine differenziertere Betrachtung vor, indem er anführt:

> „Eine anti-mathematische Richtung kann Goethes Kritik an Newton [...] schon deshalb nicht nehmen, weil Newton keine durchgehende mathematische Behandlung seiner Farbentheorie durchführt."[82]

Trotzdem kritisiert Goethe Newtons Farbentheorie im Zusammenhang mit der Mathematik. Blasius erläutert wie folgt:

> „Ein Gesetz über den Zusammenhang von Phänomenen gilt im Rahmen seiner Bedingungen, d.h. der Bedingungen, die für das Zustandekommen dieser Phänomene relevant sind. Es ist durchaus

---

Fall, der meinem Gesetze widerspricht, so sehe ich, daß ich mit der ganzen Arbeit vorrucken und mir einen höhern Standpunkt suchen muß." (*Erfahrung und Wissenschaft*, HA 13, 24)

[81] Ernst Cassirer, *Goethe und die Kantische Philosophie*. A.a.O. S.63
[82] Jürgen Blasius, *Zur Wissenschaftstheorie Goethes*. A.a.O. S.383

zulässig, eine mathematische [...] Formulierung dieses Gesetzes aufzustellen, die den Bedingungsrahmen vernachlässigt. Nicht zulässig ist es aber (und das ist Goethes Vorwurf gegen Newton), auf der Basis der mathematischen Formulierung des Gesetzes eine theoretische Erklärung des in diesem Gesetz ausgedrückten regelmäßigen Zusammenhangs von Erscheinungen aufzustellen und von den relevanten Bedingungen dieser Erscheinungen abzusehen."[83]

Es ist demnach die Abstraktion von den Erscheinungsbedingungen, die das Problem darstellt. Es kommt noch ein weiteres hinzu. Die Mathematik ist allein in der Lage, die meß-, wäg- und zählbaren Verhältnisse der Erscheinungswelt zu begreifen. Sie ist *nicht* in der Lage, qualitative Erscheinungen adäquat zu beschreiben. Qualitäten haben aber für Goethe keinen prinzipiell subjektiven Charakter. Sie bilden einen gleichberechtigten Gegenstand wissenschaftlicher Forschung wie Quantitäten.[84] Quantität und Quantifizierbarkeit

---

[83] ebenda S.384; Vgl. hierzu auch Dennis L. Sepper: „What was Goethe opposing when he criticized Newton's theory? First and foremost, a theory that misrepresented the phenomena; second, a method that misconceived the proper relationship between theory and phenomenon; third, a community of science that for more than a century had failed to examine critically work esteemed as much for the sake of the man who wrote it for its content." (*Goethe against Newton: Towards Saving the Phenomenon.* A.a.O. S.177)

[84] Vgl. hierzu Rudolf Steiner: „Die Mathematik abstrahiert die Grösse und die Zahl von den Dingen, stellt die ganz ideellen Bezüge zwischen Grössen und Zahlen her und schwebt so in einer reinen Gedankenwelt. Die Dinge der Wirklichkeit, insofern sie Grösse und Zahl sind, erlauben dann die Anwendung der mathematischen Wahrheiten. Es ist also ein entschiedener Irrtum zu glauben, daß man mit mathematischen Urteilen die Gesamtnatur erfassen könne. Die Natur ist eben nicht bloß Quantum; sie ist auch Quale, und die Mathematik hat es nur mit dem ersteren zu tun. Es müssen sich die mathematische Behandlung und die rein auf das Qualitative ausgehende in die Hände arbeiten; sie werden sich am Dinge, von dem sie jede *eine* Seite erfassen, begegnen." (*Goethes naturwissenschaftliche Schriften.* A.a.O. S.182f) Vgl. des weiteren Walter Heitler, der mit Bezugnahme auf Kants Wissenschaftsbegriff wie folgt ausführt: „Wenn wir uns an das Wort eines großen Zeitgenossen Goethes, des *Alten vom Königsberge*, wie Goethe ihn nannte, erinnern: *In der Naturlehre steckt nur so viel Wissenschaft, als Mathematik in ihr enthalten ist*, so müßten wir dem Versuch einer Farbenlehre von vornherein entsagen. Aber genau diese These Kants ist es, der Goethe widerspricht, und es war seine unvergleichliche Leistung, uns vordemonstriert zu haben, daß diese These falsch ist, daß saubere, klare

III. Goethes wissenschaftliche Methode   117

müssen im Goetheschen Sinne als nur eine *Qualität*, d.i. nur ein Gesichtspunkt bzw. eine Vorstellungsart bei der Untersuchung der Erscheinungen angesehen werden. Wenn man zum Beispiel eine griechische Plastik betrachtet, so ist es durchaus zulässig, die Maße und das Gewicht und des weiteren auch die Materialbeschaffenheit zu analysieren, damit ist aber die Untersuchung noch nicht abgeschlossen. Weitere Betrachtungsweisen müssen hinzutreten: ästhetische Gesichtspunkte, kulturhistorischer Kontext, Persönlichkeit des Künstlers, das dargestellte Motiv usw.. Die Mathematik beschreibt nur *einen* Forschungsgesichtspunkt. Sie reduziert jedes Phänomen auf Quantität. Streng genommen muß sie auf dieses Gebiet selbst reduziert bleiben. Des weiteren ist eine technische Umsetzung und Anwendung der Mathematik berechtigt, aber keine prinzipielle Verallgemeinerung über den Bereich des Quantifizierbaren hinaus. Robert Bloch erläutert wie folgt:

„Cassirer in his signifcant analysis of Goethe's theories, has clearly pointed out that the 'idealistic' character of Goethe's type and metamorphosis in no way constitutes a deduction of a theory of nature through mathematical principles, nor is it intended to be mere description of the historical sequences of appearances. Compared with mathematical natural science, Goethe's theory has a basically qualitative character, for the concrete phenomena of nature retains in Goethe's typological series their symbolic sense values which would be lost by mathematical transcription into the series of unidirectional mechanistic science."[85]

Auf ähnliche Weise argumentiert auch Dennis L. Sepper, nachdem er die Bedeutung der Varietät der *Vorstellungsarten* für eine produktive wissenschaftliche Forschung hervorgehoben hat:

„Thus pluralism is not just one among many desiderata but an absolute prerequisite for a constructive and progressive science, whose goal is less to produce a set of true propositions and indoctrinate scientists into their intention than to amplify the human experience of nature – which includes amplifying the store of technical means – and to enrich our comprehension of it by cultivating our ability

---

Wissenschaft auch im Bereich des rein Qualitativen möglich ist. Nicht ein mechanistisches, meßbares Substrat des Lichtes ist Gegenstand dieser Wissenschaft (obwohl dieses auch existiert), sondern die schlichte *Farbe, wie wir sie sehen*. (*Die Naturwissenschaft Goethes. Eine Gegenüberstellung Goethescher und modern-exakter Naturwissenschaft.* A.a.O. S.15f)

[85] Robert Bloch, *Goethe. Idealistic Morphologie and Science.* A.a.O. S.316f

to see natural wholes [...] and to recognize the *complex* of their interrelationships to which 'nature' refers. One consequence is that mathematical exactitude is to be sought where it is truly exacting, i.e. faithful to be disciplined scientific seeing that arises from the comprehensive rehearsal of the phenomena; yet it cannot be allowed to supplant actual scientific experience."[86]

Goethe selbst drückt diese Relativierung der Anwendung von Mathematik, die eigentlich selbstverständlich sein sollte, wie folgt aus:

„Ich ehre die Mathematik als die erhabenste und nützlichste Wissenschaft, solange sie man da anwendet, wo sie am Platze ist; allein ich kann nicht loben, daß man sie bei Dingen mißbrauchen will, die gar nicht in ihrem Bereich liegen und wo die edle Wissenschaft sogleich als Unsinn erscheint."[87]

Dieser Aussage ließen sich noch viele weitere an die Seite stellen. Goethe hat sich aufgrund einer schon zu Lebzeiten an ihn herangetragenen Kritik der *Mathematikfeindlichkeit* verschiedentlich veranlaßt gesehen, seine Position deutlich zu formulieren. Aus heutiger Perspektive ist es eher die dogmatische Einschwörung einzelner Wissenschaftler auf die alleinige Gültigkeit von mathematisierbarer Wissenschaft, die Goethes Forschung als anti-mathematisch und aus Sicht dieser Vertreter in der Folge anti-wissenschaftlich erscheinen läßt. In dem Aufsatz *Der Versuch als Vermittler von Objekt und Subjekt* benennt Goethe einen weiteren Aspekt der Mathematik, der eine deutliche Wertschätzung erkennen läßt.

„[...] die Bedächtigkeit nur das Nächste ans Nächste zu reihen, oder vielmehr das Nächste aus dem Nächsten zu folgern, haben wir von den Mathematikern zu lernen, [...] Denn eigentlich ist es die mathematische Methode, welche wegen ihrer Bedächtlichkeit und Reinheit gleich jeden Sprung in der Assertion offenbart, und ihre Beweise sind eigentlich nur umständliche Ausführungen, daß dasjenige, was in Verbindung vorgebracht wird, schon in seinen einfachen Teilen und in seiner ganzen Folge dagewesen, in seinem ganzen Umfange übersehen und unter allen Bedingungen richtig und unumstößlich erfunden worden. Und so sind ihre Demonstrationen immer mehr Darlegungen, Rekapitulationen als Argumente."[88]

---

[86] Dennis L. Sepper, *Goethe against Newton. Towards saving the Phenomenon.* A.a.O. S.186
[87] Eckermann 20.12.1826; Biedermann 3, 304
[88] HA 13, 18f

Ein Prinzip der Mathematik ist die *Lückenlosigkeit*. Jeder Schritt wird folgerecht aus dem Vorangehenden entwickelt. Nirgends findet ein Sprung statt. Kein fremdes Element fließt in den Gedankengang ein. Vermutungen und Hypothesen haben für sich genommen keinen Wert, außer daß sie ein erhöhtes Problembewußtsein befördern und gegebenenfalls die Richtung der Gedankentätigkeit veranlassen. Eben dieses Prinzip der Lückenlosigkeit einer Erfahrungsreihe ist auch das Ideal von Goethes wissenschaftlicher Methode. Geleitet von diesem Ideal dienen Erfahrungen nicht dazu, Hypothesen und Theorien zu beweisen. Sowenig diese im Goetheschen Sinne beweiswürdig sind, sowenig sind jene beweisbedürftig. Es kommt allein auf eine lückenlose Darstellung an. Ebenso wie das Denken in der Mathematik durch die einzelnen Inhalte hindurchgehen kann und sich jeder einzelne Gehalt unmittelbar dem mathematischen Ganzen (z.B. einer Gleichung) einfügt[89], ebenso soll das Denken des Naturforschers durch die sich innerhalb einer Versuchsreihe zu einer Erfahrung höherer Art zusammenschließenden Einzelerfahrungen hindurchgehen können.[90] Neben der Anerkennung der Bedeutung der Mathematik für den ihr spezifisch zugehörigen Bereich des Quantitativen mißt Goethe außerdem der Mathematik noch eine allgemeine wissenschaftsmethodische Bedeutung zu. Herbert Witzenmann erläutert dies wie folgt:

> „Weit entfernt davon, die Bedeutung der Mathematik zu verkennen, wie man es ihm fälschlich unterstellt hat und noch unterstellt, will Goethe vielmehr die mathematische Methode erst eigentlich zu ihrer universellen Geltung erheben. Er erkennt, daß dies nur möglich ist, wenn sie von dem falschen Anspruch befreit wird, sich der Wirklichkeit (oder der ihr nächstkommenden Symbole) auf allen Tatsachengebieten in der quantitativen Seinsform bemächtigt zu haben."[91]

---

[89] Ein Aspekt, der – wie das Zitat zeigt – hier auch hereinspielt, ist das Verhältnis von Ganzem und Teil. So wie dieses Verhältnis an früherer Stelle entwickelt wurde (siehe S.95ff.) als eine in den Teilen konstituierte Ganzheit und eine Partizipation der Teile an der Ganzheit, so postuliert Goethe dieses Verhältnis auch für die Mathematik.

[90] Vgl. MuR: „Es ist mit den Ableitungsgründen wie mit den Einteilungsgründen: sie müssen durchgehen oder es ist gar nichts daran." (HA 12, 454) Und: „Das ist eben das Hohe der Mathematik, daß ihre Methode gleich zeigt, wo ein Anstoß ist. [...] In diesem Sinne kann man die Mathematik als die höchste und sicherste Wissenschaft ansprechen. Aber wahr kann sie nichts machen, als was wahr ist." (ZA 9, 674f)

[91] Herbert Witzenmann, *Goethes Idee des Experiments und die moderne Naturwissenschaft*. A.a.O. S.64

III.2.4. Zusammenfassung

Im Verfolg von Goethes Aufsatz *Der Versuch als Vermittler von Objekt und Subjekt* haben sich bestimmte Bewußtseinshaltungen und -tätigkeiten als kennzeichnend für die Methode von Goethes wissenschaftlicher Forschung gezeigt. Der Naturforscher bemüht sich im Versuch zunächst um eine wiederholte Vergegenwärtigung der Phänomene. Hiermit ist das Kriterium der Intersubjektivität und Reproduzierbarkeit empirischer Forschung gewährleistet. Die wichtigste Gesinnung bei dieser Phänomenwiederholung ist die Abweisung psychologisch-habitueller und, soweit sie unhintergehbar sind, im mindesten die Bewußtmachung kulturell-rationaler, theoretischer Beteiligungen des Subjektes in Sicht auf das in Frage stehende Phänomen bzw. auf das In-Frage-Stehen selbst.[92] Goethes *Versuch* ist demnach zunächst eine Bewußtmachung des Anteils von Objekt und Subjekt am Zustandekommen der Erkenntnis. Es geht nicht um die wissenschaftsmethodische Fiktion einer Eliminierung des subjektiven Anteils an der Erkenntnis. Eine solche Forderung hat heute keinen Bestand mehr.[93] Das Unterlassen der kritischen Themati-

---

[92] In diesem Zusammenhang ist ein Gedankengang von Dennis L. Sepper interessant, der fragt, wie weit eine Befreiung der Phänomene von einer theoriebeladenen Sichtweise überhaupt realistisch ist. Er schlägt eine sukzessive Annäherung an dasjenige vor, was dann eventuell als *reines* Phänomen gewertet werden kann. Auch hier ist Wissenschaft ein durchaus offener Prozess, der nicht kategorisch eine *unbelastete* Phänomensicht ausschließt, sowenig er sie apodiktisch konstatiert. Es heißt bei Sepper: „If phenomena are laden with theory, if every attentive look at the world is the beginning of theoretical activity, there still remains the possibility that some phenomena are less theoretical than others, and that there exists in the human being a non-apodictic capacity to note this difference and to start the work of sorting out the consequence." (A.a.O. S.187) Ein wesentliches Element dieses Optimismus basiert auf dem, was Sepper als eine *non-apodictic capacity* des Menschen beschreibt, den Unterschied zwischen größerer und geringerer *Theoriebeladenheit* der Phänomene zu beurteilen. Es ist dies der wissenschaftstheoretisch problematische Punkt. Man kann ein Anliegen von Goethes Wissenschaftsbegriff adäquat beschreiben, wenn man sagt, daß es Goethe gerade um die bewußte Kultivierung dieses Unterscheidungsvermögens ging.

[93] Vgl. Werner Heisenberg, *Das Naturbild der heutigen Physik*: „Wenn von einem Naturbild der exakten Naturwissenschaft in unserer Zeit gesprochen werden kann, so handelt es sich also eigentlich nicht mehr um ein Bild der Natur, sondern *um ein Bild unserer Beziehungen zur Natur.*" (A.a.O. S.21)

sierung der Beteiligung des Subjektes beim Zustandekommen von Erkenntnis bildet vielmehr einen Schwerpunkt von Goethes Newton-Kritik. Diese Kritik erstreckt sich auch auf die Außerachtlassung der jeweiligen Versuchsbedingungen bei der Durchführung eines wissenschaftlichen Experimentes. Jürgen Blasius erläutert wie folgt:

> „Goethe kritisiert also nicht, daß das Licht bei Newton durch einen Spalt gezwängt wurde, statt es in der freien Natur offen und unbeeinträchtigt zu beobachten, wie vielerorts behauptet, sondern daß bei Newton diese Bedingungen in Struktur und Systematik der Theorie nicht berücksichtigt werden, daß dem Spalt – der Versuchsanordnung – keine Bedeutung für die Theorie selbst zuerkannt wird."[94]

Ein weiterer Aspekt des Goetheschen *Versuchs* ist die vollständige Durcharbeitung der Erfahrung. Alle ihre Eigenschaften und ihre Verhältnisse sollen zum Gegenstand der Betrachtung und bewußt gemacht werden. Dazu Hans Gerhard Neugebauers Ausführung:

> „Die eingehende Beschäftigung mit der kleinen Abhandlung über den Versuch ist geeignet, die Schüler[95] einige der methodischen Postulate erkennen zu lassen, deren Berücksichtigung Goethe in ein deutliches Konkurrenzverhältnis zu den Repräsentanten der 'herrschenden' Naturwissenschaft gebracht hat. [...] Da ist einmal die Forderung Goethes, der Untersuchungsgegenstand dürfe nicht künstlich isoliert werden, er müsse vielmehr in seinem natürlichen Zusammenhang mit verwandten und konträren Phänomenen belassen werden. Da ist zum anderen seine Forderung, wonach jede theoretische Deutung eines Phänomens alle für dessen Entstehen relevanten Bedingungen mitzuberücksichtigen habe und diese nicht im Zuge einer Idealisierung soweit eliminieren dürfe, bis aus einem in der Natur vorkommenden Phänomen der abstrakte und von allen Störfaktoren gereinigte Fall geworden ist."[96]

Außer dem zuvor Genannten, daß alle relevanten Bedingungen berücksichtigt werden, kommt bei Neugebauer der Begriff der *Isolati-*

---

[94] Jürgen Blasius, *Zur Wissenschaftstheorie Goethes*. A.a.O. S.386
[95] Der Aufsatz Neugebauers ist als didaktische Vorbereitung für die Behandlung von Goethes Wissenschaftsbegriff im Rahmen des Philosophieunterrichtes der Jahrgangstufe 13 verfaßt worden.
[96] Hans Gerhard Neugebauer, *Wissenschaftstheorie für Fortgeschrittene. Goethes Wissenschaftsauffassung als Alternative zur neuzeitlichen Wissenschaft.* A.a.O. S.232

on eines Phänomens und der *Reinigung* von Störfaktoren hinzu. Diese Forderung ist von Goethe *so* nicht erhoben worden. Er hatte keine prinzipiellen Einwände gegen die Isolierung von Phänomenen, noch weniger gegen die Ausschließung von Störfaktoren. Dennoch ist diese Interpretation deshalb interessant, weil darin eine Hauptkritik gegenüber einer an Goethe anknüpfenden romantisch-sentimentalen Wissenschaftshaltung liegt. Goethe fordert lediglich, daß der Einfluß einer Isolation und einer Ausschaltung von Störfaktoren auf das Phänomen mitbedacht wird, des weiteren, daß überhaupt vergegenwärtigt wird, was ein *natürlicher Zusammenhang* ist. Hierin ist im Gegenzug ein Mangel an methodischer Selbstkritik vielleicht weniger moderner Wissenschaftstheorie als -praxis zu konstatieren.

Zwei bisher entwickelte Elemente des Goetheschen *Versuches* sind 1. die vergegenwärtigende Wiederholung und 2. die Durcharbeitung der Erfahrung. Wenn beim ersten die Unterscheidung zwischen Objekt und Subjekt größere Bedeutung hat, so ist beim zweiten eine aktive ideelle, jedoch ihres Einflußes nicht minder bewußte Produktivität des Subjektes nötig. Es geht um die beschriebene Organbildung und um das Einüben des Phänomens im Sinne der von Goethe dargelegten Vermannigfaltigung. Andrew Jaszi spricht hier von *Auflockerung* der Erfahrung. Sie wird dadurch nach und nach für ideelle Qualitäten durchlässig. Daß man das Objekt der Erkenntnis ebenso *einübt* wie ein Klavierstück, macht eine Besonderheit von Goethes Forscherhaltung aus. Eine im Umgang mit einem Gegenstand sich mehrende Einsicht gibt Zeugnis von diesem Fähigkeitserwerb des Erkennens. Es ist damit ein genetischer Erkenntnisbegriff angesprochen, auf den später noch eingegangen werden wird. Was auf dem Wege des ideellen Sich-Einlebens – es muß der strenge Gegensatz zum *Urteilen* immer mitbedacht werden – geschieht, ist eine *Selbstvermittlung* des Objektes an das Subjekt. Diese Selbstvermittlung ist der Zusammenhang einer Erfahrung mit der nächsten in einer *Reihe*, welche sich als *eine Erfahrung höherer Art* darstellt und durch die das Denken des Forschers – wie in der Mathematik – lückenlos hindurchgehen kann.

Soweit eine Zusammenfassung des bis hierher Entwickelten. Was ins Auge fällt, ist eine *ethische* Komponente, die wesentlich für Goethes Forschungshaltung ist. In einem Brief an Jacobi heißt es:

„Der Dir gesagt hat: ich habe meine optischen Studien aufgegeben, weiß nichts von mir und kennet mich nicht. Sie gehen immer gleichen Schrittes mit meinen übrigen Arbeiten, und ich bringe nach und nach einen Apparat zusammen, wie er wohl noch nicht beisammen gewesen ist. Die Materie, wie Du weißt, ist höchst interessant und die Bearbeitung eine solche Übung des Geistes, die mir vielleicht auf keinem anderen Wege geworden wäre. Die *Phänomene zu erhaschen*, sie *zu Versuchen zu fixieren*, die Erfahrungen zu *ordnen* und die *Vorstellungsarten* darüber *kennen zu lernen*, bei dem ersten so *aufmerksam*, bei dem zweiten so *genau* als möglich zu sein, beim dritten *vollständig* zu werden und beim vierten *vielseitig* genug zu bleiben, dazu gehört eine Durcharbeitung seines armen Ichs, von deren Möglichkeit ich auch sonst nur keine Idee gehabt habe."[97]

Wissenschaftliche Forschung hat es demnach in dem Maße, wie sie eine Erkenntnis des Objektes anstrebt, mit einer Schulung des Subjektes zu tun. Dieser Begriff der Selbstschulung des Wissenschaftlers verleiht dem Goetheschen Forschungsideal besondere Aktualität. Es erhebt diese Forschung auf das Niveau einer Grundlagenwissenschaft, da hierin die grundlegenden Bewußtseinsbedingungen von Wissenschaft und überhaupt der Alltagswirklickeit erarbeitet werden. Es geht nicht um eine Eliminierung des Subjektes, sondern um eine Qualifizierung. Erkenntnis bedeutet nicht, daß ein statisch vorgestellter Bewußtseinsapparat sein Informationsvolumen expandiert, sondern daß ein sich in seiner Wirklichkeitsfähigkeit allgemein und auf einen einzelnen Gegenstand spezifisch mehr und mehr qualifizierendes Subjekt die Selbstvermittlungsmöglichkeit eines Objektes sukzessive zur Geltung bringt. Nicht der größere Informations- und Gedächnisspeicher und die schnellere Taktfrequenz der Urteilsfestlegungen im Rahmen einer paradigmatisch vorgebildeten Weltanschauungssoftware, sondern die produktiv ideelle Phantasie, die neue Blicklenkungen auf die Erfahrung leistet, sich in diese übend mitvollziehend einlebt und deren ideellen inneren Zusammenhang zum Ausdruck bringt, ist das Ideal der Goetheschen Wissenschaft und erst in der Lage, eine reine Vermittlung von Objekt und Subjekt zu leisten.

Diese Ausführungen zusammenfassend und zugleich einen Ausblick auf weitere Überlegungen gebend, sei eine Darstellung von Herbert Witzenmann angeführt. Er gibt folgende Erklärung des Goetheschen Begriffes der *Erfahrung höherer Art*:

„Die Erfahrung höherer Art ist experimentell verifizierter, reiner (urbildlicher) Begriff, der in seinen ebenfalls experimentell verifizierten individualisierten Modifikationen als deren Bewegendes und in eigenem inneren Bewegen des Experimentierenden angeschaut wird. In dieser Weise kennzeichnete Goethe großartig Technik und Ethos des Experiments. Es ist ganz deutlich: Goethe gewinnt seine

---

[97] Brief vom 29.12.1794; HA Br. 2, 192

Erfahrungen 'höherer Art' dadurch, daß er die Vorstellungen, welche im Bilden der lückenlosen Reihe enstehen, innerlich in Bewegung bringt und dadurch zur Intuition der urbildlichen Idee gelangt, die sich in den einzelnen Erscheinungen der Reihe offenbart. Das Experiment hat für ihn daher die Bedeutung einer Meditation, die durch das Bewegen von Vorstellungen zur Intuition aufsteigt."[98]

Daß die Erfahrung höherer Art *experimentell verifizierter reiner Begriff* ist, betrifft die Subjektseite des Erkennens und meint, daß der im Denken hervorgebrachte Begriff durch die Erfahrung in seiner Gültigkeit angenommen (experimentell verifiziert), jedoch nicht als Einzelurteil festgelegt wird, sondern innerhalb der Erfahrung beweglich bleibt. Die *ebenfalls experimentell verifizierten individuellen Modifikationen* des Begriffes betreffen die Objektseite, die sich im Verfolg des Versuchs innerhalb der ideellen Aktivität des Forschers entfaltet. Die Vermittlung von Objekt und Subjekt vollzieht sich demnach in der Idee (Begriff), zu der sich das Objekt in der Selbstqualifikation des Subjektes qualifiziert. Der im Denken vollzogene ideelle Gehalt des Subjektes befindet sich dann in dynamischer Übereinstimmung mit der das Objekt wesensmäßig konstituierenden Idee. Dieser Vorgang wird vom erkennenden Bewußtsein angeschaut. Dies ist eine Beschreibung von Goethes *anschauender Urteilskraft*, auf die später noch eingegangen werden wird. Wesentlich ist, worauf Witzenmann aufmerksam macht, daß bei Goethe eine Steigerung des Vorstellungsbewußtseins zu einem intuitiven Bewußtsein vorliegt und daß hierzu das forschende Bewußtsein in ein meditatives umgewandelt werden muß. Dies betrifft im Allgemeinen jede Erkenntnisleistung des Menschen und ist nicht beschränkt auf Wissenschaft. Goethes Forschungsbegriff qualifiziert demnach das Alltagsbewußtsein zu einem wissenschaftlichen und es qualifiziert ferner das wissenschaftliche Bewußtsein zu einem ethischen, indem es die Selbstentwicklung und Bewußtseinsverwandlung des Wissenschaftlers fordert.

---

[98] Herbert Witzenmann, *Goethes Idee des Experiment und die moderne Naturwissenschaft*. A.a.O. S.63f

IV. Idee und Erfahrung

Die vorangegangene Betrachtung hat bereits einzelne Aspekte des Goetheschen Verständnisses von *Idee* und *Erfahrung* beleuchtet. Auch wenn beide Begriffe wesentlicher Bestandteil von Goethes wissenschaftstheoretischem Vokabular sind, läßt sich eine eindeutige philosophisch-definitorische Festlegung nur schwer vollziehen. Goethes Wortgebrauch ist schwankend. Dies hängt weniger mit Goethe als mit der Sache selbst zusammen. Denn da die durch diese Begriffe angesprochenen Elemente innerhalb des Erkenntnisprozesses auftreten, nehmen sie an der Dynamik dieses Geschehens teil und befinden sich daher in ständiger Verwandlung, welche beinah alle Stadien von unvereinbarer Entgegensetzung bis identischer Verschmelzung umfaßt. Im folgenden sollen die wesentlichen Verständnisgrundlagen für Goethes wechselnde Anwendungen und Sichtweisen von *Idee* und *Erfahrung* und die darin enthaltenen philosophischen Implikationen untersucht werden.

IV.1. Goethes Stellung zur Erfahrung

Goethes Umgang mit der Sinneserfahrung war zum Teil von einem leidenschaftlichen Enthusiasmus geprägt, der bei seinen Zeitgenossen – wie das Beispiel Schillers zeigt – durchaus auch Irritationen hervorrief. Nach der Zeit der poetischen Innerlichkeitserfahrung der Natur, wie sie durch den Straßburger Aufenthalt eingeleitet wurde und neben zahlreichen Gedichten vor allem im *Werther* ihren Ausdruck fand, pflegte Goethe in Weimar einen weniger seelisch-kontemplativen als handelnd-praktischen Umgang mit der Natur. Er selbst betont, daß nach dem Frankfurter, Leipziger und Straßburger Stadtleben erst die ländliche Umgebung Weimars sein Interesse für die Natur geweckt hat.[1] Mit Herzog Karl August teilte er

---

[1] Vgl. hierzu *Der Verfasser teilt die Geschichte seiner botanischen Studien mit*: „Von dem hingegen was eigentlich äußere Natur heißt, hatte ich keinen Begriff, und von ihren sogenannten drei Reichen nicht die geringste Kenntnis. […] In das tätige Leben […] sowohl als in die Sphäre der Wissenschaft trat ich eigentlich zuerst als der edle weimarische Kreis mich günstig aufnahm; wo außer andern unschätzbaren Vorteilen mich der Gewinn beglückte, Stuben- und Stadtluft mit Land-, Wald- und Gartenatmosphäre zu vertauschen." (FA 24, 733)

das Jagdvergnügen und verbrachte mit ihm viele Tage im Freien auf Jagden durch die Thüringer Wälder. Im Rahmen seiner amtlichen Verpflichtungen übernahm er die Aufsicht über den Ilmenauer Bergbau. Zum Inbegriff von Goethes Leben in der Natur wurde das *Gartenhaus*, das ihm der Herzog schenkte. Es lag damals außerhalb des eigentlichen Weimarer Stadtbezirkes. Einen deutlichen Eindruck von Goethes damaliger Zuwendung zur Natur, die sich in impressionistischer Unmittelbarkeit auf die einzelne Sinneserfahrung richtet, vermittelt der Bericht eines Bergmannes. Dieser beschreibt, wie er mit Goethe eine Wanderung durch den Thüringer Wald macht. An einer steil aufragenden Felswand werden verschiedene Gesteinsschichten sichtbar, unter anderem auch Granit. Goethe hat den dringlichen Wunsch, die Wand hinaufzuklettern.

> „Wenn du dich fest hinstellen wolltest, sagte Goethe zu mir, so wollte ich jene in den Felsen eingewachsene Strauchwurzel ergreifen, mich im Anhalten an sie hebend auf deine Schultern schwingen, und dann würde ich das so kenntliche Gestein wenigstens mit der Hand erreichen können. So geschah's und wir hatten das seltene Vergnügen, den merkwürdigen Abschnittsstrich von hier eingewurzeltem Urgebirge, rotem Granit, und daraufstehenden schwarzblauen Tongesteins nah zu sehen, sogar mit Händen zu greifen."[2]

Diese Passage gibt ein Beispiel für Goethes Bedürfnis einer unmittelbaren sinnlichen Erfahrung. Ein anderes Erlebnis, von dem Goethe selbst berichtet, wirft ein Licht auf seine religiöse Einstellung gegenüber der natürlichen Erscheinungswelt. Goethe erzählt davon in *Dichtung und Wahrheit*[3]. Als siebenjähriger Junge hat er auf dem pyramidenförmigen Notenpult seines Vaters einen Naturaltar errichtet. Er ordnet einzelne Stücke seiner Naturaliensammlung stufenförmig an. Auf die Spitze stellt er eine Räucherkerze und zündet diese bei frühmorgendlichem Sonnenaufgang mittels eines Brennglases an. Goethe beschreibt, daß das Bestrahlen der von ihm so verstandenen Repräsentanten der Natur durch das Sonnenlicht und das Entzünden der Räucherkerze in ihm ein Gefühl religiöser Andacht weckten. Dieses Erlebnis einer in der Natur, in der durch die Sinneserfahrung zugänglichen natürlichen Erscheinungswelt wirkenden göttlichen Geistigkeit ist die Grundlage von Goethes Religiösität. Es ist dieses Erlebnis, das mit dem Begriff der *Gott-Natur* angesprochen wird. Das Besondere ist die Diesseitigkeit, die sich in diesem Religionsbegriff zeigt. Man gewinnt einen Eindruck

---

[2] Hans-Egon Gerlach (Hrsg.), *Goethe erzählt sein Leben*. A.a.O. S.278
[3] *Dichtung und Wahrheit* 1.Buch; HA 9, 44

IV. Idee und Erfahrung

von der Bedeutung, die dieser diesseitige Gottesbegriff für Goethe hatte, wenn man auf das Verhältnis zu Jacobi und die Auseinandersetzung mit ihm blickt.[4] Die im Grunde freundschaftliche Verbindung zu Jacobi wurde immer wieder gestört durch das unterschiedliche Gottesverständnis. Goethe schreibt 1786 an Jacobi:

> „Dagegen hat dich aber auch Gott mit der Metaphysik gestraft und dir einen Pfal ins Fleisch gesetzt, mich dagegen mit der Phisik gesegnet, damit mir es im Anschauen seiner Werke wohl werde, deren er mir nur wenige zu eigen hat geben wollen."[5]

Und an späterer Stelle des gleichen Briefes:

> „Wenn du sagst man könne Gott nur glauben[6] [...] so sage ich dir, ich halte viel aufs schauen, und wenn Spinoza von Scientia intuitiva spricht und sagt: Hoc cognoscendi genus procedit ab adaequata idea essentiae formalis quorundam Dei attributorum ad adaequatam cognitionem essentiae rerum[7]; so geben mir diese wenigen Worte Muth, mein ganzes Leben der Betrachtung der Dinge zu widmen die ich reichen und von deren essentia formalis ich mir eine adäquate Idee zu bilden hoffen kann, ohne mich im mindesten zu bekümmern, wie weit ich kommen werde und was mir zugeschnitten ist."[8]

Goethe postuliert den Begriff eines diesseitigen Gottes. Dies wurde ihm auch als Pantheismus ausgelegt und hat ihm verschiedentlich Vorwürfe von Seiten der christlichen Konfessionen eingebracht. Es geht ihm darum, das göttliche Walten in den Einzelerscheinungen zu erkennen. Hermann Schmitz gibt folgende Erläuterung zu Goethes Interpretation der Spinoza-Stelle:

---

[4] Die ausführlichste Betrachtung hierzu liegt von Heinz Nicolei vor: *Goethe und Jacobi. Studien zur Geschichte ihrer Freundschaft.* A.a.O.

[5] Brief vom 5.5.1786; HA Br. 1, 508

[6] Goethe bezieht sich dabei auf die ihm von Jacobi übersandte Schrift: Friedrich *Heinrich Jacobi wider Mendelssohns Beschuldigungen betreffend die Briefe über die Lehre des Spinoza.* Neudruck: *Die Hauptschriften zum Pantheismusstreit zwischen Jacobi und Mendelssohn.* Hrsg. Heinrich Scholz. Berlin 1916. S.327-364

[7] Übersetzung: „Diese Art des Erkennens schreitet von der entsprechenden Idee des formenden Wesens gewisser Attribute Gottes zu der entsprechenden Erkenntnis des Wesens der Dinge." (HA Br.1, 758; Kommentar)

[8] HA Br. 1, 508f

> „Höchst auffallend ist hier die sicherlich ganz naive Umdeutung des Textes durch Goethe: Während Spinoza seine höchste Erkenntnisweise von den Attributen Gottes zum Wesen der Dinge übergehen läßt, will Goethe, angeregt durch diese Stelle, mit der Betrachtung aller erreichbaren Dinge beginnen und zu deren Wesenheit vordringen, ohne Gott und dessen Attribute zu erwähnen. Spinoza geht also von den höchsten allgemeinen Begriffen, den Attributen Gottes, zu speziellen (essentiae rerum) über, Goethe aber von den einzelnen Gegenständen zu deren Wesenheit, unbekümmert um die höchsten ungegenständlichen Abstrakta der Ausdehnung und des Denkens überhaupt."[9]

Diese Umdeutung wird von Schmitz als bezeichnend für Goethes weltanschaulichen Ansatz gewertet. Er stimmt mit Spinoza darin überein, das Göttliche in den Einzelerscheinungen anzuerkennen, aber im Gegensatz zu Spinoza läßt er die Erkenntnisbemühung bei der Einzelerfahrung anheben und sucht auf diesem Wege das Göttliche zu erkennen. Der innere Gestus ist dabei ein methodisch-logischer und wissenschaftlich-evidenter. Jacobi hingegen geht von einer transzendenten Gottesvorstellung aus. Aufgrund seiner jenseitigen Existenzform ist Gott nicht erkennbar, sondern nur dem Glauben zugänglich. Für Goethe dagegen offenbart sich die Gottheit in der Natur. Diese ist durch die Sinneserfahrung zugänglich und kann im Erkennen wissenschaftlich durchdrungen werden. Naturerkenntnis ist deshalb der Möglichkeit nach Gotteserkenntnis. Die Annahme eines göttlichen Wirkens in der Natur ist wissenschaftsmethodisch unproblematisch, da damit noch kein Urteil ausgesprochen ist. Eine Annahme bzw. Voraussetzung ist nur dann ein Problem, wenn sie keiner kritisch-reflexiven Bewußtheit unterliegt. Die Gottesidee, ein Ding an sich, den Willen oder die Materie als Grund der Welterscheinungen anzunehmen, hat unter diesem Aspekt gleiche Bedeutung. Es ist *eine* Vorstellungsart, *ein* Begriff, der im Sinne von Goethes Verfahren der *Blicklenkung* eingesetzt wird, um sich den Gegebenheiten der Sinneserfahrung zu nähern.

Es sei festgehalten: Wesentlich für den Unterschied zwischen Goethe und Jacobi ist einmal die Betonung sinnlicher Erkenntnis, die durchaus auch eine religiöse Bedeutung hat, das andere Mal der Glaube an einen transzendenten Gott. Diese Differenz trat zu einem späteren Zeitpunkt nochmals deutlicher hervor. Heinz Nicolei schreibt hierzu:

---

[9] Hermann Schmitz, *Goethes Altersdenken im problemgeschichtlichen Zusammenhang*. A.a.O. S.12

IV. Idee und Erfahrung

„Die schwerste der Krisen, die Goethes Freundschaft mit Jacobi zeitweilig bedroht haben, war ihrem Alter vorbehalten. An ihr ist diese fast lebenslängliche Freundschaft wenige Jahre vor Jacobis Tode endgültig zerbrochen. [...] Anlaß zur Enstehung dieser letzten verhängnisvollen Krise gab Jacobis Schrift 'Von den göttlichen Dingen und ihrer Offenbarung', die gegen Ende des Jahres 1811 in Leipzig erschien."[10]

Nicolei erläutert ausführlich den Inhalt von Jacobis Schrift und Goethes Reaktionen darauf. Die Grundthese von Jacobis Schrift, der Goethes vehementes Widersprechen galt, lautet: *Die Natur verbirgt Gott*. Nicolei erläutert:

„Durch Jacobis Dogmatismus wird auch der Bereich von Goethes wesentlichen Überzeugungen angegriffen, die Substanz seiner Gotteserfahrung als ungeistig abgetan, als irreligiös verketzert. Die Form des Welterlebens, die für Goethe den 'Grund seiner ganzen Existenz' ausmacht, die sich philosophisch in Goethes Idee der 'Gott-Natur' verdichtet und ihn zu Schelling sich bekennen heißt, wird von Jacobi als Stufe primitiven Denkens und als atheistischer Materialismus gebrandmarkt."[11]

Nicolei referiert die Reaktionen Goethes auf diesen Angriff seiner Weltanschauung. Neben zahlreichen brieflichen Äußerungen sind insbesondere ein Aphorismus und ein Gedicht zu nennen, die sich unmittelbar auf Jacobis Schrift beziehen. Der Aphorismus lautet lakonisch:

„Die Natur verbirgt Gott!
Aber nicht jedem!"[12]

Und in dem Gedicht heißt es:

„Was wär' ein Gott, der nur von außen stieße,
Im Kreis das All am Finger laufen ließe!
Ihm ziemt's, die Welt im Innern zu bewegen,
Natur in Sich, Sich in Natur zu hegen,
So daß, was in Ihm lebt und webt und ist,
Nie seine Kraft, nie Seinen Geist vermißt."[13]

---

[10] Heinz Nicolei, *Goethe und Jacobi. Studien zur Geschichte ihrer Freundschaft*. A.a.O. S.250
[11] ebenda S.254
[12] MuR; FA 13, 63
[13] FA 2, 379

Es sind hiermit drei Aspekte von Goethes Zuwendung zur Erfahrung genannt worden: ein poetisch-innerlicher (künstlerischer), ein praktisch-handelnder und ein religiös-erkennender. Ein weiterer Aspekt ist derjenige einer wissenschaftlich-exakten Forschung. Innerhalb seiner naturwissenschaftlichen Tätigkeit hat Goethe zahlreiche Einzelbeobachtungen systematisch verfolgt und in ausführlichen Tabellen aufgelistet.[14] Bernhard Hassenstein attestiert Goethe in dieser Hinsicht eine große methodische Strenge.[15] Es wird daraus ersichtlich, daß das gegenüber Jacobi gemachte Bekenntnis, daß er das *göttliche Wesen nur in und aus den rebus singularibus* zu erkennen trachte[16], durchaus nicht nur theoretisch, sondern als reales Forschungsanliegen zu verstehen ist.

Aus dem voranstehenden geht hervor, daß die *Erfahrung* (Wahrnehmung) ein zentrales Element für Goethes Weltanschauung bildet. Sie gibt seinem gesamten wissenschaftlichen, künstlerischen und religiösen Bestreben eine Orientierung. Alle drei klassischen Bereiche menschlicher Geistestätigkeit werden damit auf eine unmittelbare Diesseitigkeit bezogen, die im Erkennen ergriffen werden kann. Im nachfolgenden sollen weitere Aspekte von Goethes wissenschaftlichem Umgang mit der Erfahrung beleuchtet werden.

IV.2. Schulung der Sinne

Die Grundvoraussetzung für Goethes naturwissenschaftliche Forschung bildet sein Vertrauen in die Sinneserfahrung. Ein solches ist nicht selbstverständlich. Es ist durch den Psychologismus und durch

---

[14] MA 2.2., 525-595
[15] Hierzu als Beispiel: „In seinen zoologischen Arbeiten war Goethe sehr vielseitig: Um 1796 beobachtete er eingehend die Metamorphose von Schmetterlingen und Schlupfwespen; 1786 verfolgte er mit Hilfe des Mikroskops die durch Bakterien u.a. verursachten Veränderungen in Aufgüssen von Getreide, Kartoffeln, Schimmel und Bier; dabei zeichnete und beschrieb er einmal treffend die Gestalt und das Verhalten eines Rädertierchens. Er sezierte Raupen, Schnecken, Frösche und untersuchte Teile davon wie etwa die Haut des Frosches und Schuppen und Saugrüssel der Falter unter dem Mikroskop. Er schrieb unzählige Einzelbeobachtungen nieder, z.B. über die bekannte Pilzseuche (Empusa muscae) der Fliegen. Am wichtigsten sind aber Goethes anatomische Studien am Skelett der Säugetiere und des Menschen." (Bernhard Hassenstein, *Goethes Morphologie als selbstkritische Wissenschaft und die heutige Gültigkeit ihrer Ergebnisse.* A.a.O. S.334)
[16] Brief vom 9.6.1785; HA Br. 1, 476

die Sinnesphysiologie erschüttert worden.[17] Die Sinneswahrnehmungen, die uns durch Auge und Ohr übermittelt werden, gelten als subjektiv, weil die meßbaren Licht- und Schallschwingungen nichts mit den in unserem Bewußtsein auftretenden Farb- und Tonempfindungen zu tun haben. Zudem werden die auftretenden Schwingungen durch die elektrochemischen Vorgänge unseres rezipierenden Sinnesnervensystems derart modifiziert, daß wir bei Sinneserfahrungen im eigentlichen Gebrauch des Wortes nur von Erfahrungen sprechen können, die wir *an* unseren Sinnen machen. Sie sind gegenüber der Objektivität der Außenwelt subjektive Erscheinungen unserer physischen Organisation. – Nun ist es aber so, daß die physikalischen Untersuchungen z.B. von Licht und Schall und die physiologischen Untersuchungen des Sinnesnervensystems gegenüber der ursprünglichen Sinneserfahrung sekundär sind.[18] Ein Beispiel: Wir erhalten einen Sinneseindruck, den wir als *Rot* bezeichnen. Die Physik berechnet die Lichtschwingungen des *Rot*. Die Physiologie untersucht die Vorgänge am Auge, an den Nervenbahnen und im Gehirn. Es werden zahlreiche Forschungsergebnisse zu Tage gefördert. Keines steht mit der Empfindungsqualität *Rot* und deren Vorstellung in unserem Bewußtsein in einem Zusammenhang. Es kann lediglich ein Zeitintervall gemessen werden, das zwischen dem physischen Eindruck liegt, den die Sinnesorgane empfangen und der *Rot*empfindung, die als Vorstellung vom Bewußtsein gebildet wird. In diesem Zeitintervall werden Vorgänge am Sinnesnervensystem konstatiert. Weder können die Lichtschwingungen als die Ursache des *Rot*, noch die Vorgänge am Sinnesnervensystem als diejenige der *Rot*empfindung aufgefaßt werden. Lichtschwingungen und Vorgänge am Sinnesnervensystem können lediglich als Begleitumstände unserer Sinneserlebnisse gewertet werden.[19] Die Vorstellung des *Rot* steht in keinem unmittelbaren Zu-

---

[17] Vgl. hierzu S.89, wo dieser Gedanke schon einmal Erwähnung gefunden hat.

[18] Vgl. hierzu auch die Ausführungen Rudolf Steiners in: *Goethes naturwissenschaftliche Schriften.* A.a.O. die Kapitel: *XV. Goethe und der naturwissenschaftliche Illusionismus. XVI. Goethe als Denker und Forscher. XVII. Goethe gegen den Atomismus* und vgl. weiter Herbert Witzenmann, *Strukturphänomenologie.* A.a.O. S.13f: *Abwegige Vorstellungen über das Verhältnis von Bewußtsein und Gegenstand.*

[19] So wenig Lichtschwingungen oder physiologische Vorgänge *wirklicher* sind als der im Bewußtsein auftretende Inhalt der Sinneswahrnehmung, so wenig sind die durch physikalische Apparaturen neu zu gewinnenden Wahrnehmungen *wirklicher* als die durch das menschliche Sinnesnervensystem vermittelten Wahrnehmungen. Goethe hat sich gegen

sammenhang zu ihnen. Sie ist als Bewußtseinsinhalt der ursprüngliche Gehalt der Sinneswahrnehmung, demgegenüber die physikalischen und physiologischen Vorgänge sekundär sind, und zudem ihrerseits Sinneswahrnehmungen und auf diese gerichtete Vorstellungen voraussetzen. Physikalische und physiologische Prozesse können also nicht als der *objektive* Grund unseres *subjektiven* Bewußtseinsinhaltes angegeben werden, da sie ihrerseits der vermeintlich subjektiven Sinneswahrnehmung und Vorstellungsbildung bedürfen, um wissenschaftliche Erkenntnis zu werden. – Die Sinneserfahrung und die daran anknüpfende Vorstellungsbildung ist das Primäre, das weder subjektiv noch objektiv, sondern einfach eine Tatsache ist. Alle physikalischen, physiologischen oder psychologischen Deutungen verhalten sich demgegenüber sekundär und setzen unmittelbar gegebene Sinneserfahrungen voraus, weshalb sie diese auch nicht in Frage stellen können. Was die Sinneswahrnehmungen *wirklich* sind, ist gegenüber dem, daß sie wirklich *sind*, zunächst sekundär. Sie treten als Tatsachen in unserem Bewußtsein auf.

Goethes Vertrauen in die Sinneserfahrung war aus keiner kritischen Auseinandersetzung mit der im übrigen erst später aufkommenden Sinnesphysiologie erwachsen. Es bildete seine ursprüngliche innere Grundhaltung, welche von keinem Zweifel angefochten wurde. Es heißt:

„Der Mensch ist genugsam ausgestattet zu allen wahren irdischen Bedürfnissen, wenn er seinen Sinnen traut und sie dergestalt ausbildet daß sie des Vertrauens werth bleiben."[20]

Ähnlich lautet es in dem Gedicht *Vermächtnis*:

„Den Sinnen hast du dann zu trauen,
Kein Falsches lassen sie dich schauen,
Wenn dein Verstand dich wach erhält."[21]

---

solche interpretativen Gleichsetzungen von Experimenten stets gewehrt: „Der Mensch an sich selbst, insofern er sich seiner gesunden Sinne bedient, ist der größte und genaueste physikalische Apparat, den es geben kann, und das ist eben das größte Unheil der neueren Physik, daß man die Experimente gleichsam vom Menschen abgesondert hat, und bloß in dem, was künstliche Instrumente zeigen, die Natur erkennen, ja was sie leisten kann, dadurch beschränken und beweisen will." (MuR; FA 13, 166)

[20] MuR; FA 13, 241
[21] HA 1, 370

IV. Idee und Erfahrung

Das Vertrauen in die Sinneserfahrung erfolgt aber nicht blindlings. Eines ist es, den Inhalt der Sinneserfahrung als Tatsache hinzunehmen und ein anderes, sich des Einflusses des Verstandes bei der Urteilsbildung bewußt zu sein. Denn darin liegt eine zunächst subjektive Beteiligung des Menschen an dem Zustandekommen des Weltbildes. Diese Beteiligung, wenn sie nicht sorgsam gehandhabt wird, unterliegt der Gefahr der Täuschung.

„Sinne trügen nicht, das Urteil trügt, hat man längst gesagt."[22]

Das ist eine wesentliche Feststellung für Goethes Haltung. Sie macht wiederum auf dasjenige aufmerksam, was schon zuvor entwickelt worden ist, auf die notwendige kritische Unterscheidung von Sinneserfahrung und Verstandestätigkeit. Was durch die Sinne vermittelt wird, ist eine Gegebenheit, bei der nicht gefragt werden kann, ob sie falsch oder richtig ist. Es kann kein Trug vorliegen.[23] Erst die Beurteilung einer Sinneserfahrung unterliegt der Wahrheitsfrage. Dies wurde schon am Beispiel einer sogenannten Sinnestäuschung verdeutlicht.[24] Es kann auch nicht darum gehen, wegen der Gefahr einer subjektbedingten Verfälschung die Beurteilung und Qualifizierung der Sinneserfahrung zu unterlassen. Denn dann würden die sinnlichen Qualitäten nicht ins Bewußtsein fallen. Das Denken muß sich also – wie bereits dargelegt worden ist – an der qualitativen

---

[22] MuR; FA 13, 241
[23] Schiller äußert einen ähnlichen Gedanken in einem Antwortbrief, in dem er die von Goethe unterschiedenen Stufen des Phänomenbewußtseins untersucht. Er schreibt: „Die Vorstellung der Erfahrung unter dreierlei Phänomenen ist vollkommen erschöpfend, wenn Sie sie nach den Kategorien prüfen. Der gemeine Empirism [damit ist die unmittelbare noch nicht reflektierte Sinneserfahrung gemeint], der nicht über das empirische Phänomen hinausgeht, hat (der Quantität nach) immer nur Einen Fall, ein einziges Element der Erfahrung und mithin keine Erfahrung; [...] Nach meinem Begriff ist der gemeine Empirism nie einem Irrtum ausgesetzt, denn der Irrtum entsteht erst in der Wissenschaft. Was er bemerkt, bemerkt er wirklich, und weil er nicht den Kitzel fühlt, aus seinen Wahrnehmungen Gesetze für das Objekt zu machen, so können seine Wahrnehmungen ohne irgend eine Gefahr immer einzeln und akzidentiell sein. [...] Erst mit dem *Rationalism* ensteht das wissenschaftliche Phänomen und der Irrtum. In diesem Felde nämlich fangen die Denkkräfte ihr Spiel an, und die Willkür tritt ein mit der Freiheit dieser Kräfte, die sich so gerne dem Objekte substituieren." (Brief vom 19.1. 1798; Briefw. S.421f)
[24] Siehe S.91f

Erschließung der sinnlichen Gegebenheiten beteiligen. Dabei stellt es nicht nur ein Begriffsangebot zur Verfügung, welches von der Sinneserfahrung angenommen bzw. verworfen wird, es greift zugleich bildend und schulend in die Sinnestätigkeit ein. Die Beteiligung des Verstandes führt zu einem bewußten und vertieften Umgang mit der Sinneserfahrung. In dem Aufsatz *Beobachten und Ordnen* schreibt Goethe:

> „Der Mensch kann und soll seine Eigenschaften weder ablegen noch verleugnen. Aber er kann sie bilden und ihnen eine Richtung geben."[25]

Und an späterer Stelle des gleichen Aufsatzes:

> „Zum Beobachter gehört natürliche Anlage und zweckmäßige Bildung."[26]

Diese Bildung meint eine Führung und bewußte Handhabung der Sinnestätigkeit. Durch die Kenntnis perspektivischer Gesetze z.B. kann die wirkliche Größe eines in der Ferne erblickten Gegenstandes adäquat erkannt werden.[27] Und das Wissen um die Lebensprozesse im Auge läßt das Entstehen von Nachbildern begreiflich werden.[28] Der Verstand greift demnach bildend in die Sinneswahrnehmung ein.

> „Das Thier wird durch seine Organe belehrt; der Mensch belehrt die seinigen und beherrscht sie."[29]

---

[25] FA 25, 137
[26] ebenda
[27] Hierzu äußert sich Goethe in verschiedenen *Maximen und Reflexionen*: „Man läugnet dem Gesicht nicht ab, daß es die Entfernung der Gegenstände, die sich neben und übereinander befinden, zu schätzen wisse: das Hintereinander will man nicht gleichmäßig zugestehen." „Und doch ist dem Menschen, der nicht stationär, sondern beweglich gedacht wird, hierin die sicherste Lehre durch Parallaxe verliehen." (FA 13, 241) „Perspectivische Gesetze. Die mit so großem Sinne als Richtigkeit die Welt auf das Auge des Menschen und seinen Standpunct beziehen. Und dadurch möglich machen daß jedes sonderbare verworrne Gedräng von Gegenständen in ein reines ruhiges Bild verwandelt werden kann." (FA 13, 102)
[28] Vgl. *Zur Farbenlehre. Physiologische Farben*; HA 13, 329-359
[29] MuR; FA 13, 83

Goethe erachtet es als eine Grundvoraussetzung des naturwissenschaftlichen Forschers, die Sinneswahrnehmung zu schulen und zu kultivieren. Hierzu zählt nicht nur die bewußte Differenzierung von Beobachtungs- und Denktätigkeit und des weiteren die adäquate Deutung von Wahrnehmungen durch den Verstand wie z.B. im Falle der Perspektivgesetze, hierzu zählt auch die bewußt geführte Beobachtungsintention, welche gleichermaßen in der Lage ist zu fokussieren wie zu expandieren und welche sich gleichermaßen Details zu vergegenwärtigen wie dabei die Gesamtheit in der Anschauung zu erhalten vermag.

Eine Schulung der Sinne, wie sie Goethe vorsieht, setzt demnach früher und tiefer an, als es im gewöhnlichen Leben geschieht. Normalerweise gelangt eine Sinneswahrnehmung als Erlebnisqualität, die vorgestellt wird, ins Bewußtsein: *Rot*. Es gibt aber tatsächlich unbegrenzt viele Rotqualitäten, welche abgesehen von der Varietät der Färbung selbst (Karminrot, Zinnoberrot, Scharlachrot, Purpurrot usw.) noch durch Nuancierungen des Hell-Dunkel, der Materialgebundenheit (Papier, Wolle, Holz, Metall usw.) bzw. der relativen Materialunabhängigkeit (atmosphärische Farben) und der Beleuchtung differenziert werden. Es setzt eine bewußte Beobachtungsintention voraus, sich alle Qualitäten eines Sinneseindrucks zu vergegenwärtigen. Ein weiteres Beispiel ist ein Weintrinker. Fachleute haben bekanntermaßen die Fähigkeit, Jahrgang, Anbaugebiet und Lage eines Weines zu *schmecken*. Hingegen der Laie zwischen süß und sauer und im schlechtesten Fall zwischen Rot- und Weißwein unterscheidet. In diesen Bereich fällt auch die Qualifizierung einzelner Berufe. Das *Ohr* des Musikers, das *Auge* des Malers, die *Wahrnehmung* des Arztes sind insgesamt differenzierter als bei einem Ungeschulten. Es ist dadurch eine reale qualitative Sättigung der Empfindungseigentümlichkeiten gegeben. In diesem Sinne hält Goethe eine Schulung und Erziehung der Sinne für unerläßlich. Es handelt sich dabei um eine propädeutische Schulung, die die Fähigkeitsgrundlage von Goethes Wissenschaftsmethodik bildet.

IV.3. Methodik der Erfahrung

Zu Beginn des Jahres 1798 führen Goethe und Schiller einen Briefwechsel, der wesentliche methodische Reflexionen über den Umgang mit Erfahrungsgegebenheiten enthält. Den Anfang macht Goethes Sendung des schon angeführten Aufsatzes *Der Versuch als Vermittler von Objekt und Subjekt* vom 10. Januar 1798 an Schiller. Dessen Abfassung liegt aber schon mehrere Jahre zurück. Veranlaßt durch den Gedankenaustausch mit Schiller und das rege Interesse, welches ihm dieser entgegenbringt, schreibt Goethe schon am 15. Januar 1798 eine kürzere Betrachtung, die er *Aperçu* nennt.[30] Diese sendet er am 17. Januar 1798 an Schiller. In dem Aufsatz untersucht Goethe die Veränderung und in seinem Verständnis auch Entwicklung, die ein Phänomen, eine Erfahrung durch und innerhalb einer wissenschaftlichen Behandlung erfährt. D.h. eine Erfahrung verhält sich innerhalb eines wissenschaftlichen Prozesses nicht konstant, sie verändert ihre Bedeutung, ohne dabei den Erfahrungscharakter selbst zu verlieren. Goethe unterscheidet innerhalb des wissenschaftlichen Verfahrens drei Stadien. Er spricht zunächst von einem *empirischen Phänomen*. Hiermit ist eine sinnliche Erscheinung gemeint, die sich einer vorwissenschaftlichen Betrachtung zeigt. Es ist ein erster Eindruck, eine erste inhaltliche Erschließung der Erfahrung. Das Problem, das sich auf dieser Stufe zeigt, ist folgendes:

„Die Phänomene die wir andern wohl auch Fakta nennen sind gewiß und bestimmt ihrer Natur nach hingegen oft unbestimmt und schwankend insofern sie erscheinen."[31]

Goethe unterscheidet demnach zwischen dem Erscheinen der Phänomene und ihrer inneren Natur. Insofern Phänomene erscheinen, sind sie Veränderungen bzw. Bedingungen unterworfen, insbesondere auch denjenigen der Rezeption durch den Betrachter, die ihre innere Natur oft nicht deutlich hervortreten lassen. Phänomene erscheinen demnach oft *schwankend* und *unbestimmt*. Auf dieser Grundlage erfolgt Goethes Absage an einen bloßen Phänomenalismus und Empirismus. Die zufällige Erscheinungsform eines Naturdinges ist gegenüber dessen innerer Gesetzlichkeit wissenschaftlich unbrauchbar.

„Denn da der Beobachter nie das reine Phänomen mit Augen sieht, sondern vieles von seiner Geistesstimmung, von der Stimmung des Organs im Augenblick, von Licht, Luft, Witterung, Körpern, Behandlung und tausend andern Umständen abhängt; so ist ein Meer auszutrinken wenn man sich an Individualität des Phänomens halten und diese beobachten, messen, wägen und beschreiben will."[32]

---

[30] Die Ankündigung davon erfolgte am 13.1.1798: „Ich will nächstens Ihnen ein Aperçu über das Ganze schreiben, um von meiner Methode, vom Zweck und Sinn der Arbeit Rechenschaft zu geben." (Briefw. S.419)
[31] FA 25, 125
[32] ebenda

IV. Idee und Erfahrung

Der Wissenschaftler sucht daher das *Unbestimmte* und *Schwankende* eines Phänomens auszuschließen, um dessen innere Bestimmtheit und Gesetzmäßigkeit zu erreichen. Er gelangt auf diesem Wege zum *wissenschaftlichen Phänomen*, von dem Goethe sagt, daß es

> „durch Versuche erhoben wird, indem man es unter andern Umständen und Bedingungen als es zuerst bekannt geworden, und in einer mehr oder weniger glücklichen Folge darstellt."[33]

Das wissenschaftliche Phänomen rangiert demnach auf dem Niveau eines *Versuches*. Die *Bedingungen*, die ihm beigelegt werden und die *Folge*, in der es gereiht ist, entsprechen nicht notwendigerweise seiner Natur, sondern stellen eine hypothetische Möglichkeit dar, es anzusehen. In diesem Sinne erläutert Schiller:

> „Erst mit dem *Rationalism* ensteht das *wissenschaftliche Phänomen* und der Irrtum. In diesem Felde nämlich fangen die Denkkräfte ihr Spiel an, und die Willkür tritt ein mit der Freiheit dieser Kräfte, die sich so gerne dem Subjekt substituieren."[34]

Es zeigt sich, daß auf diesem Niveau unsicherer Deutungen nicht verharrt werden kann. Es muß das ins Spiel kommen, was als *Vermannigfaltigung* schon erwähnt wurde und von Goethe an anderer Stelle als *Versatilität der Vorstellungsarten* angeprochen wird.[35] Hier muß der Tendenz des Verstandes, des – wie Schiller sagt – *Rationalism*, sich selbst an die Stelle der Phänomene zu setzen und sich zu ernst zu nehmen, entgegengewirkt werden, indem immer neue Denkangebote an die vorliegenden Erscheinungen herangetragen werden. Auf diesem Wege gelangt der Forscher zum *reinen Phänomen*. Goethe schreibt:

> „Das *reine Phänomen* steht nun zuletzt als Resultat aller Erfahrungen und Versuche da. Es kann niemals isoliert sein, sondern es zeigt sich in einer stetigen Folge der Erscheinungen; um es darzustellen bestimmt der menschliche Geist das empirisch Wankende, schließt das Zufällige aus, sondert das Unreine, entwickelt das Verworrene, ja entdeckt das Unbekannte."[36]

---

[33] FA 25, 126
[34] Brief vom 19.1.1798; Briefw. 422
[35] FA 25, 138. In dem Aufsatz *Beobachten und Ordnen*, der auch 1798 verfaßt wurde.
[36] FA 25, 126

Auf dieser Stufe kommt das Phänomen in seiner eigenen Natur *rein* zur Erscheinung. Es ist von den zufälligen Einflüssen des Erscheinens gereinigt, so daß es sich in seiner ihm eigenen bestimmten Natur darstellen kann. Bei dieser Betrachtung Goethes ist das Wesentliche, daß er innerhalb der Erfahrung selbst die Erfahrung entwickelt. In den *Maximen und Reflexionen* findet sich der Satz:

> „Ebenso geht's allen, die ausschließlich die Erfahrung anpreisen; sie bedenken nicht, daß die Erfahrung nur die Hälfte der Erfahrung ist."[37]

Das, was sich zunächst als unmittelbares empirisches Phänomen zeigt, ist die eine Hälfte der Erfahrung. Die andere Hälfte wird innerhalb des wissenschaftlichen Prozesses entwickelt. Es ist die durch das Denken erschlossene ideelle Natur des Phänomens. Goethe nennt noch einen weiteren Aspekt, der dem wissenschaftlichen Niveau des *reinen Phänomens* zukommt:

> „Dieses wäre also, nach meiner Erfahrung, derjenige Punkt, wo der menschliche Geist sich den Gegenständen in ihrer Allgemeinheit am meisten nähern, sie zu sich heranbringen, sich mit ihnen (wie wir es sonst in der gemeinen Empirie tun) auf eine rationelle Weise gleichsam amalgamieren kann."[38]

Zudem also, daß das *reine Phänomen* eine innere in sich bestimmte Natur der Erfahrung aufweist, findet eine innere Verbindung zwischen dem *menschlichen Geist* und dem *Gegenstand in seiner Allgemeinheit* statt. Goethe spricht von *Amalgamierung*. Hierauf soll später noch eingegangen werden. Zunächst sei noch auf zwei weitere Motive geblickt.

Das eine ist der schon erwähnte Gedanke einer wissenschaftlichen Schulung, einer Ausbildung des Erkenntnisvermögens. Dies rückt Goethes Wissenschaftsverständnis in die Nähe der Kunst, die es ebenfalls mit einer Fähigkeitenschulung zu tun hat. Jutta von Selm hat diesen Gedanken der Nähe von Wissenschaft und Kunst und der analogen Ausbildung des Erkenntnisvermögens aufgegriffen. Sie untersucht den adäquaten Umgang mit der Erfahrung. Anhand von Goethes Terminologie unterscheidet sie den *ersten* und den *reinen* Eindruck. Vor allem Goethes Umgang mit antiken Kunstwerken während der *italienischen Reise* wird in Betracht gezogen. Von Selm

---

[37] MuR; HA 12, 490
[38] FA 25, 126

identifiziert den *reinen Eindruck* in Bezug auf Goethes wissenschaftliches Verfahren mit dem *reinen Phänomen*. Sie führt aus:

> „Das 'reine Phänomen' ist auch nicht mehr nur sinnlich wahrnehmbar, es entsteht eigentlich durch den ganzen Prozeß von dem 'empirischen' Leben über das 'wissenschaftliche' Beobachten zum schließlich 'reinen' Erkennen."[39]

Diesen Prozeß setzt von Selm nun in ein analoges Verhältnis zum Vorgang des künstlerischen Schaffens. Sie zieht zu diesem Zweck Goethes Aufsatz über *Einfache Nachahmung der Natur, Manier und Stil*[40] heran, der den sich steigernden Entwicklungsgang des Künstlers zum Gegenstand hat. Der *einfachen Nachahmung* der Natur, innerhalb derer der Künstler wiederholt einen einzelnen Naturgegenstand oder eine Landschaft kopiert, entspricht das *empirische Phänomen*. Der *Manier*, welches die Stufe ist, auf der der Künstler sein eigenes Innere mit der Naturerscheinung durchaus auch auf subjektive Weise verbindet, entspricht das *wissenschaftliche Phänomen*.

> „Auf der zweiten Stufe der 'Manier' wird der Künstler dazu aufgerufen, seine eigene Persönlichkeit beim Schaffensprozeß wirken zu lassen. Die objektive Haltung der ersten Stufe wird dabei nicht aufgegeben, sie erwirbt nur eine subjektive Nuance. Goethe fordert den Künstler dazu auf, sein eigenes Bewußtsein in die Abbildung einfließen zu lassen, sich eine eigene natürlich visuelle Sprache zu bilden [...] Dieser Vorgang auf künstlerischem Gebiet entspricht dem 'Walten lassen des Inneren', das Goethe dem wissenschaftlichen Forscher empfohlen hat. Dadurch nähert sich der Betrachter, sei er Forscher oder Künstler, dem Objekt, beurteilt es und macht es sich innerlich zu eigen."[41]

Als dritte Stufe bezeichnet Goethe den *Stil*, von dem es heißt, er ruht

> „auf den tiefsten Grundfesten der Erkenntnis, auf dem Wesen der Dinge."[42]

---

[39] Jutta von Selm, *Erfahrung und Theorie bei Goethe: der „erste" und der „reine" Eindruck. Von den italienischen Erfahrungen zu den Theorien in Natur und Kunst.* A.a.O. S.130
[40] HA 12, 30-34; Erstveröffentlichung 1789 in *Teutscher Merkur*
[41] Jutta von Selm S.132
[42] HA 12, 32

Jutta von Selm erläutert:

> „Durch das vielfache und genaue Nachschaffen und durch des Künstlers innere Annäherung hat sich der Gegenstand praktisch für einen Blick in sein Inneres geöffnet. Der Künstler kann jetzt zu einer vollständigen Sicht des Gegenstandes kommen, die der Erkenntnis des 'reinen Phänomens' entspricht."[43]

Wie Goethe für den Fortschritt des wissenschaftlichen Erkennens die Schrittfolge von *empirisches Phänomen, wissenschaftliches Phänomen* und *reines Phänomen*[44] darlegt, so entwickelt er für den Fortgang des künstlerischen Schaffens die Folge: *Nachahmung, Manier und Stil*[45]. Die Entsprechungen dieser beiden Prozesse sind von Jutta von Selm herausgearbeitet worden. Durch diesen Vergleich wird die Nähe von künstlerischem und wissenschaftlichem Verfahren bei Goethe deutlich und es zeigt sich, daß der Wissenschaftler eine ähnliche Schulung seines Beobachtens und Denkens vorzunehmen hat wie beispielsweise der Musiker des Hörens und des Spielens eines Instrumentes.[46] Der Wissenschaftler übt die ideellen Gehalte der Gegenstände seines Forschens regelrecht ein.

---

[43] Jutta von Selm S.133
[44] Vgl. das zuvor besprochene *Apercu*; FA 25, 125f
[45] Vgl. den gleichnamigen Aufsatz; HA 11, 30-34
[46] In einem Musikstudium an einer Hochschule zählt zum Unterrichtsprogramm die *Gehörbildung* bzw. *Hörerziehung*. Innerhalb dieses Faches werden u.a. Rhythmussequenzen geklopft, die der Student in Notenschrift übertragen soll und umgekehrt sollen Studenten einen notierten Rhythmus in Klopffolgen wiedergeben. Des weiteren müssen gehörte Tonfolgen, Akkorde und Kadenzen aus ein- und mehrstimmigen Musikstücken in Notenschrift übertragen werden. Dadurch wird eine Schulung des Hörens vorgenommen. Man darf nicht unterschätzen, daß Goethe eine solche Schulung seiner sinnlichen Aufmerksamkeit sehr häufig und bewußt unternommen hat. Allein schon durch das zeichnerische Erfassen beispielsweise einer Pflanze wird ein viel deutlicheres Bewußtsein der Form gebildet, als es das bloße Hinschauen oder im heutigen Fall eine photographische Wiedergabe leisten können. Es geht beim Zeichnen also nicht um ein bloß ästhetisches Bedürfnis, sondern um eine bewußtseinsmethodische Unterstützung.

IV.3.1. Kausalität

In dem Aufsatz *Das reine Phänomen*[47] bemerkt Goethe zum Schluß, nachdem er die letzte Stufe des Erkennens beschrieben hat:

> „Hier wäre wenn der Mensch sich zu bescheiden wüßte vielleicht das letzte Ziel unserer Kräfte. Denn hier wird nicht nach Ursachen gefragt, sondern nach Bedingungen unter welchen die Phänomene erscheinen, es wird ihre konsequente Folge, ihr ewiges Wiederkehren unter tausenderlei Umständen, ihre Einerleiheit und Veränderlichkeit angeschaut und angenommen, ihre Bestimmtheit anerkannt und durch den menschlichen Geist bestimmt."[48]

Das Motiv der Bescheidenheit hat schon an früherer Stelle Erwähnung gefunden.[49] Es ist wesentlich, daß die Form der Bescheidenheit, die Goethe anspricht, sich auf die Erfahrung bezieht. Es ist demnach eine wissenschaftsmethodische Bescheidenheit gemeint, die dogmatische Erklärungsmodelle abweist. Hinzu kommt die Ablehnung von Kausalerklärungen. Diese Ablehnung ist ebenfalls ein wesentliches Merkmal von Goethes Forschung. In den *Gesprächen mit Eckermann* heißt es analog zu der zitierten Passage:

> „Die Frage nach dem Zweck, die Frage Warum? ist durchaus nicht wissenschaftlich. Etwas weiter aber kommt man mit der Frage Wie? [...]"[50]

Die Frage nach dem *Warum*, nach dem Grund einer Erscheinung verläßt das Gegebene und sucht eine Erklärung außerhalb desselben. In dem Zitat spielt das Problem der Kausalitätserklärung in die bekannte Teleologiediskussion hinein. In dieser Frage hat sich Goethe sehr eindeutig auf Kant bezogen. In dem Aufsatz *Einwirkung der neueren Philosophie* schreibt Goethe:

> „Nun aber kam die *Kritik der Urteilskraft* mir zuhanden [...] Hier sah ich meine disparatesten Beschäftigungen nebeneinandergestellt, Kunst- und Naturerzeugnisse eins behandelt wie das andere, ästhetische und teleologische Urteilskraft erleuchteten sich wechselweise. [...] das innere Leben der Kunst so wie der Natur, ihr bei-

---

[47] Die Betitelung erfolgte durch die Herausgeber und nicht durch Goethe.
[48] FA 25, 126
[49] Vgl. S.59f
[50] Gespräch vom 20.2.1831; Biedermann 4, 333

derseitiges Wirken von innen heraus war im Buche deutlich ausgesprochen. Die Erzeugnisse dieser zwei unendlichen Welten sollten um ihrer selbst willen da sein und, was neben einander stand, wohl *für* einander, aber nicht absichtlich *wegen* einander. [...] Meine Abneigung gegen Endursachen war nun geregelt und gerechtfertigt; ich konnte deutlich Zweck und Wirkung unterscheiden, ich begriff auch, warum der Menschenverstand beides oft verwechselt."[51]

Die Verwechslung zwischen Wirkung und Zweck erläutert Goethe in dem schon angeführten Gespräch mit Eckermann an einem Beispiel:

„Solche Nützlichkeitslehrer sagen wohl: der Ochse habe Hörner, um sich damit zu wehren. Nun frage ich aber: warum hat das Schaf keine? und, wenn es welche hat, warum sind sie ihm um die Ohren gewickelt, so daß sie ihm zu nichts dienen? Etwas anderes aber ist es, wenn ich sage: der Ochse wehrt sich mit seinen Hörnern, weil er sie hat."[52]

Eines ist es also zu sagen, der Ochse habe Hörner, *um* sich zu wehren. Ein anderes ist es zu sagen: *Weil* der Ochse Hörner hat, kann er sich mit ihnen wehren. Im ersten Fall wird die Existenz der Hörner mit einem ihnen unterlegten Zweck begründet. Im zweiten Fall ist das Sich-Wehren-Können eine Wirkung der Existenz der Hörner. Diese Existenz wird in ihrem So-Sein akzeptiert. Hierin liegt Goethes Würdigung von Kants Gleichbehandlung von Natur und Kunst. Beide sind um ihrer selbst willen da und dienen nicht etwas anderem (Zweck) bzw. gehen nicht aus etwas anderem hervor (Kausalität). An Zelter schreibt Goethe:

„[...] es ist ein grenzenloses Verdienst unsres alten Kant um die Welt, und ich darf auch sagen um mich, daß er, in seiner *Kritik der Urteilskraft*, Kunst und Natur kräftig nebeneinander stellt und beiden das Recht zugesteht: aus großen Prinzipien zwecklos zu handeln."[53]

Goethe hat die Stellen in Kants Schrift, die sich hierauf beziehen, ausführlich unterstrichen. Es heißt bei Kant:

---

[51] HA 13, 27f
[52] Gespräch vom 20.2. 1831; Biedermann 4, 333
[53] Brief vom 29.1.1830; HA Br. 4, 370

IV. Idee und Erfahrung

„Ein Ding existiert als Naturzweck, wenn es von sich selbst Ursache und Wirkung ist."[54]

Kant diskutiert diese Frage weiter, indem er eben keine äußere, sondern eine den Naturdingen einwohnende *innere* Kausalität erläutert:

> „Soll aber ein Ding, als Naturproduct, in sich selbst und seiner inneren Möglichkeit doch eine Beziehung auf Zwecke enthalten, d.i. nur als Naturzweck und ohne die Causalität der Begriffe von vernünftigen Wesen ausser ihm möglich seyn, /so wird zweytens dazu erfordert: daß die Theile desselben sich dadurch zur Einheit eines Ganzen verbinden, <u>daß sie voneinander wechselseitig Ursache und Wirkung ihrer Form sind</u>;/ denn auf solche Weise ist es allein möglich, daß umgekehrt (wechselseitig) die Idee des Ganzen wiederum die Form und Verbindung der Teile bestimme; [...]"[55]

Die innere Kausalität bezieht sich auf das Verhältnis von Teilen und Ganzes und auf eine Betrachtung der Form. Dieser Gedanke mußte Goethe sehr entgegenkommen. Ähnlich schreibt Kant weiter:

> „Zu einem Körper also, der an sich und seiner inneren Möglichkeit nach als Naturzweck beurteilt werden soll, wird erfordert, daß die Theile desselben einander insgesamt <u>ihrer Form sowohl als Verbindung nach, wechselseitig und so ein Ganzes</u> aus <u>eigener Causalität hervorbringen</u>, [...]"[56]

Der Begriff der *eigenen Causalität* ist von Goethe doppelt unterstrichen worden. Diese Auffassung gibt ihm die Berechtigung, den Grund einer Naturerscheinung in ihr selbst aufzusuchen und nicht außerhalb ihrer hypothetisch anzunehmen. Denn Goethes strenge Abweisung der äußeren Kausal- bzw. Zweckerklärung hängt mit dem schon erläuterten wissenschaftsmethodischen Prinzip zusammen. Mit einer äußeren Kausalerklärung wird ein selbst nicht erscheinender Grund eines Phänomens gesucht. Im Organischen liegen aber stets Bedingungsverhältnisse vor. Erde, Feuchte, Luft und Licht sind Bedingungen, nicht Ursachen des Pflanzenwachstums. Dieses

---

[54] KdU 318; Diese Stelle ist von Goethe mit einem doppelten Randstrich versehen worden. Vgl. Géza von Molnár, A.a.O. S.326

[55] KdU 321; Die Schrägstriche markieren die Passage, die von Goethe zusätzlich zu der angeführten Unterstreichung mit einem Randstrich versehen worden ist. Vgl. Géza von Molnár a.a.O. S.329

[56] KdU 321; Vgl. Géza von Molnár a.a.O. S.329

ist unter den entsprechenden Bedingungen Ursache seiner selbst.[57] Ebenso ist es mit der Zweckerklärung, die Naturerscheinungen als Mittel für etwas anderes versteht. Solche *Anthropologismen* werden in der Profanbiologie immer noch unkritisch verwendet. Kausal- wie Zweckerklärungen sind Hypothesen, die allein durch den Betrachter, nicht durch die Erscheinung selbst veranlaßt werden. Demgegenüber sucht Goethe den Grund der Erscheinung in dieser selbst:

> „Der denkende Mensch irrt besonders, wenn er sich nach Ursach und Wirkung erkundigt; sie beyde machen zusammen das untheilbare Phänomen."[58]

Und an anderer Stelle:

> „Man suche nur nichts hinter den Phänomenen; sie selbst sind die Lehre."[59]

Im § 80 der *Kritik der Urteilskraft* schlägt Kant selbst – zusammen mit der Abweisung von äußeren Kausal- und Zweckerklärungen – eine angemessene Methode der Naturbetrachtung vor. Diese Passage, die beinahe als eine Beschreibung von Goethes morphologischer Betrachtungsart gelten kann, ist von diesem mit ungewöhnlich vielen, zum Teil doppelten und dreifachen Randstrichen versehen worden:

> „Es ist rühmlich, vermittelst einer comparativen Ana/tomie die große Schöpfung organisirter Naturen durchzugehen, um zu sehen: ob sich daraus nicht etwas einem System ähnliches, und zwar dem Erzeugungsprinzip nach, vorfinde, ohne daß wir nöthig haben, beym bloßen Beurteilungsprincip (welches für die Einsicht

---

[57] Vgl. hierzu Ronald H. Brady, der darlegt, Goethe „[...] made it abundantly clear that its use [morphologische Begriffsbildung] did not imply either a *vital force* or a *purpose* in nature, [...]" (*Form and Cause in Goethe's Morphology*. A.a.O. S.288) *Vital force* wird von Brady beschrieben als eine Kraft, die von den Objekten, auf die sie sich wendet, separiert ist. Dann erklärt er: „The objects of a separable force are not made, but simple moved, by the force." (ebenda) Bezogen auf den Goetheschen Lebensbegriff erläutert er wie folgt: „Life had no goal or purpose except itself, and to suggest otherwise was to force the phenomena into a preconceived mold." (ebenda S.289)
[58] MuR; FA 13, 233
[59] MuR ; FA 13, 49

ihrer ///Erzeugung keinen Aufschlus giebt) stehen zu bleiben und muthlos allen Anspruch auf *Natureinsicht* in die//sem Felde aufzugeben. Die Uebereinkunft so vieler Thiergattungen in einem gewissen gemeinsamen Schema, das nicht allein in ihrem Knochenbau, sondern auch in der Anordnung der übrigen Theile zum Grunde zu liegen scheint, wo bewunderungswürdige Einfalt des Grund-//risses durch Verkürzung einer und Verlängerung anderer, durch Einwickelung dieser und Auswickelung jener Theile, eine so große Mannigfaltigkeit von Species hat hervorbringen können, läßt einen obgleich schwachen Strahl von Hoffnung ins Gemüth fallen, daß hier wohl etwas mit dem Princip des Mechanismus der Natur, ohne die es ohnedem keine Naturwissenschaft geben kann, auszurichten seyn möchte./"[60]

Diese Weise der Betrachtung einer vergleichenden Anatomie, die auf die Formbildungsvorgänge der Naturerscheinungen eingeht, war Goethes wesentliches Anliegen. Es ist dies eine Alternative zu einer Erklärungsart, die die Erscheinungen von einem nicht im Phänomen selbst Liegenden herzuleiten sucht.

IV.4. Goethes Ideenverständnis

Auf kaum einem anderen Gebiet erweist sich Goethes Denken als so schwer zugänglich und nachzuvollziehen, als wenn es um sein Ideenverständnis geht. Goethes Aussagen übersteigen die bei ihm übliche Ambivalenz und Uneindeutigkeit bis hin zur Widersprüchlichkeit. Insbesondere sein Verhältnis zur zeitgenössischen Philosophie ist hiervon geprägt. Goethe wollte sich offensichtlich nicht festlegen. Nähe und Distanz, Spannung und Harmonie, Anerkennung und Verwerfung gegenüber den einzelnen Positionen der Philosophien seiner Zeit wechseln fortwährend ab. Zum einen sieht er Ideen in einem ontologischen Verständnis als den Schöpfungsgrund der Natur an. Zum anderen liegt für ihn auf einer epistemologischen Ebene eine Schwierigkeit darin, eine Idee zunächst als etwas anerkennen zu müssen, das im eigenen Denken erscheint, das entweder

---

[60] KdU 373f; Die eingetragenen Querstriche sind so zu verstehen, daß sie die Anzahl der von Goethe eingetragenen Randanstreichungen wiedergeben sollen. Von *Ana/tomie* bis ///*Erzeugung* ist es ein Randstrich. Von ///*Erzeugung* bis *die//sem* sind es drei Randstriche. Von *die//sem* bis *Grund//risses* sind es zwei Randstriche. Und von *Grund//risses* bis zum Ende ist es ein Randstrich. Vgl. Géza von Molnár a.a.O. S.348f.

Erfahrung oder Produkt – hierüber gibt er sich keine Rechenschaft – denkerischer Betätigung ist. Gleichzeitig aber empfindet er diese Erscheinungsform des Ideellen als problematisch, da sie ihn von der Erfahrungswelt abzieht und deren eigene Qualität zurückdrängt. Und eine Betrachtung der eigenen Gedankentätigkeit erschien ihm der eigentlich fruchtbaren, sowohl praktischen wie wissenschaftlichen, Auseinandersetzung mit der natürlichen Erscheinungswelt entgegenzustehen. In dem Aufsatz *Bedeutende Fördernis durch ein einziges geistreiches Wort* heißt es:

> „Hierbei bekenn' ich, daß mir von jeher die große und so bedeutend klingende Aufgabe: erkenne dich selbst, immer verdächtig vorkam, als eine List geheim verbündeter Priester, die den Menschen durch unerreichbare Forderungen verwirren und von der Tätigkeit gegen die Außenwelt zu einer inneren falschen Beschaulichkeit verleiten wollten."[61]

Goethes Ressentiment richtet sich gegen eine *innere falsche Beschaulichkeit*. Die unmittelbare Beschäftigung mit dem eigenen Inneren erscheint ihm ungesund. Gerade gegenüber Jacobi empfand er diese Schwierigkeit. In einem Brief an ihn schreibt er:

> „In sich selbst hineinzugehen, seinen eigenen Geist über seinen Operationen ertappen, sich ganz in sich zu verschließen, um die Gegenstände besser kennen zu lernen! Ist das wohl der rechte Weg?"[62]

Es ist für ihn nicht der rechte Weg. Auf einer mehr psychologisch-menschenkundlichen Ebene verfolgt er dieses Motiv im *Wilhelm Meister*. In der *Harfner*-Gestalt beschreibt er einen Menschen, der durch ein frühes Vergehen fortan in Betrachtung der ihm durch das Gewissen ununterbrochen vergegenwärtigten Schuld lebt, in vollständiger Abkehr von der Welt und in Teilnahmslosigkeit. Ein Arzt, der ihn betreut, versucht sein Interesse an der Welt und seine Verantwortung für sie wiederum zu wecken. Dadurch kann sein Zustand gebessert werden. Goethes eigene Haltung kommt in den von praktischem Weltinteresse zeugenden Äußerungen des Arztes zum Ausdruck. Auf philosophischer Ebene bezieht Goethe die gleiche Position. Die Operationen des eigenen Geistes, die in der Erkenntnis der Welt wirksam und erfahrbar sind, wie sollen sie in Abwendung von der Welt erfaßt werden können? Es scheint, als empfände

---

[61] HA 13, 38
[62] Brief vom 9.9.1793; HA Br. 2, 172

IV. Idee und Erfahrung

Goethe ein Stocken der eigenen Erkenntnisbewegung, wenn ihm der äußere Anstoß fehlt. Dieses Erlebnis läßt ihn mit einem gewissen Impetus auf jede nach innen gerichtete Betrachtung antworten.

> „Wie hast du's denn so weit gebracht?
> Sie sagen, du habest es gut vollbracht!
> Mein Kind! ich hab'es klug gemacht,
> Ich habe nie über das Denken gedacht."[63]

Dies ist eine deutliche Spitze gegen den Idealismus, wohl vor allem gegen Fichte. Denn das Anliegen Fichtes und Schellings, die Möglichkeit und Wirklichkeit einer *intellektuellen Anschauung* zu erweisen, wurde von Goethe als Abweg empfunden. Peter Eichhorn erläutert hierzu:

> „Fichtes Verkürzung des Seins auf die Struktur eines Bewußtseins, auf dessen alleinige Bestimmung sich sein ganzes Denken richtet, enthält nicht mehr in derselben Weise den von Kant ausgearbeiteten *empirischen* Bezug hinsichtlich der sinnlichen Erfahrung als der Affizierung des Bewußtseins durch die gegenständliche Welt. Selbst die Setzung des Bewußtseins als 'Tathandlung der Ich-Setzung' ist kein empirischer Vorgang, wie auch alle darauf gegründeten Bewußtseinsprozesse nur der Selbsterkenntnis dieses Bewußtseins und nicht dem Leben dienen, das als ein Nicht-Erkennbares zunächst die Befangenheit des Bewußtseins darstellt, aus der es mittels der Transzendentalphilosophie herauszugehen gelte."[64]

In dieser Hinsicht betont Eichhorn, daß Fichte über Kant hinausgeht, indem er ihn *radikalisiert* und jeden empirischen Bezug des Bewußtseins aufhebt. Er führt einen Brief Schillers an, in dem dieser Aspekt hervorgehoben wird:

> „Nach den mündlichen Äußerungen Fichtes [...] ist das Ich auch durch seine Vorstellung erschaffend, und alle Realität ist nur in dem Ich. Die Welt ist ihm nur ein Ball, den das Ich geworfen hat und den es bei der Reflexion wieder fängt!"[65]

Diese Auffassung, die von Goethe geteilt wird, geht demnach davon aus – ob zu Recht oder Unrecht sei dahingestellt –, daß innerhalb der Fichteschen Philosophie das Bewußtsein nicht über seine

---

[63] HA 1, 329
[64] Peter Eichhorn a.a.O. S.232
[65] Brief vom 28.10.1794; Briefw. S.30f

Grenzen hinaustreten kann. Thomas Zabka weist in einer Untersuchung zu Goethes *Faust II* nach, daß Goethes gespanntes Verhältnis zu den *Romantikern* in ähnlicher Weise von seiner Abneigung gegen die Bezogenheit des Bewußtseins auf sich selbst herrührt. Es heißt bei Zabka:

> „In der Tatsache, daß die Romantiker von der intellektuellen Anschauung ausgingen [...] sieht Goethe eine Ablösung von der Erfahrung. Das Denken über das Denken gilt ihm als eine philosophische Schwärmerei, die dem Weltbezug hinderlich ist, indem sie auf ihn reflektiert. [...] Goethe sieht im romantischen Denken [...] den idealistischen Versuch, losgelöst von der Erfahrung durch die Selbstbetrachtung des Subjekts zur höchsten formenden Einheit zu gelangen."[66]

Gegenüber Schelling ist Goethes Urteil gemäßigter. Dessen Naturphilosophie, die ein geistiges, dem transzendentalen Ich adäquates Wirken in der Natur annimmt, steht Goethe näher.[67] Er schreibt in einem Brief an Schiller:

> „Mit Schelling habe ich einen sehr guten Abend zugebracht. Die große Klarheit, bei der großen Tiefe, ist immer sehr erfreulich. Ich würde ihn öfters sehen, wenn ich nicht noch auf poetische Momente hoffte, und die Philosophie zerstört bei mir die Poesie und das wohl deshalb, weil sie mich ins Objekt treibt. Indem ich mich nie rein spekulativ erhalten kann, sondern gleich zu jedem Satze eine Anschauung suchen muß und deshalb gleich in die Natur hinaus fliehe."[68]

Goethe meidet die Philosophie Schellings, weil er sich in der Spekulation, d.h. in einem Denken ohne Anschauung, nicht frei bewegen kann. Am deutlichsten wird dies in Schillers Antwortbrief dargelegt:

---

[66] Thomas Zabka, *Faust II. Das Klassische und das Romantische. Goethes „Eingriff in die neueste Literatur"*. A.a.O. S.144
[67] Vgl. hierzu Hans-Georg Gadamer: „Was Goethe so von Fichte trennt, eben das verbindet ihn aber mit den späteren idealistischen Denkern, denn eben dies ist der Einsatzpunkt der von Schelling und Hegel entwickelten Philosophie und der Punkt ihrer härtesten Differenz mit Fichte: Das Wesen der Natur als mit dem des Geistes und des freien Selbstbewußtseins einig zu begreifen." (A.a.O. S.24)
[68] Brief vom 19.2.1802; Briefw. S.751

IV. Idee und Erfahrung

„Es ist eine sehr interessante Erscheinung, wie sich Ihre anschauende Natur mit der Philosophie so gut verträgt und immer dadurch belebt und gestärkt wird; ob sich, umgekehrt, die spekulative Natur unseres Freundes [Schelling] ebensoviel aneignen wird, zweifle ich, und das liegt schon in der Sache. Denn sie nehmen sich von seinen Ideen nur das, was ihren Anschauungen zusagt, und das übrige beunruhigt sie nicht, da ihnen am Ende doch das Objekt als eine festere Autorität dasteht als die Spekulation, solange diese mit jenem nicht zusammentrifft. Den Philosophen aber muß jede Anschauung, die er nicht unterbringen kann, sehr inkommodieren, weil er an seine Ideen eine absolute Forderung macht [...]"[69]

Interessanterweise findet gerade diese Kritik an der idealistischen Philosophie die Würdigung von Gadamer:

„Im Sinne der Antike ist auch er [Goethe] Philosoph und ist dem Ursprung näher als seine großen philosophischen Zeitgenossen. Denn er teilt nicht den Glauben seines Zeitalters an die Autonomie der Vernunft – er sieht ihre menschliche Bedingtheit. Entscheidend aber ist, daß er diese Bedingtheit nicht als eine Schranke der Wahrheit, sondern als den menschlichen Weg zur Weisheit begreift."[70]

Es ist demnach gerade der Erfahrungsbezug und das Sich-Einlassen auf die Bedingtheit der Erfahrung, die nach Gadamers Auffassung Goethes philosophische Dignität gewährleistet. Hierbei muß aber bedacht werden, daß Goethes Zurückhaltung gegenüber der Transzendentalphilosophie vielfach nicht philosophisch reflektiert, sondern eher psychologisch motiviert ist. Goethe hat eine entschiedene Abneigung gegen eine Selbstbetrachtung des Denkens, gegen ein Ergreifen des Ideellen im eigenen Denken. Diese Einseitigkeit Goethes wurde früh von Rudolf Steiner hervorgehoben:

„Eben weil Goethes Denken stets mit den Gegenständen der Anschauung erfüllt war, weil sein Denken ein Anschauen, sein Anschauen ein Denken war: deshalb konnte er nicht dazu kommen, das Denken selbst zum Gegenstande des Denkens zu machen. Die Idee der Freiheit gewinnt man aber nur durch die Anschauung des Denkens. Den Unterschied zwischen Denken über das Denken und Anschauung des Denkens hat Goethe nicht gemacht."[71]

---

[69] Brief vom 20.2.1802; Briefw. S.753
[70] Gadamer a.a.O. S.32
[71] Rudolf Steiner, *Goethes Weltanschauung*. A.a.O. S.67. Vgl. hierzu auch die Erläuterung von Christa Lichtenstern, *Die Wirkungsgeschichte der*

Goethes Einschränkung liegt nach Steiner darin begründet, daß er wegen der intensiven Beschäftigung mit der Erfahrungswelt, wegen seiner Priorisierung der Anschauung diesen Bereich seiner Aufmerksamkeit nicht verlassen hat und jedes Verlassen als bloß theoretisch beurteilte, ohne zu bemerken, daß der Möglichkeit nach – und gerade darum ging es ja Fichte und Schelling – auch eine Anschauung des Denkens existiert.

Neben diese Abkehr Goethes von der Selbstbetrachtung des Denkens, neben seine Abneigung gegen die Selbsterkenntnis tritt noch ein weiteres Element, welches für Goethes Verhältnis zum Ideellen, für sein Ideenverständnis, wesentlich ist. Goethe war der Überzeugung, daß eine Idee, etwas Ideelles, nicht unmittelbar durch das Denken ergriffen werden kann.

> „Das Wahre ist gottähnlich: es erscheint nicht unmittelbar, wir müssen es aus seinen Manifestationen erraten."[72]

Das ist Goethes Grundüberzeugung. Die Idee kann nicht unmittelbar angeblickt werden. Sie entzieht sich der direkten Erkenntnis. Der Grund mag für Goethe darin liegen, daß unsere Erkenntnis immer nur durch die Gegenüberstellung mit ihrem Objekt zustande kommt. Der direkten Gegenüberstellung mit der Idee aber fühlt sich Goethe nicht gewachsen. Er hegt eine Scheu vor der unvermittelten Übermacht der Idee. Dies findet einen dramatischen Ausdruck in der Erdgeistszene des *Faust*. Faust spricht zu dem herbeigerufenen Geist:

> „Weh! ich ertrag' dich nicht."[73]

Und ähnlich ergeht es ihm als Mephistopheles von den *Müttern* spricht:

> „Faust schaudernd:
> 'Den Müttern! Trifft's mich immer wie ein Schlag!
> Was ist das Wort, das ich nicht hören mag."[74]

Die Idee in ihrer unmittelbaren Wirksamkeit ist für Goethe nicht zu ertragen. Für die Philosophen seiner Zeit scheint sich dies an-

---

Metamorphosenlehre Goethes. Insbesondere das Kapitel: *Exkurs: Zur philosophischen Verständigung mit Goethes Metamorphose*. A.a.O. S.11-25

[72] MuR; HA 12, 366
[73] Faust I, Vers 485; HA 3, 23
[74] Faust II, Vers 6265f ; HA 3, 193

ders zu verhalten. Nach Goethes Auffassung sehen diese nicht die Wirksamkeit der Idee in der Natur, sie sehen nicht ihre unerschöpfliche Gestaltungsmacht, sondern haben nur eine dem Denken zugängliche blasse Form der Idee, die sehr wohl von ihnen auch unmittelbar angeblickt werden kann. Goethe sieht die Idee als ein schöpferisches Gestaltungsprinzip, welches die Welterscheinungen wirkensmächtig durchdringt. Sie ist eine göttliche Macht, die nicht *unmittelbar*, sondern nur *mittelbar*, da wo sie wirkend ist, in den Erscheinungen der Natur als göttliche Offenbarung erfaßt werden kann. Goethes naturwissenschaftliche Forschungen geben einen vielgestaltigen Ausdruck von dieser Anschauung. Am klarsten tritt sie wohl in der *Farbenlehre* hervor. Im Vorwort äußert er in Bezug auf das Licht:

> „Denn eigentlich unternehmen wir umsonst, das Wesen eines Dinges auszudrücken. Wirkungen werden wir gewahr, und eine vollständige Geschichte dieser Wirkungen umfaßte wohl allenfalls das Wesen jenes Dinges."[75]

Wie die Idee kann auch das Licht nicht unmittelbar erkannt werden. Es ist nur in seinen Wirkungen faßbar. Die Wirkungen des Lichtes sind die Farben.

> „Die Farben sind Taten des Lichtes, Taten und Leiden. In diesem Sinne können wir von denselben Aufschlüsse über das Licht erwarten."[76]

Der Grund, der Goethes Distanz zur idealistischen Philosophie – wie er sie verstand – veranlaßt, ist derselbe, der ihn, weil es in sein eigenes Forschungsgebiet fällt, mit gesteigerter Vehemenz gegen Newton auftreten läßt. Sowenig er den Idealisten folgen kann, wenn sie aus der einseitigen Blickrichtung nach innen, aus der bloßen Auffassung des Ideellen die Rätsel des Menschen und der Welt zu lösen versuchen, sowenig kann er das Verfahren Newtons gutheißen, durch die Zerlegung des Lichtes die Farben erklären zu wollen. Die Farben sind Wirkungen des Lichtes, nicht dieses selbst, wie das Leben des Menschen und der natürlichen Welt Wirkungen der Idee sind, die *Taten* und *Leiden* der Idee.[77]

---

[75] HA 13, 315
[76] ebenda
[77] Daß die *Idee* nicht nur eine *aktive* Gestaltungskraft ist, sondern zugleich – was durch den Begriff des *Leidens* nahegelegt wird – eine *passive* Rolle einnimmt, indem sie, wie das *Licht* von der *Trübe*, vom Stoff oder der

„Am farbigen Abglanz haben wir das Leben."[78]

In diesem Satz des Faust, dem die übermächtige Erfahrung der Blendung durch die Sonne vorangeht, kommt ein weiterer entscheidender Zug von Goethes Ideenverständnis zum Ausdruck.

IV.4.1. Goethes Antiplatonismus

Goethes Ideenverständnis ist wesentlich von einem *antiplatonischen* Element geprägt. Platons Ideenlehre[79] nimmt eine unabhängig von der sinnlichen Realität existierende transzendente Ideenwelt an. Die Seele des Menschen partizipiert an dieser Ideenwelt vor der Geburt. Mit der Geburt verliert der Mensch das Bewußtsein dieser ideellen Urbilder. In der sinnlichen Erscheinungswelt hat er es lediglich mit Abbildern zu tun. Platon entwickelt einen Schulungsweg, der einen Aufstieg von den Abbildern zurück zu den Urbildern bedeutet. Hierin liegt nach Platon der Sinn von Philosophie. Wesentlich für diese Auffassung ist demnach zum einen die Trennung von Empirie und Ideenwelt, und zum anderen, daß die empirische Erscheinungswelt qualitativ zweitrangig ist gegenüber der Ideenwelt. Sie ist minderwertig, insofern sie lediglich ihr Abbild ist. Hermann Schmitz erläutert wie folgt:

> „Allen Platonikern ist in irgendeiner Weise die Anerkennung der Existenz zweier Welten, einer empirischen und einer darüber sich erhebenden idealen, eigen, so daß wir diese Überzeugung zu einer der möglichen Definitionen des Platonismus wählen können."[80]

Dann fügt er an, daß bei Goethe eine solche Vorstellung fehle[81]. Goethe konnte die strenge Sonderung in eine ideelle und empirische Realität nicht teilen, vielmehr nahm er ein immanentes Wirken der Ideen in der Natur an.[82] Noch weniger konnte er die Erschei-

---

Materie geformt wird, ist eines der Hauptmerkmale des Goetheschen Ideenverständnisses. Insbesondere im Zusammenhang mit der Metamorphosenlehre wird dieser Aspekt noch näher verdeutlicht.
[78] Faust II, Vers 4247; HA 3, 149
[79] Vgl. für die nachfolgenden Erläuterungen insbesondere die platonischen Dialoge *Phaidros* und *Phaidon*.
[80] Hermann Schmitz a.a.O. S.63
[81] ebenda
[82] Hermann Schmitz spricht von einer „Transzendenz *in* der Immanenz" (a.a.O. S.47)

IV. Idee und Erfahrung 153

nungswelt gegenüber den Ideen als qualitativ minderwertig beurteilen. Im Gegenteil – dies ist eines der wesentlichsten Merkmale von Goethes philosophischer Überzeugung – er erblickte einen qualitativen Zugewinn in dem In-Erscheinung-Treten der Ideen. Gerade dadurch, daß Ideen in Erscheinung treten, erheben sie sich qualitativ auf ein höheres Niveau.[83] Dies ist ein radikaler Unterschied zur platonisch orientierten Philosophie, deren Dualismus Max Müller wie folgt erläutert:

> „[...] der Welt des maßgebenden Wesens in ihrer ungeschichtlichen Ewigkeit steht die Welt des veränderlichen gemessenen Seienden gegenüber, und die Verwirklichung des Wesens im Seienden erscheint dann [...] mehr als eine Seinsminderung und ein Abfall von sich selbst denn als Verwirklichung."[84]

Im Goetheschen Sinne bedeutet dies gerade eine qualitative Seinssteigerung. Bezogen auf die *Farbenlehre* und die zitierte Stelle aus dem *Faust*: *Am farbigen Abglanz haben wir das Leben*, heißt dies, daß das reine Licht erst, wenn es in die Trübe eintritt, Farben bilden kann. Was in der platonischen Lichtsymbolik des Höhlengleichnisses[85] die Schattenwelt ist, das ist bei Goethe die Farberscheinung.[86] Wolfgang Schadewaldt gibt folgende Erläuterung:

> „Der Schatten ist nur [...] Raub des Lichts, die Farbe ist nicht nur Raub des Lichts: sie *bewahrt* als Schattiges in sich doch das Licht, und sie ist nicht ein rein Negatives [...] Das Regenbogenbild Goethes ist zuversichtlicher als Platons Höhlengleichnis, das nur den Blick der Gefesselten auf die Schatten kennt. Allein es ist in anderer Hinsicht auch wieder resignierender. Denn während Platon den

---

[83] Peter Eichhorn spricht in diesem Zusammenhang von einem *Zuwachs an Seinsfülle* (a.a.O. S.78), was unter dem gleichen Gesichtspunkt eine mehr quantitative Betonung ist.

[84] Max Müller, *Existenzphilosophie im geistigen Leben der Gegenwart*. A.a.O. S.20

[85] Siehe den Dialog *Politeia*

[86] Vgl. Hermann Schmitz: „In der Farbenlehre aber zeigt seine Behandlung des Lichtes eine ganz andere Tendenz als die platonische, dem Licht in seiner Reinheit und der Sonne als dessen Quelle einen höheren Rang zuzugestehen, als den beleuchteten Gegenständen. Vielmehr spricht er von der 'bedeutungslosen Gegenwart' des Lichtes, das erst in den Farben 'spezifisch, charakteristisch, bedeutend' werde." (A.a.O. S.64) Vgl. ferner Ernst Cassirer, *Goethe und Platon*. A.a.O. insbesondere S.128ff

Hinaufweg der Befreiung bis zur Schau der Sonne kennt, hat Goethe diese philosophische Gewöhnung, die Erziehung durch Philosophie zum Philosophen, nicht im Blick."[87]

Diese Darlegung ist einerseits treffend, zeugt aber zum anderen von einer eher platonischen Grundeinstellung Schadewaldts, die Goethe nicht ganz gerecht werden kann. Richtigstellend im Sinne Goethes muß gesagt werden, daß 1. die Farbe das Licht nicht nur *bewahrt*, sondern steigert, daß 2. die Farbe nicht nur kein *rein Negatives*, sondern etwas Positives ist und daß 3. Goethes Farbenlehre unter philosophischer Perspektive nicht resignierend ist, sondern zuversichtlich, da sie die *Vermittlung von Subjekt und Objekt* durch die Erkenntnis der Erfahrungswelt im Blick hat.

Um sich einen deutlicheren Begriff von der Art des qualitativen Zugewinns, den Goethes *Ideenlehre* beinhaltet, zu bilden, ist folgender Gedankengang hilfreich. Auch bei den idealistischen Philosophen (Fichte, Schelling und Hegel) wird die Natur als eine Offenbarung des Göttlich-Ideellen gesehen. Die Natur wird als ein Organ, als eine *Sprache* des Göttlichen begriffen. Dies ist bei Goethe ähnlich, wenngleich er noch weitergeht und dieses *Göttliche* durch naturwissenschaftliche Forschung zu begreifen sucht. Aber es besteht ein grundlegender Unterschied zu einer *idealistischen* Sichtweise. Beide Positionen blicken auf eine Manifestation des Gesetzlichen in der Natur. Hierbei wird aber aus idealistischer Sicht primär der Inhalt und bei Goethe der Prozess hervorgehoben. Man könnte sagen: Zum einen wird darauf geblickt, daß sich ein *Gesetzliches* manifestiert und zum anderen, daß sich ein Gesetzliches *manifestiert*. Goethe begreift das Gesetzliche oder die Idee nicht als etwas Statisches (was eine idealistische Sichtweise auch nicht tun würde), sondern er geht davon aus, daß das Ideelle in der Natur eine neue Seinsform gewinnt, daß es sich in und durch die Natur weiter entwickelt und zwar entwickelt nicht als dialektischer Prozess, der von vornherein darauf angelegt ist, zu seinem Ursprung zurückzukehren, sondern als *offener* Entwicklungsfortschritt. Der Unterschied scheint zunächst nicht sehr gravierend zu sein. Die Tragweite wird aber deutlicher, wenn man sich vergegenwärtigt, wie groß der Unterschied ist, wenn zum Beispiel ein Maler oder Musiker etwas auszudrücken sucht oder wenn er es sich nur denkt. Man kann auch auf die Entwicklung des Kindes blicken, das Sprechen lernt. Es ist nicht das gleiche Wesen, das dann in der Sprache nach außen tritt, sondern es ergreift und begreift sich in der Spra-

---

[87] Wolfgang Schadewaldt, *Goethes Begriff der Realität*. A.a.O. S.79

IV. Idee und Erfahrung

che neu. Es verwandelt sich. Es erfährt eine Steigerung seines Wesens in dem Nach-Außen-Treten.[88]

Am differenziertesten tritt Goethes Stellung zu einer *idealistischen* Philosophie[89] in einem Brief an Zelter von 1805 hervor. Goethe hatte sich in dieser Zeit mit Plotin beschäftigt. Er übersetzte einen Teil aus dessen *Enneaden*. Er kritisiert in dem Brief einzelne Positionen des von ihm übersetzten Textes. Die Briefstelle lautet:

„Man kann den Idealisten alter und neuer Zeit nicht verargen, wenn sie so lebhaft auf Beherzigung des Einen dringen, woher alles entspringt und worauf alles wieder zurückzuführen wäre. Denn freylich ist das belebende und ordnende Prinzip in der Erscheinung dergestalt bedrängt, daß es sich kaum zu retten weiß. Allein wir verkürzen uns an der anderen Seite wieder, wenn wir das Formende und die höhere Form selbst in eine vor unsern äußern und innern Sinn verschwindende Einheit zurückdrängen.

Wir Menschen sind auf Ausdehnung und Bewegung angewiesen; diese beyden allgemeinen Formen sind es, in welchen sich alle übrigen Formen, besonders die sinnlichen offenbaren. Eine geistige

---

[88] Eine aufschlußreiche Erläuterung dieses Gedankens findet sich bei Rudolf Steiner, der bezogen auf Spinoza Folgendes ausführt: „Die Dinge sollen so erkannt werden, daß wir in ihrem Wesen einige Attribute Gottes erkennen. Der Gott Spinozas ist der Ideengehalt der Welt, das treibende, alles stützende und tragende Prinzip. Man kann sich nun dieses entweder so vorstellen, daß man es als selbständiges, für sich abgesondert von den endlichen Wesen existierendes Wesen voraussetzt, welches diese endlichen Dinge neben sich hat, sie beherrscht und in Wechselwirkung versetzt. Oder aber, man stellt sich sich dieses Wesen als aufgegangen in den endlichen Dingen vor, so daß es nicht mehr über und neben ihnen, sondern nur mehr in ihnen existiert. Diese Ansicht leugnet jenes Urprinzip keineswegs, sie erkennt es vollkommen an, nur betrachtet sie es als *ausgegossen* in der Welt. Die erste Ansicht betrachtet die endliche Welt als Offenbarung des Unendlichen, aber dieses Unendliche bleibt in seinem Wesen erhalten, es vergibt sich nichts. Es geht nicht aus sich heraus, es bleibt, was es vor seiner Offenbarung war. Die zweite Ansicht sieht die endliche Welt ebenso als eine Offenbarung des Unendlichen an, nur nimmt sie an, daß dieses Unendliche in seinem Offenbarwerden ganz aus sich herausgegangen ist, sich selbst, sein eigenes Wesen und Leben in seine Schöpfung gelegt hat, so daß es nur mehr in *dieser* existiert." (*Goethes naturwissenschaftliche Schriften*. A.a.O. S.56)

[89] *Idealistische* Philosophie meint hier im Sinne Goethes die Überzeugung, daß es eine vom sinnlichen Sein unabhängige, diese erste begründende Ideenwelt gibt.

> Form wird aber keineswegs verkürzt, wenn sie in der Erscheinung hervortritt, vorausgesetzt, daß ihr Hervortreten eine wahre Zeugung, eine wahre Fortpflanzung sey. Das Gezeugte ist nicht geringer als das Zeugende, ja es ist der Vorteil lebendiger Zeugung, daß das Gezeugte vortrefflicher seyn kann als das Zeugende."[90]

Es ist das Verdienst von Hermann Schmitz, diese Stelle ausgewählt und für die Frage nach Goethes Stellung zum Platonismus bzw. zu Plotin ausführlich untersucht zu haben. Was sind die wesentlichen Aussagen dieser Textstelle? Zunächst bezieht sich Goethe auf die *Idealisten alter und neuer Zeit*. Deren Hauptmerkmal – wie von Goethe konstatiert wird – ist es, auf einen metaphysischen Grund zu blicken, aus dem die natürliche Schöpfung hervorgeht und auf den sie zurückgeführt werden kann. Dieser Grund wird als das *Eine* angesprochen. Goethe gesteht zu, daß dieses *Eine* in der Erscheinung *bedrängt* wird. Diese *Bedrängnis* kann zweifach verstanden werden: ontologisch und epistemologisch. Hermann Schmitz hat den ontologischen Aussagegehalt untersucht. Hierauf soll später eingegangen werden. Wichtig ist, daß die *Bedrängnis* der Idee in der Erscheinung auch epistemologisch zu verstehen ist, d.h. daß das *Eine* sich dem Erkennenden in der Erscheinung bedrängt *zeigt*. Dieser muß dann im Verfolg der wissenschaftlichen Untersuchung – wie bereits entwickelt worden ist – das Zufällige der Erscheinungsform vom Notwendigen unterscheiden und dadurch den ideellen Gehalt der Erscheinung freilegen. Dies ist ein epistemologisches Problem. Es ist wesentlich bei einer Analyse der Goetheschen Weltanschauung, diese beiden Ebenen, die ontologische und epistemologische, nicht zu verwischen. Goethe macht oftmals ontologische Aussagen, die eine Orientierung für seine weltanschauliche und auch philosophiegeschichtliche Position geben, die aber wissenschaftstheoretisch nur unter Vorbehalt zu sehen sind, da er sie im aktuellen Erkenntnisbemühen methodisch neutral behandelte. Man wird sicherlich bemerkenswerte Aspekte in Goethes philosophischer Ontologie finden, seine Stärke liegt aber zweifellos in der Epistemologie. In der methodischen Durchdringung und Beobachtung des Erkenntnisvorganges, der sich auf Sinneserfahrungen stützt, ist das eigentliche Feld von Goethes philosophischer Leistung zu suchen. Es zeigt sich daher, daß Goethes oftmals lapidare und ironische Haltung gegenüber ontologischen Fragestellungen, die auf eine Letztbegründung und gültige Wesenserkenntnis abzielen, davon herrührt, daß solche Fragen und Erkenntnismotive seiner Ansicht nach das Feld episte-

---

[90] Brief an Zelter 1.9.1805; MuR; FA 13, 381

IV. Idee und Erfahrung

mologischer Überschaubarkeit und Verantwortung verlassen. In dem Vorwort zur *Farbenlehre* heißt es:

> „Denn eigentlich unternehmen wir umsonst, das Wesen eines Dinges auszudrücken. Wirkungen werden wir gewahr, und eine vollständige Geschichte dieser Wirkungen umfaßte wohl allenfalls das Wesen jenes Dinges."[91]

Die vernünftige Beschränkung liegt in demjenigen, was man *gewahr* wird. Dies ist das Feld von Goethes Betätigung, denn damit ist noch keine Aussage darüber getroffen, wie die Dinge *sind*. Auf diesem Feld kann die Idee in der Erscheinung bedrängt sein durch die an früherer Stelle schon hervorgehobenen zufälligen Bedingtheiten des Erscheinens. Diese müssen dann in der wissenschaftlichen Forschung ausgesondert werden. Das ist aber in jedem Fall ein Vorgang, der innerhalb der empirischen Untersuchung stattfindet. In diesem Sinne hält Goethe es für falsch, in idealistischer Einstellung die Erscheinungswelt zu verlassen, um eine ideelle Einheit aufzusuchen. In der Briefpassage heißt es:

> „Allein wir verkürzen uns an der anderen Seite wieder, wenn wir das Formende und die höhere Form selbst in eine vor unserm äußern und innern Sinn verschwindende Einheit zurückdrängen."[92]

Ein weiterer für Goethes Denken wesentlicher Aspekt, der in dem Brief an Zelter zum Ausdruck kommt, enthält eine anthropologische Besinnung. Für Goethe gilt die schlichte, philosophisch zunächst naiv anmutende Tatsache, daß *wir Menschen auf Ausdehnung und Bewegung angewiesen sind*. Dies ist eine ontologische Aussage, die das Sein des Menschen betrifft. Jede weitere Seinsaussage, die diesem Sein keine Rechnung trägt, ist für Goethe zunächst irrelevant.[93] Goethe gibt hiermit eine ontologische Grundlage für seinen epistemologischen Ansatz.

---

[91] HA 13, 315
[92] Brief an Zelter 1.9.1805; MuR; FA 13, 381
[93] Dieser konsequente *Anthropologismus* wird von Gadamer hervorgehoben. Er schreibt: „Wenn sich Goethe von den Gewagtheiten der philosophischen Spekulation bewahrt, so folgt er damit nicht nur einem Instinkt für das seiner eigenen Art Angemessene – er sieht darin das menschlich Richtige und dem Menschen Gebotene schlechthin. Darin aber liegt, daß er einen eigenen Anspruch auf Wahrheit dem Ganzen der philosophischen Tradition und ihrem Begriff der Wahrheit entgegenstellt. In einer seltsam gelassenen Vorläuferschaft weist Goethe hier

Ein weiterer wesentlicher Gedanke, der in der Briefpassage zum Ausdruck kommt, ist derjenige der *Zeugung*. Das In-Erscheinung-Treten der Idee ist demnach nicht einfach ein Sich-Zeigen, sondern es ist ein *Sich-Verbinden* mit der sinnlichen Erscheinungswelt. Erst dadurch, wenn eine *wahre Zeugung* vorliegt, kann das In-Erscheinung-Treten der Idee ein Akt der Steigerung ihrer selbst sein. Die Zeugung ist kein autistischer Vorgang. Sie ist eine Verbindung zweier Wesensbereiche, die nach Goethes Auffassung *polar* beschaffen sind, wie z.B. Licht und Finsternis, Form und Stoff. Durch ihre Verbindung wird eine *Steigerung* möglich: *das Gezeugte kann vortrefflicher sein als das Zeugende*. Hermann Schmitz hebt in seiner Analyse, die den ontologischen Aussagegehalt der Briefstelle untersucht, hervor, daß die *Bedrängnis* der Idee in der Erscheinung und ihre mögliche *Steigerung* darin komplementäre Begriffe sind. Er schreibt:

> „Goethe verteidigt in der Plotinkritik die Fähigkeit der geistigen Form, sich in der Erscheinungswelt unverkürzt zu erhalten, mit dem Hinweis auf ihr Vermögen, sich in ihr sogar zu größerer Vortrefflichkeit zu steigern, [...] Dieser Hinweis wirkt auf den ersten Blick harmlos und wenig einschneidend; es läßt sich aber zeigen, daß damit gewisse wesentliche Voraussetzungen der klassischen Metaphysik bis zu Goethe hin umgestoßen werden und daß insbesondere dieser Standpunkt Goethes sachlich erst möglich wird, nachdem er auf kategorische Geltung eines Urprinzips verzichtet und dieses der Bedrängnis in der Erscheinung überantwortet hat."[94]

Schmitz diskutiert diesen Gedanken weiter im Zusammenhang mit Nietzsche und stellt heraus:

> „Daher zeigt sich nach dem Durchbruch von der platonischen zur skeptischen Phase bei Nietzsche immer stärker der Protest gegen die [...] von Goethe an Plotin kritisierte neuplatonische Voraussetzung, die das Höchstmaß der Vollkommenheit innerhalb einer jeden Entwicklung an deren Anfang stellt und damit den Weg zu echter Steigerung versperrt."[95]

---

wiederum in die Richtung, in der Nietzsche die Kritik des Platonismus gesteigert hat, und gerät in die gleiche Nähe zu den Anfängen der Philosophie im tragischen Zeitalter der Griechen, die Nietzsche empfand." (A.a.O. S.30) Auf diese Übereinstimmung Goethes mit Nietzsche geht auch Hermann Schmitz näher ein. (Vgl. Schmitz a.a.O. S.89ff)

[94] Hermann Schmitz a.a.O. S.81
[95] ebenda S.97

IV. Idee und Erfahrung

Die Bedrängnis der Idee in der Erscheinung ist demnach die Voraussetzung einer möglichen Steigerung. Durch diesen Gedanken wird die Erörterung in die Nähe der christlichen Religion und der Begriffe von *Tod* und *Auferstehung* gebracht, insofern in Christus ein geistiges Wesen, eine Gottheit in die *Bedrängnis* des irdischen Lebens eingetreten ist und in einem physischen Leib das Leiden und den Tod erfahren hat. Die *Auferstehung* wäre in dieser Hinsicht als eine *Steigerung* anzusehen. Diese Dimension wurde aber von Goethe nicht anvisiert. Für ihn ist wesentlich, daß die Idee nicht in metaphysischer Transzendenz gesucht wird, sondern daß ihre Wirksamkeit in der Erscheinungswelt zum einen als ihrem Wesen zugehörig gesehen wird und zum anderen eine mögliche Steigerungsform der Idee, eine Entwicklung bedeutet.[96] Das Göttliche selbst ist demnach nichts Abgeschlossenes, Vollkommenes. Es durchläuft eine Entwicklung. Es tritt als ideelle Gestaltungsmacht in die Erscheinungswelt und steigert sich dadurch. Eine ähnliche Sicht hat Goethe auf den Menschen. Wie am Beispiel des Sprechenlernens des Kindes verständlich wurde, ist es ein Merkmal menschlicher Weiterbildung und Fähigkeitsentwicklung innerhalb eines biographischen Verlaufes, durch die Auseinandersetzung des Menschlich-Inneren mit dem, was aus Sicht des Bewußtseins Welt ist (hierzu zählt auch die eigene Leiblichkeit), eine neue Stufe des Individuellen zu erreichen. Es ist daher nicht zufällig, daß Goethe im Anschluß an die schon zitierte Stelle[97] analog fortfährt:

„Vergebens bemühen wir uns, den Charakter eines Menschen zu schildern; man stelle dagegen seine Handlungen, seine Taten zusammen, und ein Bild des Charakters wird uns entgegentreten."[98]

---

[96] Vgl. hierzu auch Klaus Michael Meyer-Abich / Peter Matussek, *Skepsis und Utopie. Goethe und das Fortschrittsdenken*. Es heißt dort bezogen auf den Bewußtseinsumschwung, der sich seit dem Mittelalter vollzogen hat: „Das Veränderliche nicht als Erscheinung des Seienden wahrzunehmen, sondern als ein Entwicklungsstadium dessen, was – auch durch unser Zutun – *werden* soll, wäre weder Platon noch Heraklit in den Sinn gekommen." (A.a.O. S.189f) Etwas später heißt es dann: „Neu ist die Orientierung an dem, was eigentlich *werden* soll, statt an dem, was eigentlich *ist* (den Ideen). Es gibt Neues unter der Sonne." (A.a.O. S.190)
[97] „Denn eigentlich unternehmen wir umsonst, das Wesen eines Dinges auszudrücken. Wirkungen werden wir gewahr, und eine vollständige Geschichte dieser Wirkungen umfaßte wohl allenfalls das Wesen jenes Dinges." (HA 13, 315)
[98] ebenda

Und im *Tasso* heißt es:

> „Es bildet ein Talent sich in der Stille,
> Sich ein Charakter in dem Strom der Welt."[99]

Es ist aus dem vorangehenden deutlich geworden, daß Goethes Ideenverständnis wesentliche Elemente beinhaltet, die mit einer platonischen Sichtweise inkommensurabel sind. Der in der ersten Hälfte dieses Jahrhunderts als Gegenzug zur positivistischen Naturwissenschaft unternommene Versuch, Goethes Forschung platonisch zu interpretieren, hat sich nicht lange halten können und ist schon in dieser Zeit überzeugend widerlegt worden.[100] Es ist allein

---

[99] *Tasso* 1. Akt, Vers 304f; HA 5, 81

[100] Es finden sich verschiedene Autoren, die beispielsweise den Goetheschen Begriff der *Urpflanze* und des *Urphänomens* als eine platonische Idee auffassen. Hierzu zählen: Elisabeth Rotten, *Goethes Urphänomen und die platonische Idee*. A.a.O.; Martin Loesche, *Goethes geistige Welt*. A.a.O.; Arthur Siebert, *Goethes Platonismus. Zur Metaphysik der Morphologie*. A.a.O.; Kurt Hildebrandt, *Goethe*. A.a.O. – Im Gegenzug ist vor allem die Schrift von Fritz Seidel, *Goethe gegen Kant*. A.a.O., zu nennen. Seidel weist daraufhin, daß die Auffassung, Goethes Typusidee und im weiteren seine gesamten naturwissenschaftlichen Arbeiten seien platonisch, deshalb unzutreffend ist, weil Goethe keine vorgegebene Ideenwelt außerhalb der sinnlichen Wirklichkeit annimmt. (Vgl. a.a.O. S.32f) Mit dem gleichen Argument wendet sich Seidel dann auch gegen Kant. Indem Kant eine Idee lediglich als subjektive Kategorie des Menschen wertet, steht er im Gegensatz zu Goethe, der nach Seidel Ideen objektiv in der Erscheinung wirksam denkt. (Vgl. a.a.O. S.105f) – Eine weitere Studie, die sich gegen eine platonische Interpretation von Goethes Naturwissenschaft wendet, ist die Schrift von Adolph Hansen, *Goethes Metamorphose der Pflanzen*. Hansen verfolgt als Botaniker auf sehr eingängige Weise Goethes botanische Studien und hebt hervor, daß die genauen und systematischen Beobachtungen und die daraus hervorgehenden Begriffsbildungen jedem Platonismus entgegenstehen. (Vgl. a.a.O. S.285-295) – Ein anderer Autor, der sehr ausführlich und entschieden gegen eine platonische Goetheinterpretation argumentiert, ist Rudolf Steiner. Er schreibt: „[...], es zeigte sich, so oft er sich in die Weltanschauung eines Philosophen vertiefte, ein Gegensatz zwischen der Richtung, die seine Fragen einschlugen und der Gedankenwelt, bei der er sich Rat holen wollte. Der Grund liegt darin, daß die einseitig platonische Trennung von Idee und Erfahrung seiner Natur zuwider war. Wenn er die Natur beobachtete, so brachte sie ihm Ideen entgegen. Er konnte sie deshalb nur ideenerfüllt denken. Eine Ideenwelt, welche die Dinge der Natur nicht durchdringt, ihr

die ideenorientierte Ausrichtung von Goethes Naturwissenschaft, die einem platonischen Bedürfnis der Natursicht entgegenkommt. Ein Ideenverständnis aber, welches das In-Erscheinung-Treten der Idee als mögliche Steigerungsform derselben begreift, ist platonisch nicht einzulösen. Es gibt jedoch eine wichtige und oft zitierte Äußerung Goethes, die in eine andere Richtung zu weisen scheint:

> „Die Idee ist ewig und einzig; daß wir auch den Plural brauchen ist nicht wohlgetan. Alles was wir gewahr werden und wovon wir reden können, sind nur Manifestationen der Idee."[101]

Die Ewigkeit und Einzigkeit der Idee ist eine platonische Bestimmung, die sich – wie Hermann Schmitz anführt – gleichlautend bei Schelling findet:

> „Das besondere wirkliche Ding ist die Erscheinung der Idee. [...] Die Idee ist ewig Eines."[102]

Ein Verständnis dieser Ideenbestimmung im Goetheschen Sinne kann gewonnen werden, wenn zunächst auf den zweiten Teil geblickt wird. Es heißt:

> „Alles was wir gewahr werden und wovon wir reden können, sind nur Manifestationen der Idee."

Dies ist eine epistemologische Sicht. Das erkennende Bewußtsein hat es im Goetheschen Verständnis nicht mit der ewigen und einzigen Idee zu tun, sondern mit den vielfältigen Manifestationen derselben. Das vielfältige In-Erscheinung-Treten der Idee ist aber insofern ewig und einzig als in jeder Einzelerscheinung das In-Erscheinung-Treten der Idee selbst zum Ausdruck kommt. Goethe lenkt demnach den Blick nicht auf die vielfältigen *inhaltlichen* Differenzierungen der Idee, sondern auf die *formale* Übereinstimmung, daß sie in der Erscheinungswelt wirksam sind und daß dieses formale Kriterium eine wesentliche inhaltliche Bestimmung ihrer Wesenheit ist. Peter Eichorn schreibt:

Entstehen und Vergehen, ihr Werden und Wachsen nicht hervorbringt, ist ihm ein kraftloses Gedankengespinnst." (*Goethes Weltanschauung.* A.a.O. S.37)
[101] MuR; FA 13, 124
[102] Schelling, *System der Philosophie, Würzburger Vorträge 1804.* Werke I 6, S.190

„So werden die einst als Transzendentalien autarken Seinsmodi des Wahren-Guten-Schönen bei Goethe von ihrer *Wirksamkeit* her bestimmt."[103]

Die *Wirksamkeit* ist bei aller inhaltlichen Differenzierung das Gemeinsame und konstituiert den im Goetheschen Sinne ewigen und einzigen Ideebegriff, der nicht die platonische Einheit des Wahr-Schön-Guten meint, sondern diejenige des In-Erscheinung-Tretens und des Wirkens in der Erscheinungswelt. Diese Form der ideellen Wirksamkeit liegt nach Goethe in jeder Einzelerscheinung vor und kann durch das Erkennen nachvollzogen werden. Er beschreibt ein Erlebnis am Lido, welches darauf hinweist. Er betrachtet am Strand das Verhalten verschiedener Meerestiere und empfindet unwillkürlich die sinnvolle Fügung der Natur.

„Was ist doch ein Lebendiges für ein köstliches, herrliches Ding! Wie abgemessen zu seinem Zustande, [...]"

Dann fügt er an:

„wie wahr, wie seiend."[104]

Das Wahre Platons erlangt ein Sein in der Natur und ist darin ewig und einzig.

IV.4.2. Vergleich mit Aristoteles

Es finden sich in der Forschungsliteratur erstaunlich wenige Besprechungen, die Goethes philosophische Grundhaltung und Naturwissenschaft zu Aristoteles in Beziehung setzen. Die wohl ausführlichste Untersuchung hat Karl Schlechta unternommen: *Goethe in seinem Verhältnis zu Aristoteles*. Schlechta stützt sich vorwiegend auf Goethes eigene Aristoteles-Rezeption, welche durch mehrere Phasen seines Lebens bestätigt ist.

„Goethe hat von seinem achtzehnten bis zu seinem achtzigsten Lebensjahre Aristoteles gelesen. Er begann mit einem eingehenden Studium der *Poetik*, las [...] vermutlich im ganzen Aristoteles – nur die metaphysischen und logischen Partien dürfte er beiseite gelassen haben."[105]

---

[103] Eichhorn A.a.O. S.78
[104] *Italienische Reise* 9.10.1786; HA 11, 93
[105] Karl Schlechta a.a.O. S.22

IV. Idee und Erfahrung

Goethe hat sich demnach in seiner Aristoteleslektüre auf den Bereich beschränkt, der mit seinen eigenen künstlerischen und wissenschaftlichen Intentionen verknüpft war. Die Untersuchung Schlechtas bleibt ebenfalls weitestgehend auf diese Teile beschränkt, indem mehr Sach- und weniger Methodenfragen behandelt werden. Der naheliegende und interessante Vergleich zwischen aristotelischer Ideenlehre und Goethes Ideenbegriff wird nicht unternommen. – Ein im Rahmen der vorliegenden Betrachtung wichtiger Aspekt ist die von Goethe selbst geübte Aristoteles-Kritik. Diese bezieht sich auf den methodischen Umgang mit der Sinneserfahrung. Goethe schreibt in einem Brief an Zelter:

„Stünden mir jetzt, in ruhiger Zeit, jugendlichere Kräfte zu Gebot, so würde ich mich dem Griechischen völlig ergeben, trotz allen Schwierigkeiten die ich kenne; die Natur und Aristoteles würden mein Augenmerk sein. Es ist über alle Begriffe was dieser Mann erblickte, sah, schaute, bemerkte, beobachtete, dabei aber freilich im Erklären sich übereilte. [...] Tun wir das aber nicht bis auf den heutigen Tag? An den Erfahrungen fehlt es uns nicht, aber an der Gemütsruhe, wodurch das Erfahrene ganz allein klar, wahr, dauerhaft und nützlich wird."[106]

Goethes Wertschätzung bezieht sich demnach auf Aristoteles' Aufmerksamkeit und Umsicht in Hinblick auf die Sinneserfahrung. Seine Kritik richtet sich gegen eine übereilte, die Sinneserfahrung nicht genügend würdigende Urteilsbildung. In einer Passage der *Farbenlehre* weist er ausdrücklich auf diese Problematik hin:

„Die Schwierigkeit, den Aristoteles zu verstehen, entspringt aus der antiken Behandlungsart, die uns fremd ist. Verstreute Fälle sind aus der gemeinen Empirie aufgegriffen, mit gehörigem und geistreichen Räsonnement begleitet und wohl schicklich genug zusammengestellt; aber nun tritt der Begriff ohne Vermittlung hinzu, das Räsonnement geht ins Subtile und Spitzfindige, das Begriffene wird wieder durch Begriffe bearbeitet, anstatt daß man es nun auf sich beruhen ließe, einzeln vermehrte, massenweise zusammenstellte, und erwartete, ob eine Idee daraus entspringen wolle, wenn sie sich nicht von Anfang an dazu gesellte."[107]

Es handelt sich um ein gegenüber der Sinneserfahrung unangemessenes Eingreifen des Begrifflichen. Manfred Kleinschnieder, der

---

[106] Brief vom 30. März 1827; HA Br 4, 221f
[107] *Geschichte der Farbenlehre. Betrachtung über Farbenlehre und Farbenbehandlung der Alten*; FA 23/1, 603

Goethes Aristoteles-Kritik ausführlich erörtert, spricht in diesem Zusammenhang von dem *Problem der Anwendbarkeit von Theorien*[108].

Soweit eine kurze Darlegung der methodischen Abgrenzung Goethes von Aristoteles. Eine größere Gemeinsamkeit scheint zweifelos das Ideenverständnis aufzuweisen. Hat doch Aristoteles seine Ideenlehre im 13. Buch der *Metaphysik* in strenger Unterscheidung zu Platon dargestellt. Es heißt mit Beziehung auf die platonische Ideenlehre:

> „Ferner muß es wohl für unmöglich gelten, daß das Wesen und dasjenige, dessen Wesen etwas ist, getrennt voneinander existieren. Wie könnten denn also die Ideen, wenn sie das Wesen der Dinge sind, getrennt von diesen existieren?"[109]

Hier wendet sich Aristoteles gegen einen platonischen Dualismus, der die Ideen als von den Dingen getrennt ansieht. Für Aristoteles sind Ideen in den Naturdingen wirksam als bildende und aufbauende Kräfte. Karen Gloy erläutert dies wie folgt:

> „An die Stelle der ausgelagerten Ideen [...] treten bei ihm [Aristoteles] die den Sinnendingen immanenten Ideen [...], die nirgends anders existieren als *in* den Dingen selbst."[110]

Hier ist sicherlich eine Gemeinsamkeit mit Goethe gegeben. Eine andere Darlegung von Karen Gloy hebt diese Gemeinsamkeit noch deutlicher hervor. Sie bespricht den aristotelischen Wesensbegriff *ousía*:

> „Obwohl Aristoteles eine Systematik [...] unter dem dominanten Begriff seiner Philosophie, dem Wesen (*ousía*) anstrebt, das er auch hier zur Hauptbedeutung erklärt, von der her sich alles übrige erschließt, insofern das Wesen nicht nur das Ziel des Entstehungs- und Wachstumsprozesses bezeichnet, sondern auch die Prozeßquelle sowie den zwischen Ursprung und Ziel sich vollziehenden Prozeß und schließlich auch den Stoff bestimmt, der in dem Entstehungs- und Wachstumsprozeß das Wesen annehmen soll, bleibt doch in diesem ganzen Vorgang das organische Werden und Wachsen leitend."[111]

---

[108] Manfred Kleinschnieder a.a.O. S.168
[109] Aristoteles *Metaphysik* Buch XIII, Kap. 5 a.a.O. S.297
[110] Karen Gloy, *Das Verständnis der Natur*. A.a.O. S.107
[111] ebenda S.112

IV. Idee und Erfahrung

Der gesamte Entwicklungsvorgang ist von dem, was Aristoteles als *Wesen* bezeichnet, erfüllt. Neben dieser gemeinsamen Auffassung zwischen Aristoteles und Goethe liegt aber zugleich ein wesentlicher Unterschied vor, der sich auf den *Ursprung* der gestaltenden Kräfte, auf den *Anlaß* der Entwicklung in der Natur bezieht. Dies wird schon von Schlechta angedeutet:

> „Die *Lebendigkeit* des Stoffes spricht sich für Aristoteles und Goethe zuerst in seiner Intention zum Sich-Gestalten, in seinem Drang zur Form aus, wobei aber beide Denker in der Schwebe, in freier Unentschiedenheit lassen, auf welcher Seite die größere Kraft dieser Liebe zu suchen sei: ob in dem Verlangen der Materie oder der Form."[112]

Und dann weist er auf eine Differenz in dieser *Unentschiedenheit* hin:

> „Dieses Werden bewirkt nach Aristoteles die Gottheit ihrerseits indem sie bewegt [...] Mehr der *natürlichen* Seite dieser innigen Beziehung zugewendet gebrauchte Goethe bezeichnenderweise den aristotelischen Energiebegriff [...].[113]

Im Hinblick auf den *Ursprung* von Entwicklung ist demnach ein Unterschied zwischen Goethe und Aristoteles zu verzeichnen, insofern Goethe mehr der *natürlichen Seite* zugewendet ist. Goethe sieht den Ursprung und den Grund der natürlichen Entwicklung in der Natur selbst und nicht in einer von ihr – wie auch immer – unterschiedenen Gottheit. Hermann Schmitz hat diesen Unterschied zwischen Goethe und Aristoteles sehr differenziert erläutert, wobei er eine etwas andere Blickrichtung als Schlechta einnimmt. Er legt dar, daß bei Aristoteles der *Grund* einer Entwicklung in der *Materie* liege, aber insofern diese eine Art Streben nach Vollkommenheit in sich trage. Es heißt:

> „Er [Aristoteles] findet den Antrieb des Strebens demnach in dem sehnsüchtigen, gleichsam erotischen Charakter der Materie, die von sich aus dürftig ist und daher von der idealen Form als dem Guten und Erstrebenswerten angezogen wird; [...] So erweist sich Veränderung als Ausfüllung eines Platzes, den die Dürftigkeit der Materie jeweils noch offen läßt."[114]

---

[112] Karl Schlechta a.a.O. S.67
[113] ebenda
[114] Hermann Schmitz a.a.O. S.280

Es ist bei Aristoteles eine *Unvollkommenheit* der Materie, die den Anlaß zur Entwicklung gibt. Schmitz führt weiter aus:

> „Der Grundgedanke dieser Analyse ist die Begründung der Veränderung auf einen Mangel: Was sich soll ändern können, muß aus der Fülle des Seins gleichsam herausgetreten sein [...]."[115]

Zusammenfassend sagt Schmitz:

> „Während der Quell aller Veränderung für Aristoteles demnach im Mangelhaften liegt, das zur Fülle des Seins drängt, zum *Eidos*, zur *Entelechie* oder zum Guten, das nicht selbst in den Prozeß eintritt, entspringt für Goethe und andere moderne Denker das Werden umgekehrt der Fülle, einem Überschuß an Kraft, der zur Offenbarung drängt."[116]

Der Unterschied zwischen Goethe und Aristoteles liegt demnach darin, daß Aristoteles trotz seiner Distanzierung von Platon einen gewissen Dualismus nicht aufgibt. Er gibt ein *Ziel* vor, zu dem die Materie als zu einem Zustand höherer Vollkommenheit hinstrebt. Schmitz hierzu:

> „Es ergibt sich hieraus, daß das entelechische Formprinzip bei Aristoteles vom *Ziel* [Hervorh. d. Verf.] her, gleichsam als das Projekt der Vollendung, wirkt, bei Goethe aber vom *Anfang* [Hervorh. d. Verf.] her."

Diese Auffassungsart von Aristoteles liegt nach Schmitz in dessen Konzeption des *unbewegten Bewegers* begründet.[117] Auf dieser Grundlage arbeitet auch Herbert Witzenmann den Unterschied zwischen Goethe und Aristoteles heraus. Es heißt bei ihm:

> „Mit Aristoteles hat Goethe die Beobachtungsfähigkeit für das Wirken des Geistes in den Welterscheinungen gemeinsam. Doch entwickelt auch Aristoteles [...] keine Evolutionslehre. Denn er ist der Überzeugung, daß das Bewegende der Welterscheinungen in einem Unbewegten (in Gott als dem unbewegten Beweger) anbeginnend verfaßt sein müsse, da es sonst keinen Ursprung geben

---

[115] ebenda
[116] ebenda S.280f
[117] Vgl. hierzu Hermann Schmitz: „Der aristotelische Gott, den Gestirnen benachbart, verharrt vielmehr in der ewigen, unbefangenen Seligkeit des Denkens seiner selbst [...]" (A.a.O. S.281)

IV. Idee und Erfahrung

könne, das scheinbar Ursprüngliche vielmehr die Wirkung einer außerhalb seiner liegenden bewegenden Ursache wäre."[118]

Wenn demnach – dies sei zusammenfassend ausgeführt – die Gemeinsamkeit zwischen Goethe und Aristoteles zum einen in der aufmerksamen Zuwendung zur sinnlichen Erscheinungswelt und zum anderen in der Überzeugung, daß innerhalb ihrer ideelle Kräfte bildend tätig sind, zu suchen ist, so ist auf der anderen Seite eine wesentliche Differenz im Hinblick auf den *Ursprung* der natürlichen Entwicklung zu veranschlagen. Aristoteles geht von einem in sich ruhenden vollkommenen ideellen Formgehalt aus, zu dem die Materie in Unvollkommenheit befangen hinstrebt. Goethe nimmt eine solche Klassifizierung nicht vor. Im Gegenteil sein Begriff von den *Taten und Leiden des Lichtes* impliziert, daß das *Licht* – hier als Repräsentant der Idee verstanden –, wenn es in die Welt (*Trübe*) eintritt, nicht nur durch eigene *Tätigkeit* eine neue gesteigerte Offenbarung seiner selbst darin vollzieht, sondern daß es auch etwas durch die Materie (*Trübe*) *erleidet*. Erst dadurch kann es sich zur farblichen Erscheinung steigern.[119] – Den Unterschied zwischen Goethe und Aristoteles sieht Schmitz als repräsentativ für die Differenz zwischen antikem und neuzeitlichem Denken. Er bringt diese verschieden Auffassungsweisen mit *der allmählichen Einwirkung der christlichen Vorstellung* in Zusammenhang. Insofern im Christentum – wie bereits an früherer Stelle angedeutet – das Motiv gegeben ist, daß ein vollkommenes Wesen sich den irdischen *Leiden* überantwortet und dadurch die Erde und die sie bewohnende menschliche Gemeinschaft und sich selbst zu einer höheren Entwicklung führt. – Goethe hat sich auf dieses Motiv nicht bezogen. Für ihn ist wesentlich, daß die Idee vollständig in der Erscheinungswelt aufgeht und in ihr zu finden ist. Außerhalb ihrer gibt es in seinem Sinne keine Oase höherer Vollkommenheit. Dies ist sein radikales Bekenntnis zur Diesseitigkeit, wobei angefügt sei, daß dieses Bekenntnis streng genommen allein für sein wissenschaftsmethodisches Arbeiten gilt.

---

[118] Herbert Witzenmann, *Goethes universalästhetischer Impuls*. A.a.O. S.222. Vgl. hierzu auch Karen Gloy, die ebenfalls den fehlenden *Evolutionsgedanken* bei Aristoteles betont: „Eine Evolution der Arten und Gattungen oder des Ganzen liegt Aristoteles ebenso fern wie Platon. Obwohl Aristoteles mehr als Platon die Form und Ordnungsverhältnisse dynamisiert und in Prozesse integriert, [...] zielt doch auch sein Zweckbegriff auf die Konstanz des Ganzen gemäß dem Motto 'nichts Neues unter der Sonne'." (A.a.O. S.124)

[119] Vgl. hierzu die Ausführungen auf S.151f

IV.5. Der Gegensatz zwischen Idee und Erfahrung

Auf Grundlage des bisher Ausgeführten konnte deutlich werden, daß im Goetheschen Verständnis zum Wesen des Ideellen dessen Erscheinen zählt und daß das Wesen der Erscheinung ein Ideelles ist, wenngleich es sich nicht dem unmittelbaren Gewahren zeigt, sondern erst im Prozeß der wissenschaftlichen Forschung allmählich erschlossen wird. Im Gegensatz zu dieser Auffassung liegen aber auch Äußerungen Goethes vor, die die Unvereinbarkeit von Idee und Erscheinung betonen. In dem 1820 publizierten und wohl auch in dieser Zeit verfaßten Aufsatz *Bedenken und Ergebung* heißt es.

> „Hier treffen wir nun auf eine Schwierigkeit, die nicht immer klar ins Bewußtsein tritt, daß zwischen Idee und Erscheinung eine gewisse Kluft befestigt scheint, die zu überschreiten unsere ganze Kraft sich vergeblich bemüht. Demohngeachtet bleibt unser ewiges Bestreben diesen Hiatus mit Vernunft, Verstand, Einbildungskraft, Glauben, Gefühl, Wahn und, wenn wir sonst nichts vermögen, mit Albernheit zu überwinden."[120]

Diese Anerkennung des Hiatus zwischen Idee und Erfahrung erinnert an das Gespräch mit Schiller von 1794.[121] Den Inhalt dieses Gespräches gibt Goethe nach mehr als zwanzig Jahren 1817 wieder, also in der gleichen Zeit, in der das Entstehen des Aufsatzes *Bedenken und Ergebung* datiert werden muß. In dem Aufsatz *Glückliches Ereignis* heißt es:

> „Sätze wie folgender machten mich ganz unglücklich: 'Wie kann jemals Erfahrung gegeben werden, die einer Idee angemessen sein sollte? denn darin besteht eben das Eigentümliche der letzteren, daß ihr niemals eine Erfahrung kongruieren könne.'"[122]

Diese Bemerkung findet sich ebenfalls im Tagebuch Goethes am 5.4.1817[123]. Im Gespräch mit Schiller scheint er sich gegen diesen Satz zu stellen. In dem Aufsatz *Bedenken und Ergebung*, der zur gleichen Zeit wie der Aufsatz *Glückliches Ereignis* entstanden ist, fährt er im Anschluß an die schon zitierte Stelle fort:

---

[120] HA 13, 31
[121] Vgl. hierzu und zum folgenden die unter einem anderen Gesichtspunkt schon erfolgte Besprechung dieses Themas auf S.75f.
[122] FA 24, 437
[123] Vgl. HA 13, 567 (Kommentarteil)

IV. Idee und Erfahrung

„Endlich finden wir, bei redlich fortgesetzten Bemühungen, daß der Philosoph wohl möchte recht haben, welcher behauptet, daß keine Idee der Erfahrung völlig kongruiere, aber wohl zugibt, daß Idee und Erfahrung analog sein können, ja müssen."[124]

Diese Stelle wird gewöhnlich als Goethes späte Annäherung an die Kantische Philosophie verstanden.[125] Die Dualität von Idee und Erfahrung scheint demnach unüberwindbar. Goethe gibt eine weitere Erläuterung dieses Gegensatzes:

„Die Schwierigkeit Idee und Erfahrung miteinander zu verbinden erscheint sehr hinderlich bei aller Naturforschung: die Idee ist unabhängig von Raum und Zeit, die Naturforschung ist in Raum und Zeit beschränkt, daher ist in der Idee Simultanes und Sukzessives innigstverbunden, auf dem Standpunkt der Erfahrung hingegen immer getrennt, und eine Naturwirkung, die wir der Idee gemäß als simultan und sukzessiv zugleich denken sollen, scheint uns in eine Art Wahnsinn zu versetzen. Der Verstand kann nicht vereinigt denken, was die Sinnlichkeit ihm gesondert überlieferte, und so bleibt der Widerstreit zwischen Aufgefaßtem und Ideiertem immerfort unaufgelöst."[126]

Es wird deutlich, daß das Problem, von dem Goethe spricht, auf die Erkenntnisorganisation des Menschen bezogen ist. Die sinnliche Wahrnehmung ist an Raum und Zeit gebunden. Die Ideen, die im Denken erfaßt werden, sind von Raum und Zeit unabhängig. In diesem Sinne kann eine Idee nie mit einer Erfahrung zusammenstimmen. Die Erfahrung behält immer etwas durch die Idee Uneinholbares. Es kann innerhalb der Urteilsbildung nie eine Ersetzung einer Erfahrung durch eine Idee, d.i. eine Außerachtlassung der raum-zeitlichen Bedingungen der Erfahrung, erfolgen. Dieses Problem hat die im Goetheschen Sinne positive Nuance, daß die Erfahrung in ihrem Eigenrecht nicht angetastet werden kann. Die Dualität von Idee und Erfahrung gewährleistet die jeweils eigene Berechtigung beider Bereiche. Insofern ist es sinnvoll, von einem *analogen* Verhältnis zu sprechen. In einem Brief an Christian Schlosser verleiht Goethe einem Gedanken Ausdruck, der ein Licht auf dieses *Analogieverhältnis* wirft:

---

[124] HA 13, 31
[125] Vgl. Gadamer a.a..O. S.22f
[126] HA 13, 31f

„Und da wir nun einmal immer im Aufklären sind jener Differenzen, die uns nicht entzweien müssen; so will ich mein allgemeines Glaubensbekenntniß hierher setzen.
a. In der Natur ist alles was im Subjekt ist.
y. und etwas darüber.
b. Im Subjekt ist alles was in der Natur ist.
z. und etwas darüber.
b kann a erkennen, aber y nur durch z geahndet werden. Hieraus entsteht das Gleichgewicht der Welt und unser Lebenskreis in den wir gewiesen sind. Das Wesen, das in höchster Klarheit alle viere zusammenfaßte, haben alle Völker von jeher *Gott* genannt."[127]

Diese Stelle gibt eine Erläuterung der Analogie zwischen Idee und Erfahrung, von der Goethe in Aufsatz *Bedenken und Ergebung* spricht. Die Sätze a und b beschreiben das Analogieverhältnis: Die ideellen Gehalte, die in der Natur gestaltend tätig sind, erscheinen zugleich im Denken des Subjektes. Der Satz y bezeichnet den Teil der Erfahrung, der durch die Idee lediglich angeblickt[128], jedoch nicht von ihr substituiert werden kann. Der Satz z bezeichnet den von raumzeitlichen Bedingungen unabhängigen ideellen Gehalt, den das Denken des Subjektes ergreift. Dieser kann das Eigene der Natur nur erahnen, was meint, daß die Natur letztlich nicht in Ideen aufgelöst werden kann.[129] Was aber zugleich in der Natur wie im Sub-

---

[127] Brief vom 5.5.1815; HA Br 3, 304
[128] Vgl. hierzu das Kapitel III.2.1. Blicklenkung
[129] Rudolf Steiner gibt folgende Erläuterung zu dem Verhältnis von Begriff und Anschauung, welche in diesem Zusammenhang hilfreich ist: „Was die Anschauung wesentlich von der Idee unterscheidet, ist eben dieses Element, das nicht in Begriffe gebracht werden kann und das eben erfahren werden muß. Dadurch stehen sich Begriff und Anschauung zwar als wesensgleiche, jedoch verschiedene Seiten der Welt gegenüber." (*Goethes naturwissenschaftliche Schriften*. A.a.O. S.115) Und an anderer Stelle: „Das, was die Besonderheit eines Objektes ausmacht, lässt sich nicht *begreifen*, sondern nur *anschauen*. Darin liegt der Grund, warum jede Philosophie scheitern muß, die aus dem Begriffe selbst die ganze anschauliche Wirklichkeit ihrer Besonderheit nach ableiten (deduzieren) will." (ebenda S.114f) Herbert Witzenmann spricht bei Erkenntnis von der Verbindung der beiden Elemente *Wahrnehmung* und *Begriff*. Er beschreibt als Merkmal die „*Inkompatibilität* der beiden sich vereinigenden Elemente *vor* ihrer Vereinigung, da das rein Wahrnehmliche jeden begrifflichen Zusammenhang, das rein (allgemein) Begriffliche jede wahrnehmliche Vereinzelung von sich abstößt. Dennoch sind die als solche inkompatiblen Elemente auf Grund der Einflüsse, durch

jekt ist, kann durch das Subjekt erkannt werden. Auf diese Weise konstituiert Goethe ein Parallelverhältnis zwischen Subjekt und Natur, Idee und Erfahrung, welches beide Bereiche einander vermittelt und zugleich in ihrer eigenen Berechtigung bestätigt. Was zwischen beiden Polen vermittelt, ist die von Goethe als *anschauende Urteilskraft* bezeichnete Erkenntnisbewegung. Sie ist ein dynamisches Element, das sich zwischen den Polen des Erkennens – auf der einen Seite die Sinneserfahrung und auf der anderen Seite die vom Denken ergriffenen Ideen – hin- und herbewegt und deren Analogie mehr und mehr zu begründen sucht, indem sie den diesen gemeinsamen ideellen Gehalt herausarbeitet. Auf dieser Grundlage kann der von Goethe in dem Aufsatz *Bedenken und Ergebung* beschriebene Gegensatz zwischen Idee und Erfahrung als ein auf epistemologischer Ebene fruchtbarer Impuls für das Einsetzen einer in dieser Spannung sich bewußt bewegenden Erkenntnisarbeit verstanden werden.

---

die sie sich gegenseitig verändern, mittelbar kompatibel." (*Evolution und Struktur*. A.a.O. S.44) In diesem Zusammenhang sei auch auf die anschließenden Ausführungen Witzenmanns zu diesem Problem, die hier leider nicht ausführlich wiedergegeben werden können, verwiesen.

V. Anschauende Urteilskraft

In dem Aufsatz *Zum Begriff der Aufmerksamkeit bei Goethe und Hegel* geht der Autor, Fritz Rüdiger Sammern-Frankenegg, auf eine eigentümliche Bewußtseinshaltung in Goethes Naturforschung ein. Er spricht von einer *doppelten Blickrichtung*[1] und zitiert folgenden Vers Goethes:

> „Müsset im Naturbetrachten
> Immer eins wie alles achten."[2]

Diese Aussage kann zum einen auf den empirischen Charakter einer Untersuchung bezogen werden und meint dann, daß neben den einzelnen Erfahrungen auch deren Zusammenhang mit anderen Erfahrungen miteinbezogen werden muß. Diese Betrachtungsart ist schon unter dem Stichwort *Vermannigfaltigung* in der Besprechung des Aufsatzes *Der Versuch als Vermittler von Objekt und Subjekt* erläutert worden.[3] Es ist eine selbstverständliche Forderung, die gerade für die wissenschaftliche Untersuchung des Organischen unabdingbar ist, da hier das Verhältnis von Einzelnem und Ganzem wesenskonstitutiv ist. Nach einer langen Phase der Zersplitterung in Einzelwissenschaften und deren interne Fixierung auf Einzelergebnisse ist diese Forderung gegenwärtig unter dem Begriff *Holismus* weniger wissenschaftlich relevant als gesellschaftlich populär geworden. Sie ist ein Prinzip von Goethes Morphologie. Der von Sammern-Frankenegg zitierte Vers kann aber noch auf andere Weise verstanden werden. Die Begriffe *eins* und *alles* brauchen nicht nur auf eine rein empirische Forschung angewendet werden, sie lassen sich auch so verstehen, daß sich *eins* auf die *ewige und einzige Idee* bezieht und daß *alles* deren vielfältige Erscheinungsformen in der Empirie meint.[4] Die *doppelte Blickrichtung*, von der Sammern-Frankenegg spricht, richtet sich demnach, sowohl auf die Empirie als auf *die* Idee.[5] Der

---

[1] Fritz Rüdiger Sammern-Frankenegg, *Zum Begriff der Aufmerksamkeit bei Goethe und Hegel*. A.a.O. S.344

[2] *Epirrhema*; HA 1, 358

[3] Vgl. S.98f

[4] Vgl. hierzu das Gedicht *Parabase*, in dem sich die Zeile findet: „Und es ist das ewig Eine, / Das sich vielfach offenbart." (FA 2, 495)

[5] Vgl. hierzu auch Andrew Jaszi, *Entzweiung und Vereinigung. Goethes symbolische Weltanschauung*: „Darin aber unterscheidet er [Goethe] sich aufs

Blick des Forschers ist zwischen empirischer und ideeller Welt ausgespannt und pendelt zwischen beiden hin und her. Der Vergleich dieser Betrachtungsweise mit Hegels Aufmerksamkeitsbegriff, wie ihn Sammern-Frankenegg vornimmt, ist nicht nur philosophisch, sondern auch historisch motiviert. Denn Hegel nimmt gerade auf dieses Motiv der *Doppelung* bei Goethe in einem Brief an diesen Bezug. Er bespricht den Begriff des Urphänomens:

> „Darf ich E.E. aber nun auch noch von dem besondern Interesse sprechen, welches ein so herausgehobenes Urphänomen für uns Philosophen hat, daß wir nämlich ein solches Präparat – mit E.E. Erlaubnis – geradezu in den philosophischen Nutzen verwenden können! – Haben wir nämlich endlich unser zunächst austernhaftes, graues oder ganz schwarzes – wie Sie wollen – Absolutes doch gegen Luft und Licht hingearbeitet, daß es desselben begehrlich geworden, so brauchen wir Fensterstellen, um es vollends an das Licht des Tages herauszuführen. Unsere Schemen würden zu Dunst verschweben, wenn wir sie so geradezu in die bunte verworrene Gesellschaft der widerhältigen Welt versetzen wollten. Hier kommen uns E.E. Urphänomene vortrefflich zustatten. In diesem Zwielichte, geistig und begreiflich durch seine Einfachheit, sichtlich und greiflich durch seine Sinnlichkeit, begrüßen sich die beiden Welten – unser Abstruses und das erscheinende Dasein – einander."[6]

Das Urphänomen stellt Hegel als eine Vermittlung zwischen der Idee und dem *erscheinendem Dasein* dar. Die selbstironische Distanz, die er gegenüber dem Absoluten einnimmt, relativiert sich in einer sachlicheren Erläuterung Goethes, die das gleiche beschreibt:

> „Kann dagegen der Physiker zur Erkenntnis desjenigen gelangen, was wir ein Urphänomen genannt haben, so ist er geborgen und der Philosoph mit ihm. Er, denn er überzeugt sich, daß er an die

---

schärfste von Schiller (und Kant), daß er sich mit einer geradezu einzigartigen Energie bemüht, zwischen den Regionen zu vermitteln, die wir als die der Tatsächlichkeit und die des Grundes bezeichnet haben, darin also, daß er das Phänomen immer wieder in seiner individuellen Eigenart erblicken möchte und gleichzeitig so, wie sich die Wirklichkeit nicht als dieses oder jenes Einzelding, sondern als der große existenzielle Zusammenhang der werthaften Dauer mit dem Wechsel in ihrem Grunde befindet. Von dieser *doppelten Blickrichtung* [Hervorh. d. Verf.] rührt es her, daß seine Sprache oft in ein geheimnisvolles Zwielicht getaucht scheint." (A.a.O. S.23)

[6] Brief vom 24.2.1821; HA Br. an Goethe 2, 297

Grenze seiner Wissenschaft gelangt sei, daß er sich auf der empirischen Höhe befinde, wo er rückwärts die Erfahrung in allen ihren Stufen überschauen und vorwärts in das Reich der Theorie, wo nicht eintreten, doch einblicken könne. Der Philosoph ist geborgen, denn er nimmt aus des Physikers Hand ein Letztes, das bei ihm nun ein Erstes wird."[7]

Und an anderer Stelle:

„Der Naturforscher lasse die Urphänomene in ihrer ewigen Ruhe und Herrlichkeit dastehen, der Philosoph nehme sie in seine Region auf, und er wird finden, daß ihm nicht in einzelnen Fällen, allgemeinen Rubriken, Meinungen und Hypothesen, sondern im Grund- und Urphänomen ein würdiger Stoff zu weiterer Behandlung und Bearbeitung überliefert werde."[8]

Es ist mit dem *Urphänomen* demnach eine Art Übergangs- und Schnittstelle von Idee und Empirie gewonnen. Hierauf soll später noch eingegangen werden. Zunächst sei festgehalten, daß dieser Punkt durch eine erfahrungswissenschaftliche Forschung erreicht werden kann, deren wesentliches Element eine Aufmerksamkeitsbewegung ist, die sowohl Einzelnes und Ganzes innerhalb der Empirie, wie *eins* und *alles* empirieübergreifend, nämlich Idee und Erscheinung, umspannt. Im folgenden soll an einem konkreten Beispiel der Botanik die Sukzession des Goetheschen Forschens unter dieser Perspektive dargestellt werden.

V.I. Die „Idee" der Urpflanze

Am 3. September 1786, zehn Jahre nach seiner Ankunft in Weimar, verläßt Goethe seinen Karlsbader Kuraufenthalt und begibt sich auf eine Reise nach Italien. Über Gründe und Anlässe zu dieser Reise mag man im Zweifel sein, der Gewinn, den sie mit sich führt, steht außer Frage. Schon die ersten Tagebuchnotizen und Briefe, die er an die Freunde in Weimar sendet, kündigen ihn an:

„Mir ist nur um die sinnlichen Eindrücke zu tun, die kein Buch, kein Bild gibt. Die Sache ist, daß ich wieder Interesse an der Welt

---

[7] *Zur Farbenlehre. Fünfte Abteilung. Nachbarliche Verhältnisse. Verhältnis zur Philosophie*; HA 13, 482f
[8] *Zur Farbenlehre. Zweite Abteilung. Physische Farben. Dioptrische Farben der ersten Klasse*; HA 13, 368

nehme, meinen Beobachtungsgeist versuche und prüfe, wie weit es mit meinen Wissenschaften und Kenntnissen geht, ob mein Auge licht, rein und hell ist, wie viel ich in der Geschwindigkeit fassen kann, und ob die Falten, die sich in mein Gemüt geschlagen und gedrückt haben, wieder auszutilgen sind."[9]

Dieser Tonfall, wohl etwas modifiziert, erinnert an Goethes erste Jahre in Weimar, in denen er die sinnliche Welt, die Natur als das eigentliche Element seiner Fortbildung entdeckte. Während der Weimarer Jahre hatte sich diese Einstellung jedoch zunehmend geändert. Zum einen sah er sich genötigt, analytisch-exakte Beobachtungen an den Einzelobjekten seiner Forschung vorzunehmen, zum anderen war ihm an einer differenzierten Ideen- und Vorstellungsbildung gelegen. Der Begeisterung für den geahnten ideellen Grund der Natur folgte die produktive Ernüchterung, im einzelnen zu durchdringen, was im ganzen empfunden wurde. Ein erstes Ergebnis in diese Richtung war die Entdeckung des Zwischenkieferknochen (*os intermaxillare*) am 27. März 1784. Die Freude, die Goethe über diese Entdeckung empfand,[10] rührt daher, daß er zum ersten Mal eine Bestätigung seiner wissenschaftlichen Forschung empfing.[11] Er ging von der Idee des einheitlichen Bildeprinzips von tierischem und menschlichem Organismus aus und mochte den von führenden Naturwissenschaftlern der Zeit[12] im Fehlen des Zwischenkieferknochen beim Menschen veranschlagten Unterschied zwischen dem Organismus des Affen und des Menschen nicht anerkennen.[13] Durch die vergleichende Anatomie gelang es ihm darzulegen, daß der Zwischenkieferknochen beim Menschen zwar mit anderen Knochen eng

---

[9] *Italienische Reise*; HA 11, 25
[10] Brief an Herder vom 27. März 1784; HA Br. 1, 435f
[11] Vgl. hierzu den Aufsatz von Gottfried Benn, *Goethe und die Naturwissenschaft*. A.a.O. Benn hebt die Bedeutung der durch Goethe inaugurierten Forschungsart der vergleichenden Anatomie und Morphologie hervor.
[12] Goethe sendet Ende 1784 seine Untersuchungen an die Naturwissenschaftler Camper, Blumenbad und Sömmering, die seine Ergebnisse aber nicht anerkennen.
[13] Vgl. hierzu Rudolf Steiner in *Goethes Weltanschauung*: „Goethe sucht schon damals den Unterschied des Menschen von den Tieren nicht in irgendeinem einzelnen, sondern in dem verschiedenen Grade der Vollkommenheit, den das gleiche Grundgebilde in dem einen oder anderen Falle erreicht. Es schwebt ihm bereits das Bild eines Typus vor, der sowohl bei den Tieren wie beim Menschen sich findet, [...]" (A.a.O. S.88)

verwachsen, aber trotzdem gesondert – in der embryonalen Entwicklung zeigt sich dies deutlicher – vorkommt. Der in diesem Fall eigentümliche Verlauf von Goethes Forschung besteht darin, daß er ähnlich wie später bei der *Farbenlehre* von einer Idee ausging, die bis dahin nicht an der Erfahrung geprüft worden war. Bei der *Farbenlehre* lautet seine Newton entgegengestellte These: Das Licht als ein *Wesen* kann nicht zusammengesetzt sein. Im Falle des Zwischenkieferknochens heißt die These: Der organische Bau der Natur ist ein einheitlicher. Der Mensch ist ein Glied in der Natur. Es kann im Organischen kein Unterschied des Bauplanes bestehen. Auf dieser Grundlage beginnt er seine Forschungen und findet durch die Entdeckung des tatsächlichen Vorhandenseins des Zwischenkieferknochens seine Vermutung bestätigt. Für die 1786 publizierte Abhandlung *Dem Menschen wie den Tieren ist ein Zwischenknochen der oberen Kinnlade zuzuschreiben* wählt Goethe eine sachliche, auf das Wesentliche beschränkte, lapidare Darstellungsform.[14] Dies markiert einen ersten großen Abschnitt seiner naturwissenschaftlichen Forschung. Insgesamt drohte Goethe aber die erste Weimarer Zeit, ihn seinen eigentlichen Intentionen zu entfremden. Hofleben und Ministeramt wurden ihm mehr und mehr zur beengenden Last. Seine schriftstellerische Arbeit tat abgesehen von festlichen Gelegenheiten zugedachten Entwürfen kaum Fortschritte. Seine naturwissenschaftlichen Überlegungen beschäftigten ihn zwar unaufhörlich, bedurften aber dringend neuer Anregungen. Diese wurden ihm in Italien zuteil.

> „Ich gehe nur immer herum und herum und sehe und übe mein Aug und meinen inneren Sinn. [...] Du weißt was die Gegenwart der Dinge zu mir spricht, und ich bin den ganzen Tag in einem Gespräche mit den Dingen."[15]

Ähnlich lautet es auch in den folgenden Briefen:

> „Wie glücklich mich meine Art, die Welt anzusehen, macht ist unsäglich und was ich täglich lerne! und wie doch mir fast keine Existenz ein Räthsel ist. Es spricht eben alles zu mir und zeigt sich mir an."[16]

---

[14] „Ich will mich so kurz als möglich fassen; weil durch bloßes Anschauen und Vergleichen anderer Schädel eine ohnedies sehr einfache Behauptung geschwinde beurteilt werden kann." (HA 13, 185)
[15] *Reisetagebuch* 21.September 1786 abends; FA 3 (30), 67
[16] *Reisetagebuch* 3. September 1786, FA 3 (30), 12

Und an anderer Stelle:

> „Meine Übung, alle Dinge wie sie sind zu sehen und zu lesen, meine Treue, das Auge Licht seyn zu laßen, meine völlige Entäusserung von aller Prätention, machen mich hier höchst im Stillen glücklich."[17]

Es seien die angeführten Stellen näher vergegenwärtigt. Sie enthalten auf dem unausgearbeiteten Reflexionsniveau von Tagebuchnotizen und Briefen die methodischen Grundlagen von Goethes Naturforschung, wie er sie später in seinen theoretischen Abhandlungen fortentwickelt hat. Was sind die Gehalte dieser Notizen? Goethe spricht von der *Übung des Auges und des inneren Sinnes*. Hierin ist die Doppelung einer mehr empirisch orientierten Sinnesschulung[18] und einer inneren auf die Empirie ausgerichteten Organbildung enthalten. *Innerer Sinn* meint – wie an früherer Stelle erläutert wurde – eine ideelle Produktivität, die sich einer Idee lediglich bedient, um auf die Erfahrung zu blicken. Die Idee wird dabei nicht zu einem wissenschaftlichen Urteil verdichtet, sie wird in ihrer Allgemeinheit erfaßt. Die Erkenntnisleistung, die derart verfahrt, wird als Anschauung oder Aufmerksamkeit bezeichnet. Sie ist das innere Äquivalent zum leiblichen Sinnesorgan. Als weitere Qualitäten benennt Goethe, *alle Dinge zu sehen wie sie sind*. Dies meint ein vollständiges Sich-Einlassen auf die qualitativen Eigenbestimmungen der Erfahrungen. Hierzu gehört die *Entäußerung von aller Prätention*. Gemeint ist die Anmaßung, den Dingen eine nicht aus der Erfahrung gewonnene, bloß theoretische Bestimmung von Seiten des Urteilenden beizumessen. Weiterhin spricht Goethe von der *Treue, das Auge Licht sein zu lassen*. Die eigentliche Rezeptivität des Auges ist demnach nicht passiv, sondern entsprechend den Darlegungen zur *Aufmerksamkeit*, eine aktive, von ideeller Produktivität durchdrungene. Dieses Bild des Lichtes steht in einem interessanten Zusammenhang zur Lichtsymbolik bei Platon. Während es Platon um die innere Aufschau zur Lichtwelt der Idee geht, hält Goethe eine solche Form der Gegenüberstellung – dies wurde erläutert – für ungut. Er gebraucht das *Licht* (sprich eine Idee), um damit die empirische Welt zu bescheinen, d.i. eine Idee bzw. ein Begriff wird nicht in seiner Urteilsfunktion, sondern blicklenkend verwendet. Dadurch werden die in den Phänomenen selbst liegenden Qualitäten erst sichtbar. – In den Notizen kommt dann noch ein weiteres

---

[17] Brief an Herder vom 10. November 1786; FA 3 (30), 158
[18] Vgl. Kapitel *IV.2. Schulung der Sinne*

Motiv zum Ausdruck, nämlich dasjenige des *Gespräches*, des *Sprechens*. Aufgrund der von ihm gepflegten Erkenntnishaltung erlebt es Goethe so, daß die Dinge zu ihm sprechen. D.h. nicht der Erkennende teilt den Dingen ihre qualitative Bestimmung zu, diese spricht sich selbst in der produktiv-ideellen Rezeptivität des Erkennenden aus. Dies wurde an früherer Stelle als die Form des Goetheschen Experimentes beschrieben, welches in diesem Verständnis ein Erkenntnisexperiment ist. Es ist ersichtlich, daß Goethes Erkennen fortwährend zwischen Innerem und Äußerem, zwischen Idee und Erfahrung hin- und hergeht. Dies kann an der Genese der „Idee" der Urpflanze verdeutlicht werden.

Während der Weimarer Zeit hat sich Goethe sehr umfänglich mit Botanik beschäftigt und sich das damals herrschende wissenschaftliche Verfahren in diesem Bereich vergegenwärtigt. Bei aller Achtung gegenüber Linné sah er sich genötigt, dessen Methode, Pflanzengattungen entsprechend der Unterschiedlichkeit der auftretenden Formen voneinander zu sondern, zu widersprechen.[19] Es ging ihm nicht darum, einzelne Pflanzen anhand äußerer Merkmale zu unterscheiden, sondern darum, das allen Pflanzen Gemeinsame, das, was sie Pflanze sein läßt, wissenschaftlich zu bestimmen. Er suchte nach dem einheitlichen, gesetzmäßigen Bildeprinzip der Pflanzen. Rückblickend stellt er seine ihn in dieser Zeit bewegenden Gedanken dar:

> „Das Wechselhafte der Pflanzengestalten, dem ich längst auf seinem eigentümlichen Gang gefolgt, erweckte nun bei mir immer mehr die Vorstellung: die uns umgebenden Pflanzenformen seien nicht ursprünglich determiniert und festgestellt, ihnen sei vielmehr, bei einer eigensinnigen, generischen und spezifischen Hartnäckigkeit, eine glückliche Mobilität und Biegsamkeit verliehen, um in so viele Bedingungen, die über dem Erdkreis auf sie einwirken, sich zu fügen und danach bilden und umbilden zu können."[20]

Goethe nimmt hier eine Polarisierung von einer *eigensinnigen, generischen und spezifischen Hartnäckigkeit* und einer *glücklichen Mobilität und Biegsamkeit* vor. Wie hängen diese Begriffe mit der Idee der Urpflanze zusammen? Die *generische und spezifische Hartnäckigkeit* lenkt den Blick auf einzelne Pflanzenformen, die sich auch unter

---

[19] „Unauflösbar schien mir die Aufgabe, Genera mit Sicherheit zu bezeichnen, ihnen die Spezies unterzuordnen." (*Geschichte meiner botanischen Studien*; HA 13, 161)

[20] *Geschichte meiner botanischen Studien*; HA 13, 163

modifizierten Bedingungen durchhalten. Man blickt auf ein durchgängiges Formprinzip der Organisation, also auf etwas Ideelles. Mit der *glücklichen Mobilität und Biegsamkeit* wird gerade auf die zahlreichen Modifikationen, die die einzelne Pflanze unter verschiedenen Bedingungen eingehen kann, gewiesen. Aber auch an die einzelnen Stufen des Wachstums wird gedacht. Diese Eigenschaft der Mobilität verdankt sie einer bildenden Kraft, einer beweglichen Form, die sich unter verschiedenen Verhältnissen verschieden ausgestaltet. Auch hierbei wird etwas Ideelles ins Auge gefaßt. Sowohl die *Hartnäckigkeit* als auch die *Mobilität* haben ideellen Charakter. Das eine weist auf die Substantialität einer Idee, dasjenige, was eine Idee diese *eine* sein läßt. Das andere weist auf die Gestaltungsmöglichkeiten einer Idee. Sie kann sich als das Gleiche im Verschiedenen bewegen. Goethe führt sich diese Qualitäten einer Idee aber nicht unmittelbar vor Augen. Er vergegenwärtigt sie sich in der Beobachtung der Pflanzen. Bei der Überquerung der Alpen bemerkt er, welchen Einfluß das Klima auf Wachstum und Eigenart der Pflanzen zu nehmen vermag.

> „Was mich noch aufmerksamer machte, war der Einfluß, den die Gebirgshöhe auf die Pflanzen zu haben schien. Nicht nur neue Pflanzen fand ich da, sondern das Wachstum der alten verändert; wenn in der tieferen Gegend Zweige und Stengel stärker und mastiger waren, die Augen näher aneinander standen und die Blätter breit waren, so wurden höher im Gebirg hinauf Zweige und Stengel zarter, die Augen rückten auseinander, so daß von Knoten zu Knoten ein größerer Zwischenraum stattfand und die Blätter sich lanzenförmiger bildeten. Ich bemerkte dies bei einer Weide und einer Gentiana und überzeugte mich, daß es nicht etwa verschiedene Arten wären."[21]

Ähnliche Beobachtungen, die den Gesichtspunkt der Mobilität für ihn verdeutlichen, macht Goethe in Venedig am Lido.[22] Er fragt sich weiter, ob nicht die Beweglichkeit, die einer einzelnen Pflanzenart zukommt, auch als Eigenschaft der Gesamtheit aller Pflanzen zugehört. So wie eine einzelne Pflanzenart sich in verschiedenen Gestaltungen zeigen kann, so könnten auch alle Pflanzen verschiedene Ausgestaltungen *einer* Pflanze sein. Hiermit erfährt der Gesichtspunkt der Hartnäckigkeit eine deutlichere Betonung. Im botanischen Garten von Padua bemerkt Goethe:

---

[21] *Italienische Reise*, 8. September 1786; HA 11, 19f
[22] *Italienische Reise*, 8. Oktober 1786; HA 11, 90

V. Anschauende Urteilskraft

„Bei gewohnten Pflanzen sowie bei anderen längst bekannten Gegenständen denken wir zuletzt gar nichts, und was ist Beschauen ohne Denken? Hier in dieser neu mir entgegentretenden Mannigfaltigkeit wird jener Gedanke immer lebendiger, daß man sich alle Pflanzengestalten vielleicht aus einer entwickeln könne."[23]

Man könne sich *alle Pflanzengestalten aus einer entwickeln*. Die Implikationen dieses Gedankens seien näher angeblickt. Goethe denkt bei der *einen* Pflanzengestalt, aus der alle anderen entwickelt werden könnten, offenbar an eine real existierende Pflanze. Er sucht nicht ein ideelles Urbild, das von außen die Pflanzen gestaltet. Sondern er ist überzeugt, daß *in* der Erscheinungswelt die Idee geborgen liegt. Indem Goethe aber von *Entwickeln* spricht, geht er über die bloße sinnliche Erscheinung der Urpflanze hinaus. Er führt den Gesichtspunkt der *Hartnäckigkeit* in den der *Mobilität* über. Damit ist aber eine Tätigkeit des Betrachters angesprochen, die ideeller Natur ist. Diese Tätigkeit ist nicht willkürlich. Die ideellen Gestaltverbindungen zwischen den einzelnen Pflanzenarten werden an ihren sinnlichen Erscheinungsformen *entwickelt*. Goethe sucht eine Pflanze, die in ihrer sinnlichen Gestaltung eine ideelle Allgemeinheit sichtbar werden läßt, von der die anderen Pflanzen spezielle Ausgestaltungen sind und deshalb aus der einen gedanklich *entwickelt* werden können. Während der ganzen italienischen Reise beschäftigt sich Goethe mit der Pflanzenbildung. Im Rückblick erhalten seine Forschungen eine Geradlinigkeit und Zielgerichtetheit, die zum einen sicherlich von der redigierten Publikation der Briefe und Tagebücher in Form der *Italienischen Reise* herrührt, die zum anderen aber auch als ein herausgehobenes Beispiel für die Lebensrelevanz und Sinnstiftung eines sich der Wirklichkeit adäquat verbindenden Erkenntnisvollzugs gelten kann. Mit jedem in südlicher Richtung überschrittenen Breitengrad kommt Goethe den Gesetzen der Pflanzenbildung näher.[24] An Knebel schreibt er aus Rom am 17. November 1786:

„So spät die Jahreszeit ist, so freut mich doch mein bißchen Botanik erst recht, in diesen Landen, wo eine frohere weniger unterbrochene Vegetation zu Hause ist. Ich habe schon recht artige, ins

---

[23] *Italienische Reise*, 27. September 1786; HA 11, 60
[24] Vgl. zur Entwicklungsgeschichte von Goethes botanischer Wissenschaft während der italienischen Reise insbesondere Adolf Hansen, *Goethes Metamorphose der Pflanzen*. A.a.O.

Allgemeine gehende Bemerkungen gemacht, die auch dir in der Folge angenehm sein werden."[25]

Am 25. März 1787 notiert er in Neapel:

„Da kam mir eine gute Erleuchtung über botanische Gegenstände. Herdern bitte ich zu sagen, daß ich mit der Urpflanze bald zustande bin, nur fürchte ich, daß niemand die übrige Pflanzenwelt darin wird erkennen wollen."[26]

Zum einen macht er *ins Allgemeine gehende Bemerkungen*, zum anderen kommt ihm eine *gute Erleuchtung*, von der er fürchtet, daß niemand *die übrige Pflanzenwelt darin wird erkennen wollen*. Die in Padua aufgestellte Hypothese, aus einer real existierenden Pflanze die übrigen gedanklich zu entwickeln, hindert ihn nicht, sich zugleich auch mit dem Gedanken einer rein ideellen Urpflanze zu beschäftigen, selbst auf die Gefahr hin, daß sich die gedankliche Gestalt so weit vom Sinnlich-Gegebenen entfernt, daß es schwer fällt, darin die übrige Pflanzenwelt zu erkennen. Im gleichen Maße wie Goethe die botanischen Beobachtungen vertieft, sucht er sich ideelle Zusammenhänge zu verdeutlichen. Das Zuschreiten auf die *Idee* der Urpflanze erscheint demnach weder als eines, welches sich von der Idee der Erfahrung nähert, noch als eines, welches sich aus der Erfahrung zur Idee entwickelt. Es geht weder um Deduktion, noch um Induktion. Goethes Verfahren ist eine aus einem ideellen Tätigkeitszentrum in beide Bereiche, Idee und Erfahrung, gleichermaßen ausgreifende Bewegung, die sich schwebend zu erhalten vermag. In Italien findet er für sein Bestreben geeignetere Bedingungen, weil sich unter den dortigen klimatischen Verhältnissen eine *weniger unterbrochene Vegetation* entfalten kann, d.h. die Erfahrungen schließen sich enger aneinander.

Einen nächsten Schritt der Verdeutlichung erfährt sein Bemühen im Garten der Villa Giulia in Palermo. Er hatte sich am 17. April 1787 dorthin begeben, um seiner Arbeit am *Tasso* nachzugehen.[27] Er wurde aber durch den Anblick der verschiedenartigen Pflanzen, die unter günstigen klimatischen Bedingungen ihre *Bestimmung vollkommen erfüllen*, von seinem Vorhaben abgezogen. Ein *Gespenst*, eine *alte Grille* beginnt ihn zu beschäftigen. So bezeichnet

---

[25] HA 2, 23
[26] *Italienische Reise*; HA 11, 211f
[27] Die Beschreibung und die angeführten, nicht bezeichneten Zitate beziehen sich auf Goethes Bericht in: *Italienische Reise*, 17. April 1787; HA 11, 266f

V. Anschauende Urteilskraft

er den Gedanken, *ob nicht unter dieser Schar die Urpflanze* zu entdecken wäre.

> „Eine solche muß es denn doch geben! Woran würde ich sonst erkennen, daß dieses oder jenes Gebilde eine Pflanze sei, wenn sie nicht alle nach einem Muster gebildet wären?"[28]

Goethe spricht seine Ideen und Vorstellungen solange als *Grillen* und *Gespenster* an, als sie sich noch nicht in der empirischen Anschauung bestätigt haben. Er hält eine ironische Distanz zu Hypothesen und Theorien nicht aus einer Mißachtung der Gedanken, sondern aus einer Verantwortung gegenüber einer angemessenen Wirklichkeitserkenntnis.[29] Die in dem angeführten Zitat gewählte Bezeichnung *Muster* verdeutlicht die spezifische Eigenart und Doppelnatur des von Goethe Gesuchten. Ein Muster ist die sinnlich erscheinende Gestalt und zugleich ideell-allgemeine Vorgabe für andere ähnliche Gestalten. Es umfaßt in diesem Sinne Besonderes und Allgemeines. Für Goethe wird gerade die Ähnlichkeit der Gestalten zum Anlaß, nach einem solchen *Muster* zu suchen.

> „Ich bemühte mich zu untersuchen, worin denn die vielen sich abzeichnenden Gestalten voneinander unterschieden seien. Und ich fand sie immer mehr ähnlich als verschieden, [...]"[30]

Das Ringen um die Idee der Urpflanze findet einen ersten Abschluß in einer Entdeckung, welche er als Frucht seines Aufenthaltes in Sizilien mit sich führt und wovon er am 17. Mai 1787 aus Neapel berichtet:

> „Ferner muß ich dir vertrauen, daß ich dem Geheimnis der Pflanzenzeugung und -organisation ganz nahe bin, und daß es das Einfachste ist, was nur gedacht werden kann. Unter diesem Himmel kann man die schönsten Beobachtungen machen. Den Hauptpunkt, wo der Keim steckt, habe ich ganz klar und zweifellos gefunden, alles übrige seh' ich auch schon im ganzen, und nur noch einige Punkte müssen bestimmter werden. Die Urpflanze wird das wunderlichste Geschöpf von der Welt, um welches mich die Natur selbst

---

[28] ebenda
[29] Vgl. hierzu MuR: „Es gehört eine eigene Geisteswendung dazu, um das gestaltlose Wirkliche in seiner eigensten Art zu fassen, und es von Hirngespinsten zu unterscheiden, die sich dann doch mit einer gewissen Lebhaftigkeit aufdrängen!" (HA 12, 442)
[30] HA 11, 266

beneiden soll. Mit diesem Modell und dem Schlüssel dazu kann man alsdann noch Pflanzen ins Unendliche erfinden, die konsequent sein müssen, das heißt: die, wenn sie auch nicht existieren, doch existieren könnten und nicht etwa malerische oder dichterische Schatten und Scheine sind, sondern eine innerliche Wahrheit und Notwendigkeit haben. Dasselbe Gesetz wird sich auf alles übrige Lebendige anwenden lassen.

So viel aber sei hier, ferneres Verständnis vorzubereiten, kürzlich ausgesprochen: Es war mir nämlich aufgegangen, daß in demjenigen Organ der Pflanze, welches wir als Blatt gewöhnlich anzusprechen pflegen, der wahre Proteus verborgen liege, der sich in allen Gestaltungen verstecken und offenbaren könne. Vorwärts und rückwärts ist die Pflanze immer nur Blatt, mit dem künftigen Keime so unzertrennlich vereint, daß man eins ohne das andere nicht denken darf. Einen solchen Begriff zu fassen, zu ertragen, ihn in der Natur aufzufinden, ist eine Aufgabe, die uns in einen peinlich süßen Zustand versetzt."[31]

Der gehobene Tonfall dieser Darstellung läßt mitempfinden, was Goethe die Entdeckung bedeutete. Gleichwohl bleibt unklar, worin sie besteht. *Die Urpflanze wird das wunderlichste Geschöpf der Welt*, ... Was ist die Urpflanze? Sie ist keine *bloße* Idee. Das betont Goethe mit Vehemenz sieben Jahre später gegenüber Schiller.[32] Sie ist aber auch keine Erfahrung, sie ist keine real existierende Pflanze. Zwar mag man dazu neigen, das *Bryophyllum calicinum* (gemeine Keimzumpe) dafür zu erklären. Goethe selbst rückt es in die Nähe davon. Es heißt:

„Ich fuhr fort, mich mit der Wartung des Bryophyllum calicinum zu beschäftigen, dieser Pflanze, die den Triumph der Metamorphose im Offenbaren feiert."[33]

Im *Bryophyllum calicinum* gelangt das Gesetz der Pflanzenbildung deutlich zur Erscheinung. Aber es ist nicht das Gesetz. Es ist nicht die Urpflanze. Die Urpflanze ist weder reine Idee, noch reine Erscheinung. Man kann daran denken, die Frage nach ihrem Wesen ungeklärt zu lassen. Zumal Goethe selbst sie offen gelassen zu haben scheint. Bruno Wachsmuth erläutert hierzu:

„Als Goethe nach der Rückkehr aus Italien dann die Metamorphose der Pflanzen schrieb, geschah etwas Überraschendes. Er änder-

---

[31] HA 11, 375
[32] *Glückliches Ereignis*; HA 10, 538f
[33] *Tag- und Jahreshefte* 1820; HA 10, 522

V. Anschauende Urteilskraft 185

te plötzlich das Thema. Von der Urpflanze, dem Begriffssymbol für die große Harmonie, schwieg er ganz, vermied sogar jedes darauf hinweisende Wort. Statt nun das Modell für das ganze Pflanzenreich zu entwerfen, beschrieb er den Gestaltwandel der einjährigen Blütenpflanzen vom Blatt bis zur Frucht, d.h. die kleine Harmonie."[34]

Wohl bemerkt Wachsmuth zu Recht, daß Goethe mit der Metamorphosenidee gegenüber der Urpflanze eine andere Blickrichtung gewinnt, aber es ist sowohl falsch – wie gezeigt wurde – die Urpflanze nur als Begriffssymbol aufzufassen wie es nicht angemessen ist zu denken, daß die Metamorphose die sinnliche Erscheinungsform der begrifflich-ideellen Urpflanze ist. Dies scheint der Begriff der kleinen Harmonie nahe legen zu wollen.[35] Vielmehr ist es hilfreich, die Idee der Urpflanze und die Metamorphosenidee zusammen zu denken. Sie können als zwei Seiten des Pflanzenbildungsgesetzes, das Goethe auf der italienischen Reise gesucht hat, verstanden werden.[36] Er spricht die beiden Seiten zunächst als *Hartnäckigkeit* und *Mobilität* an. Bei der *Hartnäckigkeit* blickt er auf die durchgehaltene Identität aller Pflanzen mit dem Pflanzlichen überhaupt,[37] bei der *Mobilität* auf die Varietät und Versatilität der Pflan-

---

[34] Bruno Wachsmuth, *Die Entwicklung von Goethes naturwissenschaftlicher Denkweise und Weltanschauung von den Anfängen bis zur Reife.* A.a.O. S.279
[35] Vgl. hierzu auch die ähnlichen Ausführungen von Manfred Kleinschnieder. A.a.O. S.71
[36] Man mag im Sinne von Wachsmuth einwenden, daß ja Goethe selbst den Begriff der Urpflanze, als er das Metamorphosegesetz entdeckte, *beschränkt* empfand. Es heißt: „In Sizilien [...] erhob ich mich von dem beschränkten Begriff einer Urpflanze zum Begriff, und, wenn man will, zur Idee einer gesetzlichen, gleichmäßigen, wenn schon nicht gleichgestalteten Bildung und Umbildung des Pflanzenlebens von der Wurzel bis zum Samen." Diese Einschränkung kann sich aber nur auf den Begriff einer real existierenden Urpflanze beziehen. Einen solchen Begriff hat Goethe wirklich verworfen, zugleich hält er aber an einer *Idee* der Urpflanze weiterhin fest.
[37] *Hartnäckigkeit* ist von Goethe zunächst anders gemeint, nämlich als Festlegung der Art. Hier wird es als Festlegung der Pflanzen überhaupt verstanden. Diese Erweiterung bezieht ihre Berechtigung von der folgenden Aussage Goethes: „Im Angesicht so vielerlei neuen und erneuten Gebildes fiel mir die alte Grille wieder ein, ob ich nicht unter dieser Schar die Urpflanze entdecken könnte. Eine solche muß es denn doch geben! Woran würde ich sonst erkennen, daß dieses oder jenes

zen. Seine Forschungen in Italien bemühen sich um beide Seiten gleichermaßen. Hierbei wechselt er zwischen Idee und Erfahrung in gegenläufiger Richtung hin und her. Denn die *Hartnäckigkeit* betrachtet er zum einen, indem er die Idee der Urpflanze ausbildet,[38] zum anderen indem er eine sinnlich erscheinende Urpflanze sucht. Er wechselt dabei also von der Idee zur Erfahrung. Die *Mobilität* verfolgt er zum einen in der Beobachtung der sich verschieden entwickelnden Pflanzenarten, d.h. er geht auf die durch die Erfahrung vermittelten verschiedenen Gestalten ein. Zum anderen eröffnet ihm aber gerade dieses Eingehen auf die Einzelerfahrung durch die mitvollziehende Denkbewegung den Metamorphosegedanken. Er wechselt dabei von der Erfahrung zur Idee. Durch dieses Verfahren nähert er sich der der Pflanzenentwicklung selbst einwohnenden bildenden Gesetzmäßigkeit. Es handelt sich um ab- und aufsteigende Gestaltungsströme. Diese können von Goethe im eigenen Erkennen ideell mitvollzogen werden. In dem angeführten Zitat aus Neapel heißt es:

> „Vorwärts und rückwärts betrachtet ist die Pflanze immer nur Blatt, [...]"[39]

Im Blatt liegt *der wahre Proteus verborgen*.[40] Demnach ist das Urorgan der Pflanze das Blatt. Es entspricht der Idee der Urpflanze. Es ist sowohl allgemein als auch besonders: Allgemein, weil es alle tatsächlichen und möglichen Blätter umfaßt, besonders, weil es in jedem ganz vorliegt. Innerhalb der einzelnen Pflanze durchläuft es verschiedene Gestaltungsphasen, die aufeinander aufbauen (Stengelblatt, Kelchblatt, Blütenblatt, Staubgefäß usw.). Es verwandelt sich als Idee in die Erscheinungen und verwandelt dadurch sich selbst. Diese tatsächliche Verwandlung des Blattes ist der Goethesche Metamorphosegedanke. Indem das Blatt *vorwärts und rückwärts* betrachtet wird, erfaßt man dessen Metamorphose. Sie führt von der Erscheinung des Blattes zur Idee. Goethes Metamorphosenlehre geht demnach in zwei Richtungen. Es ist weder nur eine Metamorphose des Stofflichen durch das Ideelle, noch nur eine des Ideellen durch das Stoffliche. Es ist eine Metamorphose des Stofflichen und Ideellen ineinander. Die Idee der Urpflanze metamorphosiert sich

---

Gebilde eine Pflanze sei, wenn sie nicht alle nach einem Muster gebildet wären?" (Italienische Reise; HA 11, 266)
[38] Vgl. hierzu die angeführten Eintragungen aus Rom und Neapel
[39] HA 11, 375
[40] ebenda

V. Anschauende Urteilskraft

in die Erscheinung und diese in sich. Die Idee der Urpflanze entspricht dem Blatt und die in Bewegung überführte Idee ist die Metamorphose der Pflanzen. Folgendes Schema kann diesen Gedanken veranschaulichen:

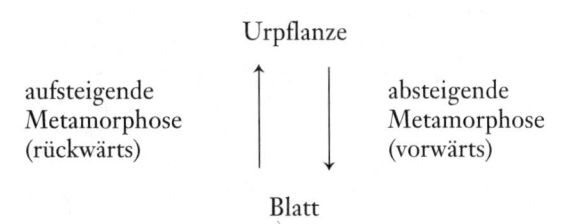

<pre>
                    Urpflanze

  aufsteigende   ↑ ↓   absteigende
  Metamorphose   Metamorphose
  (rückwärts)   (vorwärts)

                      Blatt
</pre>

Urpflanze und Blatt sind die ideellen und empirischen Entsprechungen der Pflanze. Im Mitvollzug der Metamorphose, indem man die Pflanze vorwärts und rückwärts betrachtet, gewinnt in der absteigenden Metamorphose die Urpflanze ihre empirische Entsprechung im Blatt und erlangt das Blatt in der aufsteigenden Metamorphose seine ideelle Entsprechung in der Urpflanze.

Ein Erkennen, welches an den ab- und aufsteigenden, sich in einer einzelnen Gestalt verdichtenden und wieder auflösenden Gestaltungsströmen teilnimmt, muß sich innerhalb dieses bewegten Geschehens halten können, indem es nicht der einen oder anderen Kraft eine Dominanz einräumt. Goethe schreibt hierüber in *Probleme*:

> „Die Idee der Metamorphose ist eine höchst ehrwürdige, aber zugleich höchst gefährliche Gabe von oben. Sie führt ins Formlose; zerstört das Wissen, löst es auf. Sie ist gleich der vis centrifuga und würde sich ins Unendliche verlieren, wäre ihr nicht ein Gegengewicht zugegeben: ich meine den Spezifikationstrieb, das zähe Beharrlichkeitsvermögen dessen, was einmal zur Wirklichkeit gekommen. Eine vis centripeta, welcher in ihrem tiefsten Grunde keine Äußerlichkeit etwas anhaben kann."[41]

Auch hier findet sich wieder eine Bezugnahme auf die beiden Kräfte, die von Goethe als das konstitutionelle Element der Pflanzenbildung verstanden werden. Die *vis centrifuga* entspricht der *Mobilität* (der aufsteigenden Metamorphose). Die *vis centripeta* entspricht der *Hartnäckigkeit* (der absteigenden Metamorphose).

---

[41] HA 13, 35

V.2. Metamorphosenlehre

Goethes Schrift *Versuch die Metamorphose der Pflanzen zu erklären* wurde 1790 verfaßt und publiziert, zwei Jahre nach seiner Rückkehr aus Italien. Sie erhielt von der wissenschaftlichen Fachwelt mäßige Resonanz. Goethe spricht von einer *kalten, fast unfreundlichen Aufnahme*[42], was aber durch die tatsächlich erfolgten Besprechungen nicht belegt ist.[43] Eine positive wissenschaftliche Würdigung erfuhr und erfährt Goethes Metamorphosenlehre erst in diesem Jahrhundert durch die Arbeiten von Wilhelm Troll und Karl Lothar Wolf[44] und durch eine Reihe an Rudolf Steiners Forschungen anknüpfender *goetheanistischer* Naturwissenschaftler.[45] Eine zusammenfassende Bestimmung des von Goethe in seiner Schrift Geleisteten gibt Dorothea Kuhn:

> „Die bewirkten Gestaltumwandlungen haben in der Darstellung durchaus den Vorrang. Die konsequente Durchführung, die genaue Bestimmung und Beschreibung der Organtypen und der Übergänge in Goethes Metamorphosenlehre sind das, was er methodisch Neues und botanisch in neuen Zusammenhängen Gesehenes zu bieten hat. [...] Er hält sich die in den vorangehenden Studien gewonnenen Prinzipien verfügbar: die Oszillation der Größenverhältnisse (Ausdehnen und Zusammenziehen), das stellvertretende 'transzendentelle Blatt' für alle Organgestaltungen und den Etat der gegebenen Mittel. Dazu tritt die Abhängigkeit der Gestalt von den äußeren Bedingungen, die innere Identität der verschiedenen Pflanzenteile und die Beständigkeit der Arten."[46]

Dann fügt Dorothea Kuhn hinzu:

> „All dies wird festgestellt, aber es wird niemals a priori geschlos-

---

[42] *Der Inhalt wird bevorwortet*; FA 24, 402
[43] FA 24, 939 (Kommentarteil)
[44] Wilhelm Troll, *Gestalt und Urbild*. A.a.O.. Wilhelm Troll und Karl Lothar Wolf, *Goethes morphologischer Auftrag*. A.a.O.
[45] Vgl. hierzu die Zeitschrift: *Elemente der Naturwissenschaft*. A.a.O. Weiterhin die Schriftenreihe: *Goetheanistische Naturwissenschaft*. Und: *Tycho de Brahe-Jahrbuch für Goetheanismus*. A.a.O. Einen Essay speziell über die Arbeiten des goetheanistischen Botanikers Jochen Bockemühl hat Frederick Amrine geschrieben: *Goethean Method in the Work of Jochen Bockemühl*. A.a.O.
[46] FA 24, 943 (Kommentarteil)

sen, sondern immer im Zusammenhang der Erscheinungen anschaulich gemacht."[47]

Neben den von Kuhn angeführten Gehalten der Goetheschen Metamorphosenlehre ist außerdem die bis heute problematisch eingeschätzte *Säftelehre* zu nennen. Goethe nahm für die Fortentwicklung der Pflanze eine zunehmende Verfeinerung der Säfte an, die eine mögliche Erklärung für die Höherentwicklung bis hin zur Blütenbildung ist. Dieses Erklärungsmodell ist aber, wie auch Kuhn schreibt, nicht das Wesentliche.

Einen weiteren im Zusammenhang dieser Betrachtung wichtigen Aspekt der Metamorphosenlehre hebt Rudolf Steiner hervor:

„Das Bedeutsame der Pflanzenmetamorphose liegt z. B. nicht in der Entdeckung der einzelnen Tatsache, daß Blatt, Kelch, Krone usw. identische Organe seien, sondern in dem grossartigen gedanklichen Aufbau eines lebendigen Ganzen durcheinander wirkender Bildungsgesetze, welcher daraus hervorgeht und der die Einzelheiten, die einzelnen Stufen der Entwicklung aus sich heraus bestimmt. Die Grösse dieses Gedankens [...] geht einem nur dann auf, wenn man versucht, sich denselben im Geiste lebendig zu machen, wenn man es unternimmt ihn nachzudenken. Man wird dann gewahr, dass er die in die *Idee* übersetzte Natur der Pflanze selbst ist, die in unserem Geiste ebenso lebt, wie im Objekte; man bemerkt auch, dass man sich einen Organismus bis in die kleinsten Teile hinein belebt, nicht als toten, abgeschlossenen Gegenstand, sondern als sich Entwickelndes, Werdendes, als die stetige Unruhe in sich selbst vorstellt."[48]

Wie Kuhn benennt auch Steiner die wissenschaftlichen Gehalte der Metamorphosenlehre. Beide Zitate stehen aber zudem noch in einem komplementären Verhältnis zueinander. Während Kuhn darauf aufmerksam macht, daß die *Anschaulichkeit* eines jeden einzelnen Schrittes in Goethes Forschung gewährleistet ist, betont Steiner die gedankliche Leistung, die in der Metamorphosenlehre gegeben ist. Dieser von Steiner herausgestellte Aspekt eines *großartigen gedanklichen Aufbaus eines lebendigen Ganzen durcheinander wirkender Bildungsgesetze* ist tatsächlich neben der von Dorothea Kuhn betonten Beobachtungsleistung Goethes einer der wesentlichen Eindrücke beim Lesen dieser Schrift. Der gedankliche Aufbau, das Verhältnis der Teile zum Ganzen, das nirgends unterbrochen ist, das

---

[47] ebenda
[48] Rudolf Steiner, *Goethes naturwissenschaftliche Schriften*. A.a.O. S.3f

dadurch mögliche immer verschiedene Erscheinen des Ganzen in den Teilen, die Dominanz einzelner Motive, die sich wiederholen, verwandeln und steigern, dies alles sind Erfahrungen, die beim Mitvollziehen von Goethes *Metamorphose der Pflanzen* gemacht werden können und die zu einem Bewegungserleben des Denkens führen, welches sonst nur bei einer künstlerisch durchgearbeiteten philosophischen Schrift oder bei einem Kunstwerk selbst möglich ist. Diese Erfahrung kann ohne die Beobachtungsgrundlage gemacht werden, auf die sich die Schrift bezieht. Um so erstaunlicher ist es, daß eine solche Beobachtungsgrundlage tatsächlich existiert und – wie von Naturwissenschaftlern vorbehaltlos anerkannt wird – diese nicht nur den Anstoß zu einem sich dann von ihr allmählich lösenden Gedankengang gibt, sondern im Gegenteil durch eine sich mehr und mehr nähernde gedankliche Durchdringung vertieft wird. Offen bleibt der wissenschaftliche Nutzen einer solchen Untersuchung, nur ist dieser auch bei gegenwärtig respektierter Naturwissenschaft so fragwürdig, daß daran ein wissenschaftliches Ergebnis zu bemessen ohnehin unseriös ist.[49] Was gilt, ist die im Erkenntnisvorgang

---

[49] Mit Goethe ließe sich argumentieren, daß sich die Frage nach dem wissenschaftlichen *Nutzen* ähnlich fremd und inadäquat in den Erkenntnisvorgang einbringt wie das *Kausalitätsdenken* (Vgl. Kapitel *IV.3.1. Kausalität*). Denn wie das Kausalitätsdenken nach einem hinter den Erscheinungen liegenden Grund forscht, so sucht das Nützlichkeitsdenken nach einer in der Regel technischen, wirtschaftlichen, politischen oder auch humanitären (Bsp. Medizin) Verwertbarkeit der Erscheinung. Das Kausalitätsdenken sucht, was einer Erscheinung vorangeht (als ihr Grund) und das Nützlichkeitsdenken sucht, was aus ihr folgt (als ihr Nutzen). Beide Bewußtseinshaltungen suchen die Erscheinung nicht aus sich selbst und in ihrer ihr eigenen Entwicklung zu begreifen. Damit ist nicht gesagt, daß Goethe gegen eine praktische Verwertung von wissenschaftlichen Ergebnissen eingenommen gewesen wäre. Im Gegenteil, er beförderte sie und erhoffte sich durch eine möglichst breite praktische Anwendung zugleich eine Erweiterung des wissenschaftlichen Spektrums. Vgl. hierzu auch Klaus Michael Meyer-Abich, *Selbsterkenntnis, Freiheit und Ironie – Die Sprache der Natur bei Goethe*: „Man darf also wohl nicht behaupten, daß Goethe etwas gegen die Technik schlechthin gehabt habe, [...]" (A.a.O. S.49) Meyer-Abich legt in seinem Essay dar, daß Goethes Wissenschaftsbegriff mit dem heutigen Wissenschaftsverständnis unter methodischen Gesichtspunkten durchaus kompatibel ist. Er betont, daß Goethes Technologieakzeptanz jedoch kein Technokratiebekenntnis ist, da im Vordergrund eine verantwortungsvolle und reflektierte Beziehung zur Natur steht. Vgl. hierzu auch Klaus Michael Meyer-Abich / Peter Matussek, *Skepsis und Utopie. Goethe und das Fortschrittsdenken*. A.a.O.

sich zeigende Evidenz. Diese ist bei Goethes Schrift in einer gedanklichen Klarheit gewährleistet, wie sie für die bloße Beschreibung eines Beobachtungsbestandes – und dies ist Goethes Untersuchung – sehr ungewöhnlich ist. Im Folgenden sollen unter diesem Gesichtspunkt der gedanklichen Durchdringung der Beobachtung wesentliche Motive aus Goethes Schrift vergegenwärtigt werden.

V.2.1. Zusammenziehung und Ausdehnung

Das Grundprinzip der Pflanzenentwicklung faßt Goethe in dem Vorgang der *Ausdehnung* und *Zusammenziehung*. Er begreift das Pflanzenwachstum als eine abwechselnd gegliederte Folge von drei Zusammenziehungen und drei Ausdehnungen. Es ist das gleiche Organ, das Blatt, welches sich durch diesen Vorgang verschieden ausgestaltet. Folgendes Schema soll diesen Gedanken übersichtlich zusammenfassen:

Samen	—— 1. Ausdehnung ——→	Stengelblatt
Stengelblatt	—— 1. Zusammenziehung ——→	Kelch
Kelch	—— 2. Ausdehnung ——→	Blütenblatt
Blütenblatt	—— 2. Zusammenziehung ——→	Staubgefäße/Griffel
Geschlechtswerkzeuge	—— 3. Ausdehnung ——→	Frucht
Frucht	—— 3. Zusammenziehung ——→	Samen

Im Samen ist die Pflanze konzentriert. Sie dehnt sich dann angefangen mit den Kotyledonen in den Stengelblättern aus. Die Stengelblätter werden zunehmend größer und differenzierter. Ihr Wachstum entfaltet sich bis zu einem bestimmten Punkt, dann beginnen sich die Blätter wieder zusammenzuziehen. Die Differenzierungen der Form gehen zurück und der Kelch wird gebildet. Dann setzt mit der Blütenbildung eine zweite Phase der Ausdehnung ein:

„Die Kronenblätter sind gewöhnlich größer als die Kelchblätter, und es läßt sich bemerken, daß wie die Organe im Kelch zusammengezogen werden, sie sich nunmehr als Kronenblätter [...] wieder ausdehnen, und uns, neue ganz verschiedene Organe vorbilden."[50]

---

[50] *Metamorphose der Pflanzen*, § 41; FA 24, 122f

Eine zweite Phase der Zusammenziehung ist der Übergang von den Kronenblättern zu den Geschlechtswerkzeugen (Staubgefäße und Griffel). Mit der Fruchtbildung vollzieht sich die dritte Phase der Ausdehnung. Und im Samen liegt die dritte Zusammenziehungsphase vor. – Goethe legt ein Gewicht der Betrachtung und Argumentation darauf, nachzuweisen, daß die einzelnen Teile der Pflanze, so verschiedenartig sie erscheinen, doch Ausgestaltungen des *einen* Organes, des Blattes sind, welches in der Lage ist, durch den wiederholten Vorgang der Ausdehnung und Zusammenziehung derart verschieden zu erscheinen.

> „Es mag nun die Pflanze sprossen, blühen oder Früchte bringen, so sind es doch immer *dieselbigen* Organe welche in vielfältigen Bestimmungen und unter oft veränderten Gestalten die Vorschrift der Natur erfüllen. Dasselbe Organ welches am Stengel als Blatt ausgedehnt und eine höchst mannigfaltige Gestalt angenommen hat, zieht sich nun im Kelche zusammen, dehnt sich im Blumenblatte wieder aus, zieht sich in den Geschlechtswerkzeugen zusammen, um sich als Frucht zum letztenmal auszudehnen."[51]

Um zu belegen, daß für die verschiedenen Ausgestaltungen *dasselbe* Organ verantwortlich ist, nimmt Goethe oft Beispiele der *anomalen* Entwicklung. Im Falle des Überganges vom Kelch- zum Kronenblatt erläutert er:

> „Ihre [der Kronenblätter] feine Organisation, ihre Farbe, ihr Geruch, würden uns ihren Ursprung ganz unkenntlich machen, wenn wir die Natur nicht in mehreren außerordentlichen Fällen belauschen könnten."[52]

Er benennt dann das Beispiel einer Nelke, wo sich innerhalb eines Kelches anstelle der Krone ein zweiter Kelch bildet,

> „welcher zum Teil vollkommen grün, die Anlage zu einem einblätterigen eingeschnittenen Kelche zeigt; zum Teil zerissen und an seinen Spitzen und Rändern, zu zarten, ausgedehnten, gefärbten wirklichen Anfängen der Kronenblätter umgebildet wird, wodurch wir denn die Verwandtschaft der Krone und des Kelches abermals deutlich erkennen."[53]

---

[51] ebenda, § 115; FA 24, 149
[52] *Metamorphose der Pflanzen*, § 41; FA 24, 123
[53] ebenda, § 42; FA 24, 123

V. Anschauende Urteilskraft

Hier liegt ein *Rückschreiten* der Entwicklung vor, indem ein Stadium der Bildung zum Teil wiederholt wird und nur Andeutungen des Überganges zum nächsten Stadium gegeben sind.[54] Bei einer Tulpe führt Goethe dann noch ein Beispiel des *Vorschreitens* an:

> „Auch gehet die Natur manchmal, indem sie das Organ des Kelchs gleichsam überspringt, unmittelbar zur Krone, und wir haben Gelegenheit in diesem Falle gleichfalls zu beobachten, daß Stengelblätter zu Kronenblättern übergehen. So zeigt sich z.B. manchmal an den Tulpenstengeln ein beinah völlig ausgebildetes und gefärbtes Kronenblatt. Ja noch merkwürdiger ist der Fall; wenn ein solches Blatt halb grün, mit seiner einen Hälfte zum Stengel gehörig an demselben befestigt bleibt, indes sein anderer und gefärbter Teil mit der Krone empor gehoben, und das Blatt in zwei Teile zerrissen wird."[55]

Durch ähnliche Beispiele zeigt Goethe die Verwandtschaft der Kronenblätter mit den Geschlechtswerkzeugen auf. Hier ist ein einfacher Beleg durch die Existenz gefüllter Blütenstände gegeben. Zum Schluß erläutert er die Blattnatur des Samens. Immer sind es außergewöhnliche Entwicklungen oder auch einzelne Spezies, die er als Beispiel heranzieht, da sie einzelne Übergangsformen festhalten, die sonst nicht sichtbar würden, und die dadurch schwer nachzuvollziehende *Sprünge* verständlich machen. Als Sinnbild und zugleich sichtbaren Beleg für die Metamorphose gibt Goethe das Beispiel einer *durchgewachsenen Rose*:

> „Alles was wir bisher nur mit der Einbildungskraft und dem Verstand zu ergreifen gesucht, zeigt uns das Beispiel einer durchgewachsenen Rose auf das deutlichste. Kelch und Krone sind um die Achse geordnet und entwickelt, anstatt aber, daß nun im Centro das Samenbehältnis *zusammengezogen*, an demselben und um dasselbe die männlichen und weiblichen Zeugungsteile *geordnet* sein sollten, begibt sich der Stiel halb *rötlich* halb *grünlich* wieder in die *Höhe*; kleinere dunkelrote, zusammengefaltete Kronenblätter, deren einige die Spur der Antheren an sich tragen, entwickeln sich *sukzessiv* an demselben. Der Stiel wächst fort, schon lassen sich daran wieder Dornen sehen, die folgenden einzeln gefärbten Blätter werden kleiner und gehen zuletzt vor unsern Augen in halb rot halb grün gefärbte Stengelblätter über, es bildet sich eine Folge von re-

---

[54] Vgl. hierzu auch § 72 und 75
[55] *Metamorphose der Pflanze*, § 44; FA 24, 123

gelmäßigen Knoten, aus deren Augen abermals, obgleich unvollkommene Rosenknöspchen zum Vorschein kommen."⁵⁶

Die *durchgewachsene Rose* zeigt auf diese Weise alle Zusammenziehungs- und Ausdehnungsphasen und belegt in der Anschauung, daß das verschiedenartig Erscheinende aus *einem* Gestaltungsprinzip hervorgeht. Die Erkenntnis dieses Gestaltungsprinzips kann nicht aus der Beobachtung gewonnen werden, sondern es zeigt sich allein dem Mitvollzug des Denkens, das die Einzelerscheinung *vorwärts und rückwärts* bewegt. Die *durchgewachsene Rose* ist dann zugleich Beleg und Bild (Symbol) für dieses *eine* Gestaltungsprinzip. Auf die Bedeutung solcher bildlicher oder auch *symbolischer* Anschauungsbelege soll später noch eingegangen werden.

V.2.2. Polarität und Steigerung

Der Rhythmus von *Zusammenziehung* und *Ausdehnung*, den Goethe als für die Pflanzenbildung konstitutiv beschreibt, ist nach seinem Verständnis durchaus auch auf einer anderen Ebene die Bewegung, die die Naturschöpfung durchzieht. D.h. es ist damit nicht nur das bildende Gesetz der Pflanzenentwicklung, sondern zugleich auch das Gesetz der Naturschöpfung überhaupt gemeint. In einem Tagebuchvermerk heißt es:

> „Über Metamorphose und deren Sinn; Systole und Diastole des Weltgeistes, aus jener geht die Spezifikation hervor, aus dieser das Fortgehen ins Unendliche."⁵⁷

Zusammenziehung und *Ausdehnung* verhalten sich zueinander wie *Systole* und *Diastole*. An früherer Stelle wurde dieses Motiv als *Hartnäckigkeit* und *Mobilität* beschrieben. Diesen Gedanken drückt Goethe auch in der Erläuterung zu dem Aufsatz *Die Natur* aus:

> „Die Erfüllung aber, die ihm [dem Aufsatz *Die Natur*] fehlt, ist die Anschauung der zwei großen Triebräder der Natur: der Begriff von *Polarität* und *Steigerung*, jene der Materie, insofern wir sie materiell, diese ihr dagegen, insofern wir sie geistig denken, angehörig."⁵⁸

---

⁵⁶ ebenda, §103; FA 24, 143
⁵⁷ Eintrag vom 17.5.1808; FA 33, 306
⁵⁸ *Erläuterung zu dem aphoristischen Aufsatz „Die Natur"*; HA 13, 48

V. Anschauende Urteilskraft

Goethe geht zunächst von der Polarität von Materie und Geist aus. Die Materie ist aber in sich auch polarisiert, so nämlich stellt sie sich dem Erkennenden dar, der sie *materiell denkt*. *Materiell denken* heißt, lediglich auf die unendlich vereinzelten und unzusammenhängenden Erfahrungsgegebenheiten blicken, denn das ist es, was als materiell bzw. sinnlich Gegebenes zunächst vorliegt. Es liegt demnach eine zweifache *Polarität* vor: 1. die Polarität von Materie und Geist; 2. die Polarität der Materie in sich, wie sie sich der Sinneserfahrung zeigt. Die *Steigerung* nun, die Goethe anführt, ist ebenfalls zweifacher Art. Es ist eine Steigerung des Geistes in der Materie[59], dieser zieht sich darin zusammen (Systole) und es ist eine Steigerung des Stoffes im Geist, dieser weitet sich darin (Diastole). Es ist demnach ein gegenläufiges Steigerungsgeschehen. Herbert Witzenmann erläutert wie folgt:

„Der absteigende Prozeß bewegt sich in der Richtung der Polarität, der gestaltlosen Finsternis. Der aufsteigende Prozeß bewegt sich in die Richtung dessen, wovon der absteigende ausgeht, der lichten und durchlichtenden Gestaltungskraft des Geistes. Der absteigende Prozeß ist ein solcher der sich steigernden Annäherung des Geistes an den Stoff. Der aufsteigende Prozeß ist ein solcher der sich steigernden Annäherung des Stoffes an den Geist."[60]

Zusammenziehung und Ausdehnung ist demnach nicht nur das Bildungsprinzip der Pflanze, es ist zugleich der ontologische Rhythmus der Naturschöpfung. Der Geist zieht sich im Stoff zusammen und der Stoff dehnt sich im Geist aus. Das eine ist ein Vorgang der *Individualisierung*: Die allgemeine Idee der Urpflanze kommt in einer bestimmten real existierenden Pflanze zur Erscheinung. Sie individualisiert sich darin. Das andere ist ein Vorgang der *Universalisierung*: In dem Maße als sich die allgemeine Idee der Urpflanze individualisiert, nimmt die materiell-stoffliche Grundlage Pflanzengestalt an, d.h. sie universalisiert sich in die Idee der Urpflanze, insofern sie als real-existierende Pflanze an dieser Idee Anteil hat. Dieser sich gegenseitig steigernde, individualisierende und universalisierende Vorgang durchdringt im Sinne Goethes die gesamte Naturschöpfung. Doch gibt die Pflanzenentwicklung, insbesondere die Blüte, ein Bild dafür. Bei Witzenmann heißt es:

---

[59] Vgl. hierzu die Kapitel *IV.4.1. Goethes Antiplatonismus* und *IV.4.2. Vergleich mit Aristoteles*, wo auf Grundlage von Goethes Ideenverständnis dargelegt wurde, daß Ideen innerhalb der Natur bildend tätig sind und dadurch eine Steigerung erfahren.

[60] Herbert Witzenmann, *Polarität und Steigerung*. A.a.O. S.34

„Diese zweifache Steigerung erreicht in der Blüte ihre höchste Stufe, da in ihr die Idee der Pflanze in die vollkommenste Erscheinung tritt und ihr materiell Erscheinendes am meisten idealisiert ist."[61]

Es kann auf Grundlage des Dargelegten andeutungsweise verständlich werden, wie Goethe mit den Begriffen *Ausdehnung* und *Zusammenziehung* sowohl *botanisch* als auch *ontologisch* operiert. Es wird an späterer Stelle noch auf einen dritten Aspekt, nämlich die erkenntnistheoretische bzw. wissenschaftsmethodische Bedeutung von diesem Rhythmus eingegangen werden. Im Folgenden sei ein weiteres Thema der Metamorphosenlehre angeführt.

V.2.3. Kotyledonen

Neben den Rhythmus von *Zusammenziehung* und *Ausdehnung* legt Goethe ein anderes Schwergewicht der Betrachtung auf die *Kotyledonen*, nicht weil er ihnen selbst bei der Blattentwicklung eine besondere Bedeutung beimißt, aber weil sich in ihnen ein Bildeprinzip ankündigt, das er in der Folge als für die Pflanzenentwicklung wesentlich erachtet. Es heißt:

> „Die Kotyledonen sind meist gedoppelt, und wir finden hierbei eine Bemerkung zu machen, welche uns in der Folge noch wichtiger scheinen wird. Es sind nämlich die Blätter dieses ersten Knotens oft auch dann *gepaart*, wenn die folgenden Blätter des Stengels *wechselweise* stehen, es zeigt sich also hier eine Annäherung und Verbindung der Teile welche die Natur in der Folge trennt und voneinander entfernt. Noch merkwürdiger ist es wenn die Kotyledonen als viele Blätter um Eine Achse versammlet erscheinen, und der aus ihrer Mitte sich nach und nach entwickelnde Stengel, die folgenden Blätter einzeln um sich herum hervorbringt, welcher Fall sehr genau an dem Wachstum der Pinusarten sich bemerken läßt. Hier bildet ein Kranz von Nadeln gleichsam einen Kelch, und wir werden in der Folge, bei ähnlichen Erscheinungen, uns des gegenwärtigen Falles wieder zu erinnern haben."[62]

Goethe ist es hier wichtig hervorzuheben, daß bei den Kotyledonen entweder als Paarung oder auch als Vielzahl (Pinusarten) die Blätter um *eine* Achse versammelt sind. Dies wird dann bei den Stengelblättern wieder aufgehoben, was mit dem Gesetz der Ausdeh-

---

[61] ebenda S.30
[62] *Metamorphose der Pflanze*, § 16; FA 24, 113f

nung zusammenhängt. Aber auch die Kotyledonen unterstehen schon nach der Zusammenziehung im Samen dem Ausdehnungsvorgang. Worauf Goethe hinweisen möchte, ist, daß mit dem ersten Erscheinen der Pflanze schon das Ziel der Entwicklung angedeutet wird. Bei der Bechreibung des Kelches erwähnt er dieses Motiv wieder:

„Daß die Blätter des Kelches eben dieselbigen Organe seien, welche sich bisher als Stengelblätter ausgebildet sehen lassen, nun aber oft in sehr veränderter Gestalt, um Einen gemeinsamen Mittelpunkt versammlet stehen, läßt sich wie uns dünkt auf das deutlichste beweisen."[63]

Dann schließt er im nächsten Paragraphen an:

„Wir haben schon oben bei den Kotyledonen eine ähnliche Wirkung der Natur bemerkt, und mehrere Blätter, ja offenbar mehrere Knoten, um Einen Punkt versammlet und nebeneinander gerückt gesehen. Es zeigen die Fichtenarten, indem sie sich aus dem Samenkorn entwickeln, einen Strahlenkranz von unverkennbaren Nadeln, welche, gegen die Gewohnheit anderer Kotyledonen, schon sehr ausgebildet sind; und wir sehen in der ersten Kindheit dieser Pflanze schon diejenige Kraft der Natur gleichsam angedeutet, wodurch in ihrem höheren Alter der Blüten- und Fruchtstand gewirkt werden soll."[64]

Ein Gestaltungsprinzip, welches später erst in der Blüte in Erscheinung tritt, wird schon als Andeutung vorweggenommen. Dieses Gestaltungsprinzip wird von Goethe dann nochmals ausdrücklich genannt:

„Auf diese Weise bildete also die Natur den Kelch; daß sie mehrere Blätter und folglich mehrere Knoten, welche sie sonst *nach einander*, und in einiger Entfernung *von einander* hervorgebracht hätte, *zusammen*, meist in einer gewissen Zahl und Ordnung um Einen Mittelpunkt verbindet."[65]

Diese Beschreibung des Prinzips wird von Goethe dann noch in einem besonderen Fall vor Augen geführt. Er nennt die *glockenför-*

---

[63] ebenda, § 32; FA 24, 119
[64] ebenda, § 33; FA 24, 119
[65] ebenda, § 38; FA 24, 121

migen oder sogenannten einblätterigen Kelche.[66] Hier hat sich die Vielzahl der um einen Punkt versammelten Blätter zu *einem* Blatt verbunden, wobei aber der Ursprung noch ersichtlich bleibt durch Einkerbungen am Rand.

Der Rhythmus von *Zusammenziehung* und *Ausdehnung* und die *Zentralstellung* sind zwei wesentliche Merkmale der Pflanzenmetamorphose. Beide Motive werden von Goethe ausführlich besprochen und – was hervorgehoben sei – bildlich an Beispielen veranschaulicht. Im Folgenden soll auf die impliziten methodischen Grundlagen der Metamorphosenlehre geblickt werden.

V.3. Denken und Anschauen

In Goethes Aufsatz *Versuch die Metamorphose der Pflanzen zu erklären* finden sich einige sparsame Hinweise auf das methodische Verhalten des Erkennenden. Sie haben gegenüber den speziell diesem Thema gewidmeten theoretischen Schriften ein größeres Gewicht, da sie unmittelbar in die inhaltliche Darstellung verflochten sind. Es heißt an einer Stelle:

„Wir sind überzeugt daß mit einiger Übung es nicht schwer sei, sich auf diesem Wege die mannigfaltigen Gestalten der Blumen und Früchte zu erklären; nur wird freilich dazu erfordert, daß man mit jenen oben festgestellten Begriffen der Ausdehnung und Zusammenziehung, der Zusammendrängung und Anastomose, wie mit algebraischen Formeln bequem zu operieren, und sie da, wo sie hingehören anzuwenden wisse."[67]

Hier wird die *Übung* erwähnt, das *Festhalten* eines Begriffes und das gleichzeitige *bewegliche Operieren* mit demselben. Eine weitere Anweisung lautet:

„Es versteht sich von selbst, daß wir ein allgemeines Wort haben müßten wodurch wir dieses in so verschiedene Gestalten metamorphosierte Organ bezeichnen, und alle Erscheinungen seiner Gestalt damit vergleichen könnten: gegenwärtig müssen wir uns damit begnügen, daß wir uns gewöhnen die Erscheinungen vorwärts und rückwärts gegen einander zu halten."[68]

---

[66] ebenda, § 36; FA 24, 120
[67] ebenda, §102; FA 24, 142f
[68] ebenda § 120; FA 24, 150f

V. Anschauende Urteilskraft

Das *allgemeine Wort* ist nicht das Wesentliche. Es geht nicht um eine begriffliche Festlegung, sondern um einen dynamischen Vollzug. Dies ist das schon während der *Italienischen Reise* erwähnte Motiv des *Vorwärts-und-Rückwärts-Gehens*. Auf den Betrachtungsgegenstand angewendet bedeutet es:

> „Denn wir können eben so gut sagen: ein Staubwerkzeug sei ein zusammengezogenes Blumenblatt, als wir von dem Blumenblatte sagen können: es sei ein Staubgefäß im Zustand der Ausdehnung; ein Kelchblatt sei ein zusammengezogenes, einem gewissen Grad der Verfeinerung sich näherndes Stengelblatt, als wir von einem Stengelblatt sagen können es sei ein, durch Zudringen roherer Säfte ausgedehntes Kelchblatt."[69]

Aus diesen Schilderungen und Anweisungen geht hervor, daß beim Erkennen der Pflanzenentwicklung im besonderen und beim Naturerkennen im allgemeinen eine im hohen Grade geistige Aktivität, Beweglichkeit und Bildsamkeit nötig ist. Diese *Beweglichkeit* muß als Aktivität des Betrachters aufgebracht werden. Denn dieser hat es zunächst nur mit einzelnen feststehenden Sinnesdaten zu tun, welche untereinander in Beziehung gebracht werden müssen. Damit dies in rechter Weise gelingen kann, ist Übung erforderlich. Zugleich muß das Bewegen und In-Beziehung-Setzen der Sinnesgegebenheiten geführt werden. Es darf nicht willkürlich vonstatten gehen. Die als tauglich befundenen Begriffe müssen zwar festgehalten, aber nicht statisch fixiert, sondern der Bewegung der Pflanzenentwicklung dynamisch angepaßt werden. Goethes Methodik fordert demnach eine große denkerische Aktivität und Selbständigkeit. Dies ist einer der wesentlichsten Aspekte seiner Forschung, der deshalb Beachtung verdient, weil er innerhalb einer phänomenologisch ausgerichteten Grundhaltung sehr ungewöhnlich ist. Um die Bedeutung und Eigenart dieses Ansatzes zu konturieren, ist es hilfreich, ihn in Analogie zu J.G. Fichtes Verständnis der Philosophie zu betrachten. In einem Vortrag äußert Fichte folgendes:

> „Der rechte, und mir liebste Zuhörer wäre der, der den gehörten Vortrag zu Hause für sich, nicht unmittelbar, denn dies wäre das mechanische Gedächtniß, sondern durch Nachdenken und Sichbesinnen, wieder zu produciren vermöchte und zwar mit absoluter Freiheit des Ganges, rückwärts, aufsteigend vom Resultate, wobei geschlossen würde zu seinen Prämissen – vorwärts aus den Prämissen, womit angehoben worden, ableitend die Resultate, –

---

[69] ebenda

aus der Mitte heraus, aufsteigend und absteigend zugleich, – und der dies vermöchte mit absoluter Unabhängigkeit von den gebrauchten Ausdrücken; – und da wir in mehreren durch Stunden und Tage abgesonderten Vorträgen denn doch nur Einen ganzen in sich selber geschlossenen Vortrag der WL zu halten gedenken, von welchen die einzelnen Lehrstunden gerade die integrierenden Theile ausmachen werden, wie die einzelnen Momente Einer Lehrstunde ihre Theile ausmachen – da, sage ich, es sich also verhalten wird, so wäre in dieser Rücksicht derjenige mir der liebste Zuhörer, der auf eben dieselbe Weise aus jeder einzelnen Lehrstunde, anhebend bei der ersten oder anhebend bei der letzten, die er gehört hat, oder anhebend bei irgendeiner der Mitte, alle insgesamt herstellen könnte."[70]

Fichte fordert bezogen auf die Wissenschaftslehre eine Aktivität, die in der Lage ist, vorwärts und rückwärts zu schreiten und auf diese Weise die erreichten Forschungsresultate neu zu erzeugen. Das entsprechende methodische Vorgehen fordert Goethe für die Pflanzenerkenntnis. Marcelo da Veiga Greuel erläutert Fichtes Methodik:

„Fichte vertritt also eine philosophische Lehre, deren Eigenart darin besteht, nur dann richtig verstanden werden zu können, wenn sie nicht nachgeahmt, sondern neu geschöpft wird. Die selbständige geistige Gestaltung ist hierbei das Wesentliche, weil sie der Weg zum Inhalt ist, der nur erreichbar wird, wenn die vorgefundene Form überwunden und eine immer wieder erneuerte Art der Darstellung als lebendiger Ausdruck des gleichen geistigen Gehaltes gefunden wird. Von dem Rezipienten fordert sie einerseits das Eindringen durch die vorgegebene Form in den dargestellten Gehalt, aber zugleich auch die Emanzipation von ihr durch Neugestaltung aus eigener Anschauung."[71]

Dann zitiert Greuel nochmals Fichte:

„Kurz, zwischen meinem Akte des Vortrages, und Ihrem Besitzstand des Vorgetragenem muß noch ein Mittelglied eintreten, Ihre eigene Nacherfindung."[72]

---

[70] *Vorlesung vom 18. April 1804*; Fichte 2.8, 19
[71] Marcelo da Veiga Greuel, *Wirklichkeit und Freiheit. Die Bedeutung Johann Gottlieb Fichtes für das philosophische Denken Rudolf Steiners.* A.a.O. S.24
[72] *Vorlesung vom 18. April 1804*; Fichte 2.8, 23

V. Anschauende Urteilskraft

Es sei nochmals betont: Es geht nicht darum, Goethes Wissenschaftsidee mit Fichtes Wissenschaftslehre zu vergleichen. Es soll lediglich der Tätigkeitsaspekt analog betrachtet werden. Fichtes *Tathandlung* soll bezogen auf die darin enthaltene geistige Aktivität mit Goethes Denkaktivität bei der Pflanzenbetrachtung verglichen werden. Bezogen auf die *Selbstreflexivität*, die für Fichtes *Tathandlung* mitentscheidend ist, liegen bei Goethe andere Verhältnisse vor. Hierauf soll an späterer Stelle nochmals geblickt werden. Die Übereinstimmung des Tätigkeitsaspektes bei Goethe und Fichte ist aber durchaus augenfällig. Zwar ist der jeweilige Gegenstandsbereich ein vollständig verschiedener, bei Fichte ein ideeller und in letzter Konsequenz die geistige *Tätigkeit* selbst, bei Goethe die Sinneserfahrung. Die Forderung einer dynamischen Durchdringung des jeweiligen Gegenstandsbereichs ist aber identisch. Sie erstreckt sich bis auf den Begriff der Nacherfindung. Aus Italien schreibt Goethe über die Idee der Urpflanze:

„Mit diesem Modell und dem Schlüssel dazu kann man alsdann noch Pflanzen ins Unendliche erfinden."[73]

Die notwendige Steigerung der inneren Tätigkeit bei der Erkenntnis des Organischen sieht Goethe durch den Gegenstandsbereich selbst gefordert. Seinen von 1817 an publizierten *Morphologischen Heften* stellt er folgenden Satz des Hiob voran:

„Siehe er geht vor mir über
ehe ich's gewahr werde,
und verwandelt sich
ehe ich's merke."[74]

Hier ist das Subjekt des *Vorübergehens* und der *Verwandlung* die Gottheit. Bei Goethe ist es das organische Bildegesetz, das in keiner Erscheinung festgehalten werden kann. Es wäre dann immer schon ein *Gewordenes*. Seinem Wesen ist aber das *Werden* eigen. Wird dieses nicht erfaßt, findet keine Erkenntnis statt. Dementsprechend fordert Goethe eine Adaption des Erkennens an den Gegenstand in seinem Werdeprozeß. Es heißt:

„Das Gebildete wird sogleich wieder umgebildet, und wir haben uns, wenn wir einigermaßen zum lebendigen Anschaun der Natur

---

[73] Brief vom 17. Mai 1787; HA 11, 375
[74] FA 24, 399

gelangen wollen, selbst so beweglich und bildsam zu erhalten, nach dem Beispiele mit dem sie uns vorgeht."[75]

Der fortschreitende Umbildungsvorgang in der Natur wurde als Prozeß der auf- und absteigenden Metamorphose erläutert. Dieser muß im Erkennen, indem es *vorwärts und rückwärts* schreitet, mitvollzogen werden. Es muß sich gleichermaßen in der sinnlichen Erscheinung, indem es diese durchdringt und begreift, verdichten wie es die Einzelerscheinungen in einen universellen Zusammenhang eingliedert. Der Rhythmus von *Zusammenziehung* und *Ausdehnung*, der für Goethe sowohl *botanische* wie *ontologische* Bedeutung hat[76], gewinnt demnach auch eine *erkenntnismethodische* und *epistemologische* Bedeutung. In dem Maße, wie das Erkennen diesen Rhythmus aktiviert, erlangt es selbst ontologische Bedeutung.

„Dich im Unendlichen zu finden,
Mußt unterscheiden und dann verbinden;"[77]

In dem zuvor angeführten Zitat erwähnt Goethe, daß ein Erkennen, welches in der Lage ist, die Umbildungsvorgänge der Natur zu begleiten, zu einem *lebendigen Anschauen* der Natur gelange. Hierauf sei später noch geblickt. Zunächst sollen noch andere Besprechungen herangezogen werden, die ebenfalls den Aspekt der Denktätigkeit in bezug auf Goethes Naturerkennen betonen.

In der Schrift von Josef König *Der Begriff der Intuition* findet sich ein Kapitel *Das Urphänomen bei Goethe*. König beschreibt hier folgendes:

„Wo also eine Manifestation als solche erkannt wird, sind wir schon mitten in der ewigen Mobilität und Bewegung darin, und der innere Haltepunkt und das die unendliche Flucht der Erscheinungen hier zur Ordnung und übersichtlichen Folge zwingende Gesetz ist das produktive, frei-gesetzliche Denken selbst, das in jedem seiner verschiedenen Gegenstände ganz versinkt, das aber in diesem Versunkensein und in dem restlosen Ein- und Übergang von einem zum und in dem anderen nichts destoweniger sich selbst festhält und bewahrt."[78]

---

[75] *Die Absicht wird eingeleitet*; FA 24, 392
[76] Vgl. Kapitel *V.2.2. Polarität und Steigerung*
[77] *Trilogie zu Howards Wolkenlehre, Atmosphäre*; HA 1, 349
[78] Josef König, *Der Begriff der Intuition*. Darin: *Das Urphänomen bei Goethe*. A.a.O. S.128

König spricht von einem *frei-gesetzlichen Denken*. An anderer Stelle erläutert er diesen Ausdruck noch einmal:

> „Denn wir versuchten zu zeigen, daß der bewußte Überschuß in den Aussagen Goethes nur durch das frei-gesetzliche Denken selbst entstehen kann. Es ist frei, weil es wirklich produzieren, d.h. nachschaffen muß und weil es die Grenzen des Spielraums dabei nur innerlich erfahren kann; es ist gesetzlich, weil und insofern es wahrhaft produzieren, d.h. den Teil als Teil erfassen, dann und nur dann kann, wenn es schon im Ganzen, dieses habend und doch nicht habend, darin steht."[79]

Der von König hervorgehobene *freie* Aspekt des Denkens wird mit Blick auf die von Goethe geforderte Steigerung der Denktätigkeit, die sich gegenüber ihrem Gegenstand – z.B. der Pflanzenentwicklung – nicht lediglich passiv rezipierend, sondern aktiv produzierend verhält, verständlich. Hier handelt es sich um einen willentlichen Entschluß des Forschers, den er fassen oder unterlassen kann, und dessen möglicher Erkenntnisfortschritt offen ist. Der *gesetzliche* Aspekt des Denkens aber, den König betont, ist anders zu bewerten. Hier entsteht die Frage, woher die Gesetzlichkeit kommt. Bei dem ersten Zitat spricht König von einem *zwingenden Gesetz*, welches das Denken selbst sei. Dies führt in die Nähe Kants, der – wie an früherer Stelle bereits erwähnt – davon spricht, daß der Verstand der Natur seine Gesetze vorschreibe. Dies ist von Goethe so nicht gesehen worden. Und auch König sucht an anderer Stelle den diesbezüglichen Gegensatz zwischen Goethe und Kant darzulegen. Trotzdem liegt bei ihm – gerade wenn er auf das Gesetzliche im Denken zu sprechen kommt – ein bedeutenderer Akzent auf dem Subjekt, beispielsweise wenn er sagt, daß in dem dynamischen Übergehen von einem Teil zum anderen das Denken *sich selbst festhält und bewahrt*. Bei Goethe liegt eine größere Lösung und Öffnung des Denkens vor, das sich nicht selbst zu bewahren sucht, sondern sich im Gegenteil dem Gegebenen der Erfahrung vollständig zur Verfügung stellt. Wenn das Denken zwischen den einzelnen Blattgestalten der Pflanze vor- und zurückschreitet, hält es sich nicht selbst fest, sondern wird im glücklichen Fall, d.h. im Falle des wissenschaftlichen Fortschritts einer Erkenntnis, von dem Gesetz der Pflanzenbildung selbst festgehalten und bewahrt. Im zweiten Zitat sind Königs Formulierungen etwas offener. Hier spricht er von einem *innerlichen Erfahren* der Grenzen. Im Goetheschen Sinne geht

---

[79] ebenda S.143

es auch um ein innerliches Erfahren, aber weniger um dasjenige von Grenzen als von einer inhaltlich qualifizierenden Erfüllung seitens der Erfahrung. Dies scheinen etwas pedantische Wortklaubereien zu sein, aber es geht um ein wesentliches und grundsätzliches Problem der Goetheschen Forschung, nämlich dasjenige des Übergehens und Ineinsgehens von Denken und Anschauung und der dadurch möglichen Vermittlung von Objekt und Subjekt. – Eine treffende Beschreibung findet sich bei Gottfried Benn, der im Hinblick auf Goethes Methode von einem

> „[...] Eintauchen des Denkens in den Gegenstand und einer Osmose des Objekts in den anschauenden Geist [...]"[80]

spricht. Die eine Seite des Vorganges ist wiederum deutlich: das Eintauchen des Denkens in den Gegenstand. Die andere jedoch, die Benn als *Osmose* bezeichnet, ist schwerer zu begreifen. Es ist bei der Darlegung Benns festzuhalten, daß es sich aus seiner Sicht um einen wechselseitigen Austauschvorgang handelt: Das Subjekt *taucht* mit seinem Denken in das Objekt ein; und das Objekt *taucht* im Denken des Subjektes auf. Wie sich dieser Vorgang genau abspielt, bleibt aber offen. Es sei, um diesem Problem näherzukommen, Goethes eigene Darlegung vergegenwärtigt. In dem Aufsatz *Anschauende Urteilskraft* von 1817 gibt Goethe folgende Beschreibung eines seiner Auffassung nach möglichen *anschauenden Verstandes*. Es heißt:

> „[...]; so dürft' es wohl im Intellektuellen derselbe Fall sein, daß wir uns, durch das Anschauen einer immer schaffenden Natur, zur geistigen Teilnahme an ihren Produktionen würdig machten."[81]

Es sei dieser Satz in seinen Bestandteilen näher untersucht. Es sind im wesentlichen vier Momente genannt: 1. das Intellektuelle, 2. das Anschauen einer immer schaffenden Natur, 3. deren Produktionen und 4. eine geistige Teilnahme, zu der man sich würdig macht. Das *Intellektuelle* wird im Unterschied zu einer vorher erwähnten *sittlichen* Entwicklung genannt. Es geht um eine Entwicklung des Erkennens. An erster Stelle nennt Goethe *das Anschauen einer immer schaffenden Natur*. Dies enthält schon zahlreiche Implikationen. Man hat es nämlich in der Anschauung oder Beobachtung der Natur in der Regel nicht mit deren Schaffen zu tun, sondern lediglich mit

---

[80] Gottfried Benn, *Goethe und die Naturwissenschaft*. A.a.O. S.186
[81] HA 13, 30f

dem von ihr Geschaffenen, mit ihren *Produktionen*. Das Anschauen einer immer schaffenden Natur ist demgegenüber eine Steigerung. Es muß die *Anschauung* durch das *Denken* belebt werden, damit sie – beispielsweise bei der Pflanze – von einem Gebilde zum nächsten übergehen kann. Dadurch gelangt eine schaffende Natur überhaupt erst in das Blickfeld. Eine weitere Steigerung ist die, daß sich ein solches Anschauen zur *geistigen Teilnahme* an den *Produktionen* der Natur *würdig* macht. Dann ist es nicht mehr nur ein Anschauen des Schaffens der Natur, es ist ein *Teilnehmen* an diesem Schaffen, ein *Mitschaffen*. Es liegt eine weitgehende Durchdringung der denkenden Tätigkeit des Subjekts mit dem ideellen Gehalt des Objekts vor. Die in der Natur, in der Pflanzenbildung wirkenden Gesetze werden vom Subjekt im Erkennen mitvollzogen und existieren darin auf *geistige* Weise, wie sie in der Natur *materiell* wirken. In dem bereits angeführten Zitat von Rudolf Steiner wird dieser Gedanke wie folgt dargelegt:

> „Man wird gewahr, daß er [der Gedanke der Metamorphose] die in die *Idee* übersetzte Natur der Pflanze selbst ist, die in unserem Geiste ebenso lebt wie im Objekte; [...]"[82]

Etwas Ähnliches faßt auch Dorothea Kuhn ins Auge:

> „Unter genetischer Behandlung [...] versteht Goethe das Vordringen von der Betrachtung des Werdenden in seinen Metamorphosen zur höheren Erfahrung der Idee dieser Metamorphose, welche ihm aus der Anschauung dieses Werdenden zukommt."[83]

Es bleibt die Frage bestehen, auf welche Weise dem Forscher diese *Anschauung des Werdenden zukommt*. Es ist insbesondere durch die Darlegungen zu Goethes Aufsatz *Der Versuch als Vermittler von Objekt und Subjekt* deutlich geworden, wie das denkende Subjekt bzw. das Denken des Subjektes sich mit einem Gegenstand verbindet. Weniger klar ist, auf welche Weise der Gegenstand, das Objekt sich mit dem Subjekt verbindet. Hier wird von den zitierten Autoren –

---

[82] Rudolf Steiner, *Goethes naturwissenschaftliche Schriften*. A.a.O. S.4
[83] Dorothea Kuhn, *Empirische und ideelle Wirklichkeit. Studien über Goethes Kritik des französischen Akademiestreites*. A.a.O. S.297 (Anmerkung 1017). Vgl. zu dieser Darlegung auch Andreas B. Wachsmuth, *Goethes Naturfoschung und Weltanschauung in ihrer Wechselbeziehung*: „Die Überzeugung vom mentalen Urcharakter der Natur ist ein Wesenszug im naturwissenschaftlichen Denken Goethes zeitlebens geblieben." (A.a.O. S.48)

zumindest dem Sprachgebrauch nach – eine Aktivität oder Bewegung auf der Objektseite beschrieben. Dorothea Kuhn spricht von *Zukommen*, Gottfried Benn von *Osmose* und Josef König von einer *inneren Erfahrung* des Denkens. Bei Goethe ist die Formulierung nicht so eindeutig. Er sagt lediglich, daß man sich *würdig macht*, an den *Produktionen* der Natur *teilzunehmen*. In diesem Rahmen bewegt sich auch Steiner, wenn er von der in *die Idee übersetzte Natur der Pflanze selbst* spricht. Dieser Übersetzungsvorgang wird dann durchaus von dem Forschenden selbst geleistet. Dieses *Übergangsproblem* soll anhand zweier weiterer Studien deutlicher gefaßt werden.

In dem Aufsatz *Form and Cause in Goethes Morphology* von Ronald H. Brady geht der Autor auf die Art von Goethes wissenschaftlicher Begriffsbildung ein. Die Frage ist: Wie verhält sich das Erkennen gegenüber den gegebenen Sinneserfahrungen? Brady erläutert eine erste Stufe wie folgt:

> „We compromise with the sensible conditions by taking each individual form as an arrested stage of the transformation, akin to a series of photographs which break a continuous movement into a series of 'shots', which then become transparent to the movement they portray. [...] We move our intentional focus from text to context, from the individual particulars to the unifying movement."[84]

Zunächst werden demnach die singulären Erfahrungen als Momente einer Bewegung, aus der sie hervorgegangen sind, begriffen. Diese Bewegung, damit sie sich dem Erkennen zeigt, muß als *Denkbewegung* mitvollzogen werden. Im Hinblick auf die Metamorphosenlehre erläutert Brady:

> „His attempt to achieve a 'spiritual participation' in the operation of plant metamorphosis led him to exercises of imagination [...] by which he attempted to follow the movement between forms. The goal of these investigations was to observe the manner in which the law – 'the eternal' – entered into 'the transitory', something which he expected to trace through his own intentional activity (which activity constituted his 'participation' in the activity of nature)."[85]

Es geht demnach darum – wie bereits erläutert –, daß das Denken die Bewegung mitvollzieht, die die Pflanze in ihrer Entwicklung selbst vollzieht. Brady spricht in diesem Zusammenhang von

---

[84] Ronald H. Brady, *Form and Cause in Goethes Morphology*. A.a.O. S.277f
[85] ebenda S.283

Imaginationsübungen (*exercises of imagination*). Im weiteren beschreibt er eine Art Gegenbewegung:

> „The single image now becomes transparent to the whole 'gesture' – which it now seems to express – and that gesture moves towards perceptibility as the individual forms move toward continuity."[86]

Das, was Brady als *Geste* bezeichnet, geht in Richtung der Sichtbarkeit und die einzelne Erfahrungsgestalt (Blatt) geht in Richtung eines ideellen Zusammenhangs. Diese Gegenbewegung wurde auch von Benn angedeutet. Es ist die gleiche, die in Goethes Metamorphosenlehre als das Vor- und Zurückschreiten beschrieben worden ist. Es ist in diesem Verständnis nicht lediglich ein Vor- und Zurückschreiten innerhalb der Empirie, sondern ein solches, welches von der Idee zur Empirie vorschreitet und von der Empirie zur Idee zurückschreitet. Dies ist auch – wie die Verständigung zwischen Goethe und Hegel belegt – der eigentliche Inhalt des Begriffes *Urphänomen*. Amrine erläutert hierzu, indem er den von Goethe ähnlich gebrauchten Begriff *prägnanter Punkt* bespricht:

> „Yet the word point is actually misleading, for what is accessed in this moment is a pure activity that is nevertheless saturated with empirical content, and thus not abstract."[87]

Es ist die *reine Aktivität des Denkens*, welches zwischen Empirie und Idee frei hin- und hergehen kann. Goethe gibt zum Urphänomen folgende Erläuterung:

> „Urphänomen: ideal, real, symbolisch, identisch;
> ideal als das letzte Erkennbare,
> real als erkannt,
> symbolisch, weil es alle Fälle begreift,
> identisch mit allen Fällen."[88]

Das Urphänomen ist *ideal*, weil das Erkennen darin eine Evidenz erfährt, die es sonst nur im Ideellen hat. So wie jede Idee durch sich selbst verstanden wird und sich selbst in den Zusammenhang mit anderen Ideen stellt, so wird ein Urphänomen durch sich selbst verstanden. Es bleibt kein Erkenntnisrest. Gegenüber der im Denken gewonnenen Idee ist das Urphänomen aber auch *real*, weil es als

---

[86] ebenda S.284f
[87] Frederick Amrine, *The Metamorphosis of the Scientist*. A.a.O. S.197
[88] MuR; HA 12, 366

empirische Erscheinung erkannt wird. Und da es alle anderen ihm zugehörigen Erscheinungen in einer Erscheinungsreihe umgreift, kann es *symbolisch* für sie stehen. Es ist aber zugleich *identisch* mit ihnen, weil es in jedem eine besondere Form der Ausgestaltung findet. Alle diese Erscheinungsformen gewinnt das Urphänomen kraft des Denkens, welches es in dieser Weise zu bewegen in der Lage ist, bzw. sich selbst in dieser Weise bewegt und dadurch als Vollzugsform selbst das jeweilige Urphänomen ist. Es sei herausgestellt: Das Goethesche Urphänomen ist nicht etwas, das in der Welt vorliegt, noch kann es abstrahierend aus einzelnen Phänomenen gewonnen werden. Ein Urphänomen im Goetheschen Sinne ist eine spezifische Denkqualität. Es ist ein Denken, welches sich durch den fortwährenden vergegenwärtigenden Umgang mit den Einzelerfahrungen deren inneren ideellen Zusammenhang erschlossen hat und diesen mitvollzieht. Auf diese Weise kann das einer Erscheinung zugrundeliegende und sie durchdringende Gesetz, das in den stets vereinzelten Sinneserfahrungen nicht gegeben ist, phänomenologisch entwickelt werden. Die Frage, die hier wieder besteht, ist die, woher das Denken, welches sich derart bewegt, sich seiner selbst gewiß ist, mit den Gesetzen der Pflanzenentwicklung übereinzustimmen. Brady beschreibt in einem anderem Essay als dem zuvor zitierten diesen Erkenntniszustand wie folgt:

> „The final result of the phenomenological standpoint must be a participant attitude which directly contradicts the Cartesian stance, for with the contemplation of intentionality we come to a point in experience where we are most intimately ourselves – the activity of our own will – *and are yet most definitely the other* at the same time, since the activity in which we participate is the constitutional structure of the object contemplated."[89]

Es ist demnach eine Art Selbstevidenz des Denkens, das sich als Tätigkeit des Subjektes mit dem Gehalt des Objektes verbindet und davon geführt wird. Amrine gibt folgende Erläuterung:

> „The transformed self, co-creative, constructs enhanced phenomena in turn. Neither of these two poles is primary: what is primary is the activity that precedes the distinction between subject and object, and calls both into being."[90]

---

[89] Ronald H. Brady, *Goethe's Natural Science. Some Non-Cartesian Meditations.* A.a.O. S.160
[90] Frederick Amrine, *The Metamorphosis of the Scientist.* A.a.O. S.204

V. Anschauende Urteilskraft

Amrine legt das Schwergewicht – wie schon gezeigt – auf die Denkaktivität, die die Unterscheidung zwischen Subjekt und Objekt auf dieser Stufe aufhebt und beide in einer neuen wissenschaftlichen Wirklichkeitsform verbindet. Die wissenschaftliche Evidenz rührt hier von der Erfahrung der Selbstverwandlung durch die Phänomene. Dies ist eine Blickrichtung, die schon zuvor angesprochen wurde, als es um den Goetheschen *Versuch* ging. Herbert Witzenmann spricht bezogen auf Goethes experimentelle Urteilsbildung von *objektseitig geprägten Vorstellungen*.[91] Das heißt, daß das Subjekt lediglich Begriffsangebote macht, die vom Objekt *angenommen* oder *verworfen* werden. Es ist nach Witzenmann die wahrnehmliche Individualisierung eines begrifflichen Inhaltes, in die die denkende Tätigkeit einmündet, welche die inhärente Gewißheit, wirklichkeitshaltige Vorstellungen zu bilden, gewährt. In dem Aufsatz *Goethes Idee des Experiments und die moderne Naturwissenschaft* heißt es:

„Der Begriff hat die allein legitime experimentelle Funktion, die Erscheinungen so zu ordnen, daß er sich selbst in seiner objektiven Entsprechung in den Dingen anschaulich werden kann. Dann wird er als die selbst nicht erscheinende bewegliche und bewegende Urbildekraft in den Metamorphosen der von ihm zusammengeschlossenen Erscheinungsreihe einerseits objektiv, doch durch die Bedingungen der Spiegelung modifiziert, gespiegelt, anderseits als inneres Bewegungserlebnis des Forschers bei dem beobachtenden Durchlaufen der Metamorphosenfolge subjektiv anschaulich."[92]

Bezogen auf die Fragestellung nach der wissenschaftlichen Evidenz ist das Wesentliche an der Darlegung Witzenmanns der Faktor der *Anschauung*. Witzenmann spricht von zwei Seiten der Anschauung. Zum einen wird der Begriff, der im Denken lebende ideelle Gehalt, unter Voraussetzung einer methodisch schrittweise durchgeführten experimentellen Urteilsbildung in den Gebilden der Natur – beispielsweise in der Pflanzenmetamorphose – sich selbst objektiv anschaulich. D.h. das im Denken Bewegte kann lückenlos, ohne selbst zu erscheinen, in der Erscheinung bewegt werden.[93] Zum

---

[91] Vgl. S.106f
[92] Herbert Witzenmann, *Goethes Idee des Experiments und die moderne Naturwissenschaft*. A.a.O. S.60
[93] Dies ist die an früherer Stelle schon erwähnte mathematische Methode. Vgl. hierzu Frederick Amrine, der die inneren Bedingungen des mathematischen Vorgehens wie folgt beschreibt: „In a geometric proof, for example, each step is self-evident because it is created anew every time upon the stage of our mind; because we intended the relationship;

anderen wird dieses Bewegen, da es zugleich Tätigkeit des Subjektes ist, für dieses als eigenes Bewegungserlebnis subjektiv anschaulich. Auf diesen letzten Punkt wird im nächsten Kapitel noch ausführlich eingegangen werden. Das in der Darlegung Witzenmanns Festzuhaltende ist, daß es die zwei Seiten der *Anschauung* sind, die die evidentielle Gewißheit des Urteils bzw. der Urteilsbildung geben. Dies wirft ein neues Licht auf den Goetheschen Begriff der *anschauenden Urteilskraft*. *Anschauende Urteilskraft* ist dann nicht nur – wie es ein naives Verständnis zunächst nahelegt – ein Denken, das mit anschaulichen Elementen operiert und sich auf diese stützt. *Anschauende Urteilskraft* ist ein Denken, das im Sinne des blicklenkenden Begriffsgebrauchs selber anschaut, und zwar im Falle des gelungenen wissenschaftlichen Urteils *objektiv* seinen eigenen ideellen Gehalt als konstitutives Prinzip der Erscheinungswelt und *subjektiv* sich selbst in seiner eigenen ideellen Bewegung in der Erscheinungswelt. *Anschauende Urteilskraft* ist demnach sowohl ein Denken, welches im blicklenkenden Begriffsgebrauch die Erscheinungswelt anschaut, als auch eine Anschauung des eigenen Denkens als ein geistiges Bewegen – oder wie Goethe sagt: *Teilnehmen* an – der Erscheinungswelt. In beiden Fällen ist es die *Anschauung*, die gegenüber dem *bloßen Denken* die wissenschaftliche Evidenz gewährt. Auf den letzten Punkt soll im folgenden Kapitel nochmals näher eingegangen werden.

---

because we participate fully in the process." (*The Metamorphosis of the Scientist* a.a.O. S.195f)

VI. Anschauende Urteilskraft und Kunst

Die vorangehende Betrachtung hat soweit geführt zu zeigen, daß die Elemente *Denken* und *Anschauen* innerhalb von Goethes *anschauender Urteilskraft* auf sehr differenzierte Weise gehandhabt werden. Das Denken wird gegenüber einer wahrnehmlichen Gegebenheit so entfacht, daß es nicht eine Urteilsfunktion innerhalb der Wahrnehmungen verfolgt, sondern daß es als blicklenkende Aufmerksamkeit den qualitativen Eigentümlichkeiten der Wahrnehmungen nachgeht. Es stellt Begriffsangebote zur Verfügung, die von Seiten der Erfahrung experimentell verifiziert bzw. falsifiziert werden. Hier erweist sich Goethes Denken in der methodischen Strenge und Selbstkontrolle der modernen naturwissenschaftlichen Bewußtseinshaltung. Es liegt in diesem Vorgehen eine Umkehrung des sonst üblichen Gebrauchs von *Denken* und *Anschauen* vor. Das *Denken*, das sich sonst mittels der Begriffe urteilend in die Erfahrung eingibt, staut sich zurück und wird Blicklenkung bzw. *Anschauung*, d.h. begriffsgeführte Anschauung. Die *Anschauung*, die sonst gewöhnlich passiv rezipiert, wird auf diese Weise aktiv, während sich das Denken in seiner Urteilsfunktion passiv verhält.[1] Die Urteilsbildung wird dann von den im denkaktiven Licht der Anschauung erscheinenden Erfahrungen selbst geleistet. Dieser Vorgang betrifft den unmittelbaren Gebildeaufbau der Welt. Die Aktivität des Denkens wird dann fortgesetzt, indem es sich zwischen Einzelgebilden hin- und herbewegt und diese – wie Brady sagt – als *arrested*

---

[1] Eine ähnliche Darstellung des Vollzuges der *Aufmerksamkeit* findet sich bei Hegel. Hierauf hat Fritz Rüdiger Sammern-Frankenegg in seinem Aufsatz *Zum Begriff der Aufmerksamkeit bei Goethe und Hegel* hingewiesen. Es heißt dort: „In seinem theoretischen Verhalten betrachte das Bewußtsein 'das was ist und läßt es, wie es ist'. Zu solchem Hingegebensein an den Gegenstand bemerkt Hegel, daß unser Bewußtsein hierbei jedoch 'nicht vollkommen passiv (ist)'. Vielmehr 'muß (es) seine Thätigkeit darauf richten, das Gegenständliche zu empfangen'. 'Es kann', so argumentiert Hegel, 'etwas Gegenstand für unsere Wahrnehmung sein, ohne daß wir deswegen ein Bewußtsein davon haben, wenn wir unsere Thätigkeit nicht darauf richten. Diese Thätigkeit im Empfangen ist die Aufmerksamkeit.'" (A.a.O. S.348; Nachweis des Hegelzitates: G.W.F. Hegel, Sämtliche Werke. Jubiläumsausgabe in zwanzig Bänden. Hrsg. Hermann Glockner. *Philosophische Propädeutik §4*. Bd. 3, S.34. 3. Aufl. Stuttgart 1949)

stage of the transformation auffaßt. Dieser Vorgang ist eine Art *Einüben* der Beweglichkeit der Naturgebilde. Im glücklichen Fall gelangt das Erkennen zu einer Evidenzerfahrung, die ähnlich einer die einzelnen Töne eines Musikstückes zusammenschließenden Melodie erscheint. Auf diesem Niveau kommt ein weiterer Faktor zum Tragen, der nachfolgend besprochen werden soll.

VI.1. Reflexivität

Es wurde an früherer Stelle darauf hingewiesen, daß sich Goethe vehement gegen eine Introspektion, gegen die Selbstbeobachtung des Denkens gestellt hat.[2] Fichtes Konzept der *intellektuellen Anschauung* hat er abgelehnt, nicht aus philosophischen Gründen, sondern weil er es als *ungesund* empfand. Nun zeigt sich auf dem derzeitigen Niveau der Besprechung ein Element, das dem Vollzug der *intellektuellen Anschauung* eigentümlich entspricht. Frederick Amrine führt Folgendes aus:

> „Out of this activity of ordering phenomena something ideal gradually precipitates: the 'phenomena of a higher kind', arranged in a graded sequence, gradually become transparent to their own underlying structure, which can then be immediately intuited. The goal of experimentation in Goethe's sense can be viewed as a kind of empirical counterpart to the 'intellectual intuition' of post-Kantian philosophy, an experience at the phenomenal pole that is otherwise remarkably like Fichte's 'activity into which an eye has been inserted'."[3]

Amrine spricht hier von einem empirischen Gegenstück der *intellektuellen Anschauung*. Es wird eine Erfahrung, eine Anschauung des Denkens nicht innerhalb dessen selbst, sondern auf Seiten der Phänomene gewonnen. Wie ist dies zu verstehen? Folgender Gedanke kann hier weiterführen: Es wurde bereits gesagt, daß das denkende Bewußtsein den Bildungsvorgang der Pflanze mitvollzieht. Es gewinnt dabei nicht nur Bewußtsein von dem Bildeprozeß der Natur, sondern zugleich auch von seinem eigenen Vollzug, soweit dieser mit dem Naturprozeß identisch wird. Amrine bezieht sich in seiner Besprechung auf einen Aufsatz von Dieter Henrich, *Fichtes ursprüngliche Einsicht*. Nach Henrich ist das zentrale Thema von Fichtes Philosophie nicht das *Ich* als ein theoretisches Problem, sondern als

---

[2] Vgl. S.145 ff
[3] Frederick Amrine, *The Metamorphosis of the Scientist*. A.a.O. S.199

VI. Anschauende Urteilskraft und Kunst

Erfahrung. Die Selbstvergegenwärtigung des Ich steht vor dem Problem, daß Subjekt und Objekt in diesem Fall identisch sein müssen, das *Vergegenwärtigende* darf nicht sekundär gegenüber dem *Vergegenwärtigten* sein. Ansonsten würde das tätige Ich etwas erblicken, was es in diesem Moment nicht ist. Zugleich muß eine Synthese von Gedanke und Anschauung gewährleistet sein, d.h. das Ich muß zugleich wissen, was es anschaut und anschauen, was es weiß. Das Produkt der Ich-Tätigkeit

> „ist das Wissen als Einheit einer Anschauung und eines Begriffes von der Tätigkeit."[4]

Eben diese Qualitäten können analog für den Vollzug von Goethes *anschauender Urteilskraft* in Anspruch genommen werden. Auch da geht es darum, daß die Denkbewegung des Subjektes und die Bewegung des Naturgesetzes in der Erscheinung identisch werden. Zugleich muß eine Synthese von Gedanke und Anschauung entstehen. Das Denken schaut in der Natur an, was es vollzieht. Henrich bezieht sich in diesem Zusammenhang auf eine Aussage Fichtes in der Wissenschaftslehre von 1801, wo er von einer *Tätigkeit* spricht, *der ein Auge eingesetzt ist*. In eben dieser Weise legt Amrine nahe, daß Goethes Denktätigkeit eine Augentätigkeit ist, die sich in den Gegenstand versenkt und dabei zugleich diesen wie sich selbst erblickt. Zur näheren Vergegenwärtigung sei noch eine Beschreibung der Fichteschen *intellektuellen Anschauung* von Wolfgang Janke herangezogen:

> „Der Name spricht genau. Anschauung benennt im Unterschied zum stets vermittelten Begriff ein unmittelbares Bewußtsein. Diejenige Anschauung, die vermöge des Gefühls auf ein Bestehen und gegebenes Sein trifft, ist sinnlich und heißt Wahrnehmung. Jene Anschauung dagegen, welche die Intelligenz als solche unmittelbar zum Bewußtsein bringt, heißt intellektuelle Anschauung. Intelligenz ist kein Sein, sondern ein Handeln; denn Intelligenz ist ein anderes Wort für Ichheit, und das Sein des Ich ist nichts Vorliegendes und an sich Bestehendes, sondern die Tathandlung des Sich-selber-Setzens. So bezeichnet intellektuelle Anschauung zwar ebenso wie die Wahrnehmung ein unmittelbares Bewußtsein, aber sie macht nicht ein gegebenes und an sich bestehendes Sein, sondern ein Handeln bewußt. Sie nennt das unmittelbare Innesein und Sehen derjenigen Tätigkeit, die das Wesen der Intelligenz ausmacht."[5]

---

[4] Dieter Henrich, *Fichtes ursprüngliche Einsicht*. A.a.O. S.24
[5] Wolfgang Janke, *Fichte. Sein und Reflexion – Grundlagen der kritischen Vernunft*. A.a.O. S.15

Die intellektuelle Anschauung, wie Fichte sie versteht, bezieht sich also nicht auf ein *Sein*, sondern auf ein *Handeln* der Intelligenz. In ähnlicher Weise ist auch Goethes anschauende Urteilskraft nicht auf ein *Sein* der Natur, sondern auf ein *Handeln* bezogen. Die Natur ist – ebenso wie für Fichte das Ich – für Goethe nichts *Vorliegendes und an sich Bestehendes*. Sie ist kein *gegebenes Sein*. Sie tritt dem erkennenden Bewußtsein zwar zunächst als ein Konglomerat von Einzelerfahrungen entgegen. Doch ist es die Aufgabe des Erkennens, dieses sukzessiv denkend zu durchdringen. Dabei müssen alle Einzelerfahrungen vollständig in die Dynamik des Denkens aufgenommen werden, so daß das Denken innerhalb ihrer frei hin- und herschreiten kann. Auf diese Weise identifiziert sich die Tätigkeit des Denkens mit derjenigen der Natur. Die Begriffe, die das Denken vollzieht, sind auf diesem Niveau des wissenschaftlichen Bemühens identisch mit den Ideen, die die Natur in sich selbst bewegt. Goethe versteht dieses Niveau nicht als eine abgeschlossene wissenschaftliche Begriffsbildung. Eine solche würde der Dynamik der Natur nicht gerecht. Er bezeichnet diese Kraft, welche ineins Selbst und Natur, Innen und Außen umgreift, als *Anschauen*. Das Anschauen ist in seinem Verständnis die höchste Ebene, zu der das Erkennen gelangen kann. Es ist das Erkennen, das zur *Teilnahme* am Schaffen der Natur *würdig macht*. Hier ist die denkende Tätigkeit mit den bewegenden Kräften der Natur in Übereinstimmung. Das Gewicht, das Goethe in den Begriff der Anschauung legt, rührt daher, daß diese allein die Objektivität der Erkenntnis gewährleistet. Die alternative Verfahrensweise des Urteilens impliziert demgegenüber, daß das Urteil vom Subjekt gefällt wird und nur solange stimmt, als sich nichts Gegenteiliges zeigt. Die hier gemeinte *Anschauung* aber gewahrt die Selbstbeurteilung des Objektes innerhalb des zur Verfügung gestellten begrifflichen Angebotes. Insofern hat das wissenschaftliche Urteil Erfahrungscharakter, aber es handelt sich um *Erfahrung höherer Art*. Diese gewährt die wissenschaftliche Evidenz, welche hier mit dem Begriff Fichtes auch als *genetische Evidenz* bezeichnet werden kann.[6] Die gewonnene bzw. vollzogene Erkennt-

---

[6] Fichte versteht den Ausdruck *genetische Evidenz* im Unterschied zur *faktischen Evidenz*. Hierzu erläutert Wolfgang Janke: „Im Anfang aber herrscht lediglich *faktische Evidenz*. Sie bringt es bloß zur Gewißheit, *daß* es sich mit dem Eingesehenen tatsächlich so verhält. Das evidente Wissen einer Tatsache beteuert: So ist es und nicht anders, und das haben wir rein und unmittelbar eingesehen. Solcher Art Wissen und Gewißheit bleibt unzureichend." (A.a.O. S.310) Es ist deshalb unzureichend, weil diese Art Wissen an den äußeren Tatsachen verhaftet

nis ist sowenig bezweifelbar, wie eine sinnliche Erfahrung bezweifelbar ist. Denn wenn man auch dazu neigt, den einer sinnlichen Erfahrung zu Grunde liegenden Gehalt zu befragen, so ist trotzdem die Erfahrung selbst eindeutig gegeben. Diese Sphäre der Objektivität sucht Goethe in dem Begriff der Anschauung auf. Und nun kommt hinzu, daß in der Anschauung der Natur als einer gesetzlichen Tätigkeit zugleich das eigene Denken, die eigene Urteilskraft angeschaut wird als diejenige Kraft, die durch den Mitvollzug der Naturkräfte diese überhaupt erst für das erkennende Bewußtsein anschaulich macht. Vor diesem Hintergrund wird deutlich, daß Amrine bei Goethes *anschauender Urteilskraft* von einem Gegenstück zu Fichtes *intellektueller Anschauung* spricht. Hierin liegt der philosophische Kern von Goethes Naturerkennen: Er sucht im Felde der Empirie dasjenige auf, was Fichte für die Intelligenz thematisiert. Hierbei ist zu beachten, daß die Anschauung des eigenen Erkennens, die Goethe gewinnt, nicht eine solche ist, die vornehmlich die *Tätigkeit* des Denkens gewahrt. Goethe blickt auf die ideellen *Gehalte* der Natur, die sich in der *Form* des denkenden Vollzugs zeigen. Die eigene *Denktätigkeit* – Fichte spricht von *Tathandlung* – wird von Goethe demnach nur mittelbar in den mitvollzogenen Gehalten der Natur angeschaut. Demgegenüber geht Fichtes Anliegen auf eine unmittelbare Anschauung der *geistigen Tätigkeit* des erkennenden Subjekts. – Im Licht des bisher Erläuterten kann die Antwort, die Goethe Schiller in dem *Gespräch* erteilt, erneut gelesen werden:

---

bleibt. In Abhebung davon hat Fichte die *genetische Evidenz* verstanden. Janke legt dar: „Genetische Evidenz überhaupt also ist die Einsicht in die Genesis oder das Enstehungsgesetz des Faktums." (ebenda S.311) Hier liegt eine urspüngich kreative Tätigkeit vor, die den Gegenstand des Wissens nicht lediglich in seinem So-Sein hinnimmt (*faktische Evidenz*), sondern die ihn in seiner eigenen *Genesis* miterzeugt. Diese Form des Wissens kommt nach Fichte insbesondere der Philosophie zu. Janke erläutert in diesem Sinne Fichtes *Wissenschaftslehre*: „Ein gesteigertes Methodenbewußtsein fordert unumgänglich, das Faktum des absoluten Wissens als eines absoluten in seiner Genesis zu durchdringen. Die Wissenschaft der Philosophie verlangt, den Entstehungsgesetzen und Anfangsgründen nachzuforschen, nach denen das absolute Wissen sich selbst 'immanent' erzeugt." (ebenda S.312) Die gleiche Forderung, die Fichte für das philosophische Wissen aufstellt, entwirft Goethe für das Naturerkennen. Auch dieses soll an der *Genesis* des Gegenstandes, mit dem es zu tun hat, teilnehmen. Es soll die der Natur immanenten Gesetze ideell mit- bzw. nacherzeugen können.

„Das kann mir sehr lieb sein daß ich Ideen habe ohne es zu wissen, und sie sogar mit Augen sehe."[7]

Goethe weiß nichts von seinen Ideen, wie er sagt, da er sie sich nicht im denkenden Bewußtsein vergegenwärtigt. Er braucht sie als blicklenkende Aufmerksamkeit, als Organe der Anschauung. Er sieht sie mit Augen, weil er sie sich in der Naturanschauung erst zu Bewußtsein bringt bzw. – genauer gesprochen – weil die Natur sie seiner anschauenden Aufmerksamkeit zu Bewußtsein bringt in der experimentellen Verifikation seiner begrifflichen Angebote. Sie erscheinen dann als Vollzug der Natur, der mit seinem eigenen Denkvollzug übereinstimmt. In der Anschauung der Natur zeigt sich demnach zugleich die Anschauung des eigenen Denkens. Dies ist der Grad der Reflexivität, den Goethes *anschauende Urteilskraft* erreicht.

VI.2. Bild des Erkennens - Symbol

Es hat sich bei der Betrachtung der Metamorphosenlehre gezeigt, daß Goethe bemüht war, das jeweilige Ergebnis einer Untersuchung, die Gesetze der Pflanzenmetamorphose, in einem Bild zu veranschaulichen. Als umfassendes Bild in diesem Sinne bezeichnet er die *durchgewachsene Rose*. Sie veranschaulicht jeden einzelnen Vorgang der Pflanzenmetamorphose. Aufgrund der im vorangehenden Abschnitt besprochenen selbstanschauenden Reflexivität von Goethes Naturerkennen muß diese Bildlichkeit oder Verbildlichung, die Goethes wissenschaftliches Vorgehen kennzeichnet, in einem erweiterten Kontext gelesen werden. Das jeweilige Bild, das Goethe wählt (durchgewachsene Rose, Nelke usw.), ist vor diesem Hintergrund nicht nur Bild für ein darin sich zeigendes Gesetz der Pflanzenentwicklung, es ist zugleich – da die Übereinstimmung von Pflanzenbildegesetz und Denkvollzug Voraussetzung einer geglückten Erkenntnisleistung ist – Bild des Erkennens selbst. Das Vor- und Zurückschreiten der Pflanzenentwicklung, das in der durchgewachsenen Rose oder in der Tulpe mit blütenblattähnlich gefärbtem Stengelblatt zur Anschauung kommt, meint zugleich das Vor- und Zurückschreiten des Erkennens. Zusammenziehung und Ausdehnung als die Bildegesetze der Pflanze sind zugleich die Grundfunktionen des Erkennens, das hin- und herpendelt, indem es sich in Einzelerfahrungen, diese in ihrer Gebildeeigentümlichkeit beschreibend, zusammenzieht und zugleich wiederum ausdehnt, in-

---

[7] *Glückliches Ereignis*; FA 24, 437

VI. Anschauende Urteilskraft und Kunst

dem es deren Zusammenhang zu anderen Erfahrungen sucht und in einer Erscheinungsreihe aufzeigt. Die Metamorphose ist in dieser Perspektive nicht allein *Systole und Diastole des Weltgeistes*[8], sondern zugleich des Menschengeistes. Die in der Natur wirksamen Gesetze sind zugleich die Gesetze des Denkens. Naturerkenntnis im Goetheschen Sinne ist die für ihn mögliche Form der Selbsterkenntnis, die er als bloße Introspektion allerdings ablehnt. Die Natur selbst wird zu einem Bild des Erkennens. Dies ist die Bedeutung von Goethes Symbolbegriff. Es heißt:

„Die Symbolik verwandelt die Erscheinung in Idee, die Idee in ein Bild, und so, daß die Idee im Bild immer unendlich wirksam und unerreichbar bleibt und, selbst in allen Sprachen ausgesprochen, doch unaussprechlich bliebe."[9]

Daß die Erscheinung in Idee verwandelt wird, geschieht durch das Erkennen, welches die Erfahrung aus ihrer Verfestigung im Unzusammenhang löst, *auflockert* – wie Jaszi sagt[10] – und das darin wirksame Ideelle zum Vorschein kommen läßt. Die Idee ist dann zugleich in der Erscheinung als Bild anwesend, aber so, daß das Bild nicht für etwas anderes steht, sondern daß die Idee darin wirkt und anschaulich ist. Zugleich wird darin aber auch das Erkennen, das diese Idee mitvollzieht, anschaulich. Goethes Symbolbegriff meint das In-Erscheinung-Treten der Idee und das in diesem Erscheinen mitscheinende Erkennen. Gleichzeitig betont Goethe aber auch die *Unaussprechlichkeit* dessen, was dann erfahren wird. An anderer Stelle heißt es:

„Das ist die wahre Symbolik, wo das Besondere das Allgemeine repräsentiert, nicht als Traum und Schatten, sondern als lebendigaugenblickliche Offenbarung des Unerforschlichen."[11]

Mit dem *Unaussprechlichen* und dem *Unerforschlichen* bezeichnet Goethe eine Grenze der Wissenschaft. Das Erkennen vermag am Naturgeschehen teilzunehmen. Es vermag es anzuschauen. Aber das Angeschaute kann nicht in wissenschaftliche Begriffe fixiert werden. Diese Grenze ist für Goethes Denken signifikant. Sie markiert zugleich einen Übergang in einen anderen Bereich, der im folgenden betrachtet werden soll.

---

[8] Vgl. S.194f
[9] MuR; HA 12, 470
[10] Vgl. S.113f
[11] MuR; HA 12, 471

VI.3. Goethes Kunstbegriff

Es ist innerhalb der Darstellung verschiedentlich ein Motiv oder eine Haltung benannt worden, die sehr eng mit Goethes Weise zu denken, mit seiner philosophisch-weltanschaulichen Grundeinstellung zusammenhängt. In der Einleitung wurde diesbezüglich die Beschreibung von Karl Jaspers zitiert, der Goethe eine *Scheuklappenmentalität* vorhält.[12] Eine solche sei gegenüber den spezifischen Problemen der Gegenwart ebenso ohnmächtig, wie sie philosophisch oberflächlich sei. Tatsächlich liegt bei Goethe eine Haltung vor, die eine solche Beurteilung nahelegt. Wie ausgeführt wurde, finden sich im *Faust* zahlreiche Stellen, die eine Deutung in dieser Richtung zulassen: *Erdgeistszene, Gang zu den Müttern, farbiger Abglanz* u.a.. Jedes Mal zeigt sich eine *Scheu* vor einer unmittelbaren Begegnung. Es wurde herausgearbeitet, daß insbesondere Goethes Umgang mit der zeitgenössischen Philosophie oder auch mit Philosophie überhaupt von dieser zurückscheuenden Haltung geprägt war. Der einzige Bereich, dem sich Goethe rückhaltlos öffnete, war der der Natur. Sie ist ihm zugleich eine *Mittlerin* der Bereiche, denen er sich nicht *unmittelbar* zu stellen getraute. Aber auch hier, wo er mit seiner gesamten Erkenntniskraft einen Zugang suchte, formuliert er immer wieder eine Grenze, über die hinauszugehen er für ungut erachtet. Es heißt:

> „Das unmittelbare Gewahrwerden des Urphänomens versetzt uns in eine Art von Angst, wir fühlen unsere Unzulänglichkeit; nur durch das ewige Spiel der Empirie belebt, erfreuen wir uns."[13]

Hier beschreibt Goethe eine Grenzerfahrung. Wenn man nun, ohne in die Kritik von Jaspers einzustimmen, diese Haltung Goethes ins Auge faßt, so kann auch der Gedanke berechtigt sein, daß es sich hier bei Goethe um eine durch die Sache bedingte, wissenschaftsmethodisch gebotene Zurückhaltung handelt. Es sei dies verdeutlicht: Was ist Goethes wissenschaftliches Anliegen? Er hat den Anspruch, sein Erkennen dem einen jeweiligen Gegenstandsbereich konstituierenden Vollzug ideell – oder wie er sagt: geistig – zu adaptieren. Dies bedeutet, Erkenntnis des Objektes ist nur möglich durch Entwicklung des Erkenntnisvermögens des Subjektes. Der

---

[12] Vgl. S.10f
[13] MuR; HA 12, 367; Vgl hierzu auch: „Vor den Urphänomenen, wenn sie unseren Sinnen enthüllt erscheinen, fühlen wir eine Art von Scheu, bis zur Angst, [...]" (MuR; HA 12, 367)

VI. Anschauende Urteilskraft und Kunst

Erkenntnisvollzug muß sich, soll er wissenschaftlich erfolgreich sein, auf dem Niveau der die Natur wirksam durchdringenden Gestaltungskräfte bewegen. Entwicklung aber bedeutet pragmatisch: Grenzerfahrung und Grenzüberwindung. Angenommen, es zeigt sich, daß der gewöhnliche Verstand, die gewöhnliche rationale Verfassung des Bewußtseins für das beabsichtigte Vorhaben ungeeignet ist. Dann ist dies eine Grenze, die berechtigterweise so gesehen und formuliert werden muß. Nun ist aber *Rationalität* nicht das alleinige Kriterium von Wissenschaftlichkeit. Goethe setzt anstelle der rationellen Begriffsbildung, die nirgends die Spaltung zwischen Subjekt und Objekt überwinden kann, das Element des denkenden Mitvollzugs und der Anschauung. Die Anschauung ist eine Tätigkeit auf vier Ebenen: 1. Anschauung des Gegebenen der Erfahrung, i.e. die Erfahrung; 2. Anschauung als durch Begriffe blickgelenkte Aufmerksamkeit; 3. Anschauung des Selbstvollzugs des Urteils des Angeschauten und 4. Anschauung der ideellen Bildkräfte der Natur in der Vollzugsform des Erkennens, i.e. Anschauung des Erkennens (Selbsterkenntnis). Von dieser bis zur letzten Stufe gesteigerten Anschauung sagt Goethe, daß sie ein Gefühl der *Angst* hervorrufe, daß sie *unaussprechlich* sei. Auf der Grundlage des Ausgeführten bedeutet dies, daß sie nicht begrifflich fixierbar ist, sondern nur im Mitvollzug erfahrbar. Es sei nochmals betont: Diese Qualifizierung des wissenschaftlichen Erkennens erfordert einen neuen Begriff von Wissenschaft, der diese nicht als ein bibliothekarisch verfüg- und abrufbares Wissen begreift, sondern als einen Entwicklungsprozeß des wissenschaftlichen Individuums, das sich als Subjekt im Erkennen mit der ideellen Seite des Objektes identifiziert. Dieses Bemühen wurde von Goethe radikal und ohne Scheu unternommen. Es ist lediglich *ein* Bereich, den man Goethe vorwerfen kann, ausgespart zu haben: Er bedurfte der Natur als Mittlerin und hat nicht das Denken selbst introspektiv zum Gegenstand der Anschauung erhoben. Rudolf Steiner erläutert dies – wie bereits angeführt – auf folgende Weise:

„Eben weil Goethes Denken stets mit den Gegenständen der Anschauung erfüllt war, weil sein Denken ein Anschauen, sein Anschauen ein Denken war: deshalb konnte er nicht dazu kommen, das Denken selbst zum Gegenstande des Denkens zu machen."[14]

---

[14] Rudolf Steiner, *Goethes Weltanschauung*. A.a.O. S.67; Vgl. S.119f

VI.3.1. Offenbares Geheimnis

Im vorausgehenden wurde behauptet, daß Goethe eine Art Analogon zur *intellektuellen Anschauung* im Feld der Empirie ausgebildet hat. Die Erfahrungen, die Goethe in diesem Zusammenhang macht, gehören zu den wichtigsten seines naturwissenschaftlichen Erkennens. Die Form der Selbsterkenntnis, die das Naturerkennen gewährt, erscheint als das Ziel und der Kern desselben. Dieser Gedanke bildet den Anlaß zu der These, daß Goethes künstlerisches Schaffen wesentlich von dieser Erfahrung inspiriert worden ist. Der Zusammenhang von Goethes Wissenschaftsbegriff und Kunstverständnis ist verschiedentlich bearbeitet worden.[15] Innerhalb dieser Darstellung wurde auf die Untersuchung von Jutta von Selm eingegangen.[16] Es besteht demnach in der Forschung kein Zweifel, daß der Zusammenhang zwischen Wissenschaft und Kunst bei Goethe ein denkbar enger ist. Es ist dies auch an zahlreichen Fallbeispielen dargelegt worden.[17] Biographisch ist in dieser Hinsicht besonders die ineinsgehende wissenschaftliche und künstlerische Befruchtung hervorzuheben, die Goethe während der *Italienischen Reise* erfährt. Er schreibt dort:

> „Die hohen Kunstwerke sind zugleich als die höchsten Naturwerke von Menschen nach wahren und natürlichen Gesetzen hervorgebracht worden. Alles Willkürliche, Eingebildete fällt zusammen, da ist Notwendigkeit, da ist Gott."[18]

Die griechischen Kunstwerke, die Goethe in Italien betrachtet, erlangen für ihn deshalb eine so große Bedeutung, weil er in ihnen die gleiche Gesetzmäßigkeit, die gleiche *Wahrheit* wirksam sieht,

---

[15] Jeremy Adler, *Eine fast magische Anziehungskraft. Goethes 'Wahlverwandtschaften' und die Chemie seiner Zeit*. A.a.O.; Dorothea-Michaela Noé-Rumberg, *Naturgesetze als Dichtungsprinzipien. Goethes verborgene Poetik im Spiegel seiner Dichtungen*. A.a.O.; Michael Böhler, *Naturwissenschaft und Dichtung bei Goethe*. A.a.O.; u.a.

[16] Jutta von Selm, *Erfahrung und Theorie bei Goethe: der „erste" und der „reine" Eindruck. Von den italienischen Erfahrungen zu den Theorien in Natur und Kunst*. A.a.O.. Vgl. auch S.111f

[17] Insbesondere zu nennen ist die Schrift von Dorothea Kuhn, *Empirische und ideelle Wirklichkeit. Studien über Goethes Kritik des französischen Akademiestreites*. A.a.O. Darin wird eine ausführliche Betrachtung des *Tasso* unternommen. Die Personen des Dramas werden mit verschiedenen wissenschaftlichen Forschertypen verglichen.

[18] *Italienische Reise* 6.9.1787; HA 11, 395

VI. Anschauende Urteilskraft und Kunst

die auch die Natur aufbaut. Diese Erfahrung bildet zugleich das Ideal seines Kunstbegriffes. Der Künstler soll nach den gleichen objektiven Gesetzen schaffen, mit denen die Natur zu Werke geht. Hier bekommt der Begriff der *übenden Nacherfindung* eine eminent schöpferische Bedeutung. Er wurde innerhalb dieser Darstellung zunächst auf Goethes wissenschaftliches Vorgehen – wie es sich beispielsweise in dem Aufsatz *Der Versuch als Vermittler von Objekt und Subjekt* dokumentiert – bezogen. Jutta von Selm zeigt auf, daß dieses Vorgehen unter dem Begriff der *Nachahmung* ebenso für Goethes Auffassung einer künstlerischen Schulung entscheidend ist. Auf der Grundlage des Ausgeführten zeigt sich nun, daß *Nacherfindung* bzw. *Nachahmung* nicht nur analoge Begriffe für einerseits ein wissenschaftliches und andererseits ein künstlerisches Verfahren sind, sondern daß die wissenschaftliche Schulung im Verständnis eines Einübens der Naturgesetze die Voraussetzung eines künstlerischen Schaffens ist. Denn nur so ist es möglich, daß der Künstler nach denselben Gesetzen schafft wie die Natur. Es schließt sich hieran noch ein weiterer Gedanke. Es ist nicht nur so, daß die Kunst aus den gleichen Gesetzen schöpft wie die Natur, sie macht diese Gesetze zugleich auch sichtbar. Es heißt:

„Die Kunst ist nichts anders als das Licht der Natur."[19]

Und an anderer Stelle:

„Das Schöne ist eine Manifestation geheimer Naturgesetze, die uns ohne dessen Erscheinung ewig wären verborgen geblieben."[20]

Es wird demnach gerade in der Kunst das Gesetz, aus dem die Natur schöpft, sichtbar gemacht. Hierbei handelt es sich aber nicht um ein abstraktes Gesetz, sondern um eines, das zum einen der Natur wirkensmächtig einwohnt und das zum anderen im Erkennen mitvollzogen werden muß. Diese Beteiligung des Erkennens an der Natur ist ein wesentlicher Bestandteil der Goetheschen Wissenschaft, der hier neben den Aspekten der *identischen Gesetzlichkeit* und der *Sichtbarmachung dieser Gesetzlichkeit* ein weiteres wichtiges Merkmal des Goetheschen Kunstbegriffes ausmacht. Es heißt bei Goethe:

„Wem die Natur ihr offenbares Geheimnis zu enthüllen anfängt,

---

[19] *Ephemerides* 1770; AA 4, 964
[20] MuR; HA 12, 467

der empfindet eine unwiderstehliche Sehnsucht nach ihrer würdigsten Auslegerin der Kunst."[21]

Hier wird ein Subjekt angesprochen, dem sich *das offenbare Geheimnis der Natur enthüllt*. Was ist dieses *offenbare Geheimnis*? Was kann dazu auf Grundlage des Voranstehenden gesagt werden? Das offenbare Geheimnis der Natur ist zum einen die sie durchdringende gesetzmäßige Gestaltungskraft, welche zum anderen, im Maße als sie sich zu enthüllen anfängt, mit dem ideellen Vollzug des erkennenden Bewußtseins identisch ist. Es wurde in diesem Zusammenhang von einer Form der Selbsterkenntnis gesprochen, die Goethes Art des Naturerkennens ermöglicht: Im Erkennen der Natur erkennt der Mensch, erkennt das denkende Bewußtsein sich selbst. Goethes Wissenschaft in diesem Verständnis ist die Genese des Selbst zu einem naturumfassenden Bewußtsein. Der Geist des Menschen erblickt sich selbst im Bild der Natur. Diese Form der Selbsterkenntnis, die das Naturerkennen gewährt, kann als das *Geheimnis* der Natur erfahren werden. Goethe spricht nun davon, daß derjenige, dem diese Erfahrung zuteil wird, der diese Anschauung gewinnt, eine *unwiderstehliche Sehnsucht* nach der Kunst empfindet. Diese *Sehnsucht* markiert den entscheidenden Punkt, an dem bei Goethe Wissenschaft in Kunst *umschlägt*. Die Wissenschaft ist bis zu dem Punkt gelangt, wo die Gestaltbildungsvorgänge der Natur als mit den eigenen Erkenntnisvollzügen identisch angeschaut werden. Hier bleibt Goethe stehen. Hier sieht er eine Grenze der Wissenschaft. Es ist diese Grenze aber zugleich das inspirierende Moment seiner Kunst. Die Kunst ist eine *Manifestation*, eine *Offenbarung* geheimer Naturgesetze. Es wird in der Kunst das sichtbar gemacht, was als wissenschaftlicher Gehalt erfahren wird. Zum wissenschaftlichen Gehalt zählen die mit dem ideellen Vollzug des Menschen je identischen Gestaltbildungsvorgänge. Diese werden in einem von Menschen geschaffenen Kunstwerk sichtbar gemacht. In aphoristischer Form kann dieser Gedanke wie folgt ausgedrückt werden:

Wissenschaft: Der Mensch erblickt sich selbst im Bilde der Natur.
Kunst: Die Natur erscheint im Bilde des Menschen.
Das Geheimnis der Natur ist der Mensch.
Es offenbart sich in der Kunst.

Auf Grundlage dieser Ausführung erscheint Goethes Kunstbegriff in einer dreifachen Perspektive: 1. Kunst schöpft aus den-

---

[21] MuR; HA 12, 467

VI. Anschauende Urteilskraft und Kunst

selben Gesetzen wie die Natur. 2. Sie macht diese Gesetze sichtbar. 3. Sie wird inspiriert von der Erfahrung der ideellen Teilhabe des Erkennens an der Naturschöpfung und macht diese zugleich sichtbar. In dem zweiten und dritten Punkt liegt dasjenige, was die Kunst über die Natur hinaus leistet. Wobei auch der zweite Punkt in einzelnen Beispielen (durchgewachsene Rose) von der Natur selbst eingelöst wird. Allein der dritte Punkt ist demnach signifikant für Goethes Kunstbegriff: die Sichtbarmachung der ideellen Beteiligung des Erkennens am Naturprozeß. Wie Amrine anführt, daß Goethes *anschauende Urteilskraft* auf empirischer Seite Fichtes *intellektueller Anschauung* entspricht, kann nun auf Grundlage des Angeführten gesagt werden, daß Goethes Kunstbegriff insbesondere von diesem Aspekt inspiriert ist. Goethes Kunstbegriff ist ein Analogon zu Fichtes *intellektueller Anschauung*. Es wird die im Erkenntnisgeschehen erfolgende tätige Beteiligung des Denkens an den die Natur konstituierenden Kräften sichtbar gemacht. Insofern wird eine Anschauung des Erkennens gegeben, nicht wie bei Fichte mit Betonung der *Tätigkeitsseite*, sondern der *Gehalt* der Natur wird als Vollzugsform des Erkennens aufgegriffen, fortgeführt und im Kunstwerk anschaulich.

VII. Zusammenfassung

Die voranstehende Untersuchung hat zu folgenden Ergebnissen geführt:

1.
Goethes naturwissenschaftliches Erkennen stimmt mit wesentlichen Prinzipien von Kants kritischer Philosophie überein. Hierzu zählt die Abweisung metaphysischer Weltdeutungen und die strenge Erfahrungsbezogenheit des Verstandesgebrauchs. Dies sind die inhaltlichen Übereinstimmungen zwischen Goethe und Kant. Wichtiger noch als diese sind aber die sich daraus ergebenden methodischen Gemeinsamkeiten. Sie beziehen sich auf eine aufmerksame und strenge Unterscheidung zwischen dem, was empirisch erfahrbar ist und dem, was durch die Spontaneität des Denkens entsteht. Eine solche Unterscheidung kann nach Goethe gar nicht genügend streng und umsichtig verfolgt werden. Alle am Erkenntnisvorgang beteiligten Elemente müssen der kritischen Vergegenwärtigung zugeführt werden. Hierin liegt die Übereinstimmung der methodischen Grundüberzeugungen Goethes und Kants. In diesem Fall ist es von besonderem Interesse, daß das von Kant allgemein aufgestellte Postulat der Erfahrungsbezogenheit des Verstandesgebrauches von Goethe nicht nur in der Praxis des Erkennens beachtet, sondern zugleich auch in der bewußten Erarbeitung einer wissenschaftlichen Methodik konkretisiert wird. Das Verhältnis zwischen Goethe und Kant ist demnach nicht nur das eines philosophischen Theoretikers zum wissenschaftlichen Praktiker. Goethes wissenschaftliche Praxis ist immer auch epistemologisch reflektiert. Dies erhebt sie zu einer Grundlagenwissenschaft der Urteilsbildung, die ihre Legitimität dadurch erhält, daß nicht Theorie auf Praxis angewendet wird, sondern umgekehrt jene aus dieser hervorgeht.

Es sind aber auch wesentliche *inhaltliche* Unterschiede zwischen Goethe und Kant herauszustellen. Sie betreffen Kants Postulat einer wissenschaftlich allein berechtigten mathematisch-mechanischen Naturerklärung. Und desweiteren seine Abweisung eines Erkenntnisanspruches, der sich auf das Ansichsein der Dinge erstreckt. Goethe hat sich gegen eine solche inhaltliche Vorgabe des Erkennens gewehrt. Er betrachtet die ausschließlich mathematisch orientierte Naturwissenschaft als *eine* mögliche Erklärungsform, die so wenig Ausschließlichkeit beanspruchen darf, als sie in ihrer Beschränkung auf bloß *quantifizierbare* Phänomene alle *qualitativen*

Aspekte ausgrenzt. Ebenso kann er eine Erkenntnis des Ansichseins der Dinge, der Welt an sich, nicht thematisieren, da sich die Annahme einer solchen aus den Erfahrungsgegebenheiten nicht ergibt und somit die mögliche Erkenntnis bzw. Nichterkenntnis für die wissenschaftliche Fragestellung irrelevant ist. Für Goethe hat das Erkennen mit Erfahrungen zu tun, mit denen es sich auseinandersetzt und die es zu begreifen sucht. Ihm ging es nicht um die Frage einer *prinzipiellen* Erkenntnis, sondern um eine je und je *faktische*. Insofern kann gesagt werden, daß wesentliche inhaltliche Differenzen zwischen Goethe und Kant von der durchgehaltenen methodischen Strenge des Goetheschen Erkennens herrühren. Nicht die prinzipielle Leistungsfähigkeit des Erkennens muß befragt werden. Goethe hält sich lediglich die Möglichkeit eines Erkenntnisfortschritts offen, wobei auch dies nicht als weltanschauliche Grundüberzeugung gewertet werden darf. Es ist allein die motivierende Voraussetzung wissenschaftlichen Forschens.

Es ist neben den angeführten Differenzen ein Punkt zu nennen, der von besonderer Bedeutung ist, da allein in diesem Goethe selbst einen entschiedenen Gegensatz zu Kant formuliert hat. Es geht um die von Kant abgewiesene und von Goethe anvisierte Möglichkeit eines intuitiv-anschauenden Verstandes. Einen solchen sah Goethe durchaus im Spektrum der menschlichen Fähigkeitsentwicklung angesiedelt.

2.

Vor diesem Hintergrund ist die Zielrichtung und das Anliegen von Goethes wissenschaftlicher Methode zu sehen. Diese geht in dem Bestreben einer wissenschaftlichen Urteilsbildung zugleich auf eine *Vermittlung von Objekt und Subjekt*; wobei Objekt sowohl die durch die Sinneserfahrung zugängliche Erscheinungswelt als auch die dieser zugrunde liegende und sie aufbauende Wesenssphäre meint und Subjekt die sowohl psychischen als auch kognitiven Einflüsse und Bedingungen des Denkens umfaßt. Die Grundlagen seines wissenschaftlichen Vorgehens hat Goethe in seinem wissenschaftsmethodischen Erstlingswerk *Der Versuch als Vermittler von Objekt und Subjekt* niedergelegt. Die von ihm vorgeschlagene Schrittfolge ist zunächst die einer radikalen kritischen Sonderung objektiver und subjektiver Elemente des Erkennens. Dies bedeutet eine *Reduktion* der im Alltagserkennen immer schon geleisteten Vorstellungsbildung zum Zwecke einer isolierten Betrachtung der Erfahrungsgegebenheiten[1]. Erfahrungen sind in ihrem ersten Auftreten unverbunden.

---

[1] Der Goethesche Terminus *Erfahrung* entspricht – wie dargelegt wurde – dem heutigen Sprachgebrauch nach *Wahrnehmung*. Es ist insbeson-

VII. Zusammenfassung 227

Jede Verbindung geschieht durch Denken. Diese Verbindungsleistung soll zurückgebildet werden, damit die Erfahrung in ihrem Eigensein aufgefaßt werden kann. In einem nächsten Schritt spricht Goethe von einem *Durcharbeiten der Erfahrung* bzw. von einer *Vermannigfaltigung*. Dies meint das Eingehen des Denkens auf die Erfahrung, nun nicht um Urteile zu bilden, sondern um die Erfahrung in allen Aspekten ihrer qualitativen Erstreckung aufzufassen. Damit dies geschehen kann, ist ein geänderter Umgang mit den Elementen des Denkens, mit Begriffen und Ideen nötig. Diese werden nicht zur Urteilsbildung, sondern zur *Blicklenkung* eingesetzt. Hierzu ist im Gegenzug zur vorher geleisteten Vorstellungsreduzierung eine Vorstellungs- bzw. Begriffs- und Ideengenerierung nötig. Je reichhaltiger, vielseitiger und phantasievoller die zur Blicklenkung eingesetzten Ideen sind, desto mehr Seiten der Erfahrung können erfaßt werden. Goethe spricht von einer *Versatilität der Vorstellungsarten*. Diese wird durch die Toleranz einer *Forschungsgemeinschaft* befördert. Durch die Form des Eingehens auf die Erfahrung, welche auch als *Einüben* bezeichnet wurde, wird diese aus ihrer epistemologisch bedingten Isolation gelöst. Sie wird – wie Andrew Jaszi sagt – aufgelockert, ideell durchlässig und zeigt ihre ontologische Wesensseite. Goethe spricht hier von einer *Erfahrung höherer Art*, was eine Erfahrungs*reihe*, einen Erfahrungszusammenhang meint. Hier kommt ein Prinzip der *Mathematik* zum Tragen, insofern ein solcher Zusammenhang ähnlich einer mathematischen Gleichung lückenlos strukturiert und in sich übergänglich ist. Der wesentliche Unterschied zur gewöhnlichen (auch wissenschaftlichen) Urteilsbildung ist derjenige, daß die Erfahrung selbst den Zusammenhang eingeht, der ihr eigen ist und sich nicht dem Urteilsüberwurf des Subjektes beugt. Es findet eine Selbstvermittlung des Objektes an das Subjekt statt. Dies ist der Begriff des Goetheschen *Versuches*.

3.
Es ist ersichtlich, daß bei Goethe eine spezifische *Erfahrungsorientierung* vorliegt. Die Erfahrung bildet sowohl Ausgang und Ziel des wissenschaftlichen Urteils, wobei ein möglicher Erkenntnisgewinn eine fortschreitende Entwicklung von der Erscheinungsform zur Wesensform bedeutet. Unerläßliche Voraussetzung des Forschers ist eine *Schulung der Sinne*. Dies schließt eine sowohl vergleichsweise handwerklich-instrumentelle wie kognitive Erziehung

---

dere sinnliche Wahrnehmung gemeint, wobei diese auch schon begrifflich strukturiert sein kann. Hier setzt gerade Goethes erkenntniswissenschaftliche Problematisierung ein.

ein, denn letztlich ist jene durch diese bedingt. Es geht um die generelle Fähigkeit, die Aufmerksamkeit des Denkens aus der Selbstreflexion der eigenen Zusammenhangsleistungen zu lösen und auf die qualitativen Eigenschaften der Erfahrungsgegebenheiten zu richten. – Des weiteren findet sich bei Goethe ein spezifisches *Ideenverständnis*. Dies stimmt insofern mit einer platonischen Sichtweise überein, als Ideen bzw. *die* Idee als ontologischer Grund der Natur gesehen wird. Es bezieht aber eine dezidiert andere Position, was die Bewertung des Verhältnisses von ideeller und natürlicher Welt angeht. Goethe geht davon aus, daß sich Ideen in der Natur nicht nur abbildlich, sondern wesenhaft *manifestieren* und daß diese Manifestation, dieses In-Erscheinung-Treten der Idee eine Steigerungsform ihrer selbst bedeutet. In dieser Auffassung stimmt Goethe mit der aristotelischen Ideenlehre überein. Da er aber jegliche Form einer außerweltlichen Gottheit ablehnt und Aristoteles trotz seiner Kritik an der platonischen Ideenlehre einen von den Dingen unabhängigen *unbewegten Beweger* konzipiert, unterscheidet sich Goethe in Hinblick auf diesen Dualismus auch von Aristoteles. Goethe sieht auf ontologischer Ebene eine Übereinstimmung von Idee und Erscheinung. Auf epistemologischer Ebene veranschlagt er zwar keinen Gegensatz, aber eine komplementäre Analogie, was meint, daß niemals eine Erfahrung durch eine Idee bzw. umgekehrt ersetzt werden kann.

4.
Hierdurch erst ist das durch den Begriff der *Anschauung* geforderte Gegenüber gewährleistet. Der für Goethes Erkennen in Abgrenzung zu Kant spezifische Begriff der *anschauenden Urteilskraft* konnte wie folgt interpretiert werden:

Anschauende Urteilskraft meint in der Stufenfolge eines fortschreitenden Erkennens 1. ein zur Anschauungskraft umgebildetes Urteils- bzw. Denkvermögen, welches durch blicklenkenden Begriffsgebrauch sich die Gegebenheiten der Erfahrung zu vergegenwärtigen vermag. Es bedeutet 2. eine Anschauung der sich im Experimentalerfolg selbst urteilenden Erfahrungsgegebenheiten. Und es heißt 3. eine Anschauung der eigenen den Naturprozeß mitverfolgenden und daran teilnehmenden Urteilsleistungen.

5.
Die zuletzt unter 3. angeführte Deutung führt Goethes anschauende Urteilskraft in die Nähe von Fichtes intellektueller Anschauung. Goethe gewinnt eine Anschauung seiner am Naturprozeß teilnehmenden Intelligenz. Dies führt zu einer These, die Goethes Kunst-

begriff betrifft. Es wurde gezeigt, daß nach Goethe Kunst erstens aus der gleichen Gesetzlichkeit wie die Natur schöpft und zweitens diese Gesetzlichkeit zudem sichtbar macht. Ein weiterer Aspekt bezieht sich auf eine Eigentümlichkeit der Goetheschen Persönlichkeit. Es wurde gezeigt, daß Goethe eine Art Abwehr gegen die Introspektion hatte, wie er auch eine Scheu empfand gegenüber einer unmittelbaren Begegnung mit einem ideellen Element. Die Natur galt ihm als eine *Mittlerin* der Idee. Aber auch hier sah er eine Grenze. Ein Erkennen, das die Stufen der anschauenden Urteilskraft durchläuft, sieht sich an einer Grenze, die für Goethe wissenschaftlich nicht zu überschreiten war. Er legt aber nahe, daß sich hier ein Übergang zur Kunst zeigt. Dies führt zu der These, daß in der Kunst gerade das vor die Anschauung geführt wird, was die Grenze des wissenschaftlichen Fortschreitens bedeutet. Die letzte Stufe der anschauenden Urteilskraft wurde als die Anschauung der eigenen am Naturprozeß teilnehmenden Erkenntnisvollzüge dargestellt. Eine Kunst, die davon inspiriert wird, wäre dann ein empirisches Analogon zu Fichtes intellektueller Anschauung.

6.

In der Einleitung zu dieser Untersuchung wurde auf die in der Sekundärliteratur ausnahmslos attestierte Besonderheit der Goetheschen Zuwendung zur Erfahrung hingewiesen. Es wurde erwähnt, daß Herbert Witzenmann in diesem Zusammenhang paradoxerweise von einer *eigentümlich ideellen Vollzugsart*[2] spricht. Auf Grundlage des Ausgeführten kann es nun deutlich sein, daß tatsächlich Goethes spezifischer Umgang mit Ideen, seine Umbildung des Denkens, des Urteilens in ein Organ der Anschauung und sein denkender Mitvollzug des Naturgeschehens die Möglichkeit einer vertieften Zuwendung zur Sinneserfahrung ausmacht. Diese Entwicklung erfolgt nicht willkürlich, sondern als eine am Erkenntnisobjekt ausgerichtete Fähigkeitsschulung. Zusammenfassend und den Begriff der anschauenden Urteilskraft erläuternd kann gesagt werden: Die Selbstvermittlung des Objektes in der Urteilsbildung ruht auf der Selbstqualifizierung des Subjektes in der Anschauung.

7.

Die philosophische Bedeutung von Goethes naturwissenschaftlichem Erkennen liegt in dem epistemologischen Reflexionsniveau, welches jedem einzelnen Erkenntnisschritt zu eigen ist. Zugleich findet in jeder gelungenen Erkenntnis eine Identifizierung von

---

[2] Herbert Witzenmann, *Goethes universalästhetischer Impuls*. A.a.O.S.16

Epistemologie und Ontologie statt, da das Erkennen ideell mit dem Wesen des Objektes verbunden wird. Erkenntnistheorie und Seinslehre werden identisch, nicht prinzipiell, sondern faktisch in jedem einzelnen erkannten Gebilde. Dieses (Bsp. Urpflanze) ist dann ein Bild der Übereinstimmung von Erkennen und Sein. Das ist die Bedeutung des Goetheschen Begriffs des *Urphänomens*. Niemals aber beansprucht Goethe eine Letzterkenntnis. Jede erreichte Erkenntnis bildet den produktiven Anlaß für einen neuen Anfang.

> „Wir sind aber schon weit genug gegen sie [die Natur; Verf.] vorgedrungen, wenn wir zu den Urphänomenen gelangen, welche wir, in ihrer unerforschlichen Herrlichkeit, von Angesicht zu Angesicht anschauen, und uns sodann wieder rückwärts in die Welt der Erscheinungen wenden, wo das, in seiner Einfalt, Unbegreifliche sich in tausend und abertausend mannigfaltigen Erscheinungen bei aller Veränderlichkeit unveränderlich offenbart."[3]

---

[3] *Karl Wilhelm Nose*; FA 25, 580

Literaturverzeichnis[1]

Abkürzungen

AA   Kant. Gesammelte Schriften. Hrsg. von der Königlich Preußischen Akademie der Wissenschaften

Aristoteles   Metaphysik. Zweiter Halbband: Bücher VII(Z)-XIV(N). Hrsg. Horst Seidel. 2. Aufl. Hamburg 1984

Biedermann   Goethes Gespräche. Gesamtausgabe. Hrsg. Flodoard Frhr. von Biedermann. 5 Bde., Leipzig 1909-1911

Briefw.   Der Briefwechsel zwischen Schiller und Goethe. Hrsg. P. Stapf. Berlin, München, Darmstadt

GJB   Goethe-Jahrbuch. Bd.1-34.1880-1913. Und 3 Register-Bände. Fortsetzung: Jahrbuch der Goethegesellschaft. Bd.1-21. Weimar 1914-1935. Und 1 Register-Band, 1936. Fortsetzung: Vierteljahresschrift der Goethegesellschaft. Von Bd. 3 an: Viermonatsschrift. Von Bd. 9, 1944, an: Jahresbände. Weimar 1936ff

FA   Johann Wolfgang Goethe, Sämtliche Werke. Briefe, Tagebücher und Gespräche. 40 Bde. Bibliothek deutscher Klassiker. Frankfurt 1987ff [2] („Frankfurter Ausgabe")

Fichte   J.G. Fichte Gesamtausgabe der Bayrischen Akademie der Wissenschaften. Hrsg. Reinhard Lauth und Hans Jacob. Stuttgart, Bad Cannstatt 1962ff

HA   Goethes Werke. Hamburger Ausgabe in 14 Bänden. Hrsg. Erich Trunz, München

---

[1] Die Zahlen nach Abkürzungen bezeichnen bei einer Zahl die Seite, bei zwei Zahlen Band und Seite. Bei Goethezitaten wird zuerst das Werk angegeben, aus dem das Zitat stammt, und dann Abkürzung einer Goetheausgabe, Band und Seitenzahl. Dadurch ist es möglich, die Zitatstelle auch unabhängig von den benutzten Goetheausgaben zu finden. Bei der Sekundärliteratur wird bei erster Zitierung der Autor und der gesamte Titel genannt, bei späterer Zitierung nur noch der Autor. Sind von einem Autor mehrere Sekundärtitel angeführt, wird immer der gesamte Titel der jeweils zitierten Schrift angeführt.

[2] Die Frankfurter Ausgabe erscheint in 2 Abteilungen. Die 1. Abteilung zählt von Band 1 bis 27, die 2. Abteilung von Band 1 (28) bis 13 (40). Bei Zitaten aus der 2. Abteilung wird hinter der dieser Abteilung eigenen Neuzählung die fortlaufende Bandzahl in Klammern angegeben.

HA Br.	Goethes Briefe und Briefe an Goethe. Hamburger Ausgabe in 6 Bänden. Hrsg. Karl Robert Mandelkow. München 1988. (Goethes Briefe zählen 4 Bde., und die Briefe an Goethe zählen 2 Bde. Letztere sind wie folgt abgekürzt: **HA Br. an Goethe**)
KdrV I u. II	Immanuel Kant, Kritik der reinen Vernunft. In: Werkausgabe. 12 Bde., Hrsg. Wilhelm Weischedel. Bd. III u. IV. Frankfurt 1974
KdU	Immanuel Kant, Kritik der Urteilskraft. In: s.o. Bd. X
Mandelkow	Goethe im Urteil seiner Kritiker. 4 Bde. Hrsg. Karl Robert Mandelkow. München Bd.I 1975, Bd.II 1977, Bd.III 1979, Bd.IV 1984
MuR	Abkürzung für *Maximen und Reflexionen*. Es folgt jeweils eine genaue Stellenangabe
Schiller	Friedrich Schiller. Sämtliche Werke. Hrsg. Gerhard Fricke und Herbert G. Göpfert. 5 Bde., 6.Auflg. München 1980
Schiller Br.	Schillers Briefe. Hrsg. F. Jonas. Stuttgart, Leipzig, Berlin, Wien 1892
Schultz	Briefwechsel zwischen Goethe und Staatsrat Schultz. Hrsg. H. Düntzer. Leipzig 1853
WA	Goethes Werke. Hrsg. im Auftrag der Großherzogin Sophie von Sachsen. 4 Abteilungen mit insgesamt 133 Bänden (in143). Weimar 1887-1919 (sogenannte „Weimarer Ausgabe" oder „Sophien-Ausgabe")
ZA	Johann Wolfgang Goethe Gedenkausgabe der Werke, Briefe und Gespräche. Hrsg. Ernst Beutler. Zürich 1950 („Züricher Ausgabe")

Literatur

Adler, Jeremy: Eine fast magische Anziehungskraft. Goethes „Wahlverwandtschaften" und die Chemie seiner Zeit. München 1987

Amrine, Frederick (Hrsg.): Goethe and the Sciences: A Reappraisal. Edited by Frederick Amrine, Francis J. Zucker, Harvey Wheeler. Boston studies in the philosophy of science; v.97. Dordrecht, Boston, Lancaster, Tokyo 1987

Ders.: The metamorphosis of the Scientist. In: Goethe Yearbook, Vol. 5. Ed. by Thomas P. Saine. New York 1990, S.187-212

Ders.: Goethe's Science in the Twentieth Century. In: Goethe in the Twentieth Century. Ed. by Alexij Ugrinsky. Hofstra University. Westport Connecticut 1987, S.87-93

Ders.: Goethean Method in the Work of Jochen Bockemühl. In: Ders. (Hrsg.), Goethe and the Sciences: A Reappraisal. A.a.O. S.301-318

Benn, Gottfried: Goethe und die Naturwissenschaft. In: Gesammelte Werke. Hrsg. D. Wellershoff. Wiesbaden, München 4.Auflg. 1977, Bd 1, S.162-201

Blasius, Jürgen: Zur Wissenschaftstheorie Goethes. In: Zeitschrift für philosophische Forschung Bd. 33, 1979, S.371-388

Bloch, Robert: Goethe. Idealistic Morphology and Science. In: American Scientist 40, 1952, S.313-322

Böhler, Michael: Naturwissenschaft und Dichtung bei Goethe. In: Goethe im Kontext. Kunst und Humanität, Naturwissenschaft und Politik von der Aufklärung bis zur Restauration. Ein Symposium. Hrsg. Wolfgang Wittkowsky. Tübingen 1984

Böhme, Gernot: Alternativen der Wissenschaft. Frankfurt 1980

Börnsen, Hans: Leibniz' Substanzbegriff und Goethes Gedanke der Metamorphose. Hrsg. Rolf Speckner. Stuttgart 1985

Brady, Ronald H.: Goethe's Natural Science. Some Non-Cartesian Meditations. In: Toward a Man-Centered Medical Science. Ed. by Karl E. Schaefer, Herbert Hensel and Ronald Brady. Mt. Kisco, New York 1977, S.137-165

Ders.: Form and Cause in Goethe's Morphology. In: Frederick Amrine (Hrsg.), Goethe and the Sciences: A Reappraisal. A.a.O. S.257-300

Carus, Carl Gustav: Goethe, zu dessen näherem Verständnis. Leipzig 1843. Wiederabdruck in: Mandelkow Bd. II

Cassirer, Ernst: Freiheit und Form. Studien zur deutschen Geistesgeschichte. 3. Aufl. Darmstadt 1961

Ders.: Rousseau, Kant, Goethe. Hrsg. Rainer A. Bast. Hamburg 1991

Ders.: Goethe und die Kantische Philosophie. In: Rousseau, Kant, Goethe. A.a.O. S.63-99

Ders.: Goethe und Platon. In: Goethe und die geschichtliche Welt. Berlin 1932

Dilthey, Wilhelm: Aus der Zeit der Spinoza-Studien. In: Dilthey. Schriften Bd.2. 1921

dtv-Atlas zur Biologie: Hrsg. G. Vogel, H. Angermann. 6.Auflg. München 1972

Du Bois-Reymond, Emil: Goethe und kein Ende. Wiederabdruck in Mandelkow Bd. III

Eichhorn, Peter: Idee und Erfahrung im Spätwerk Goethes. Freiburg, München 1971

Elemente der Naturwissenschaft: Zeitschrift der Naturwissenschaftlichen Sektion am Goetheanum, Dornach. Hrsg. Jochen Bockemühl und M. Howald Haller. Dornach 1964ff

Gadamer, Hans-Georg: Goethe und die Philosophie. Leipzig 1947

Gauss, Julia: Goethe und die Prinzipien der Naturforschung bei Kant. In: Studia Philosophica. Jahrbuch der schweizerischen philosophischen Gesellschaft. Bd.29, Basel 1969, S.54-71

Gebhard, Walter: „Allgemeine Ansicht nach Innen". Ideologiekritische Aspekte von Goethes anschauendem Denken. In: Jahresbericht des Präsidenten 1982. Universität Bayreuth. S.312-347

Gerlach, Hans Egon und Hermann, Otto (Hrsg.): Goethe erzählt sein Leben. Frankfurt 1982

Glaser, Horst Albert (Hrsg.): Goethe und die Natur. Referate des Triestiner Kongresses. Frankfurt 1986

Gleick, James: Chaos - Die Ordnung des Universums: Vorstoß in Grenzbereiche der modernen Physik. München 1988

Gloy, Karen: Das Verständnis der Natur. Erster Band: Die Geschichte des wissenschaftlichen Denkens. München 1995

Gögelein, Christoph: Zu Goethes Begriff von Wissenschaft auf dem Wege der Methodik seiner Farbenlehre. München 1972

Goetheanistische Naturwissenschaft: Hrsg. Wolfgang Schad. Bd. 1 Allgemeine Biologie, Bd. 2 Botanik, Bd. 3 Zoologie, Bd. 4 Anthropologie. Stuttgart 1982ff

Greuel, Marcelo da Veiga: Wirklichkeit und Freiheit. Die Bedeutung Johann Gottlieb Fichtes für das philosophische Denken Rudolf Steiners. Dornach 1990

Haeckel, Ernst: Generelle Morphologie der Organismen. Berlin 1866

Haldane, Richard Berdon: Goethe als Denker. Heidelberg 1924

Hansen, Adolph: Goethes Metamorphose der Pflanzen. II Bde., Giessen 1907

Ders.: Goethes Morphologie. Metamorphose der Pflanzen und Osteologie. Ein Beitrag zum sachlichen und philosophischen Verständnis und zur Kritik der morphologischen Begriffsbildung. Giessen 1919

Hassenstein, Bernhard: Goethes Morphologie als selbstkritische Wissenschaft und die heutige Gültigkeit ihrer Ergebnisse. In: GJB 12, 1950, S.333-357

Hegge, Hjalmar: Theory of Science in the Light of Goethe's Science of Nature. In: Frederick Amrine (Hrsg.), Goethe and the Sciences: A Reappraisal. A.a.O. S.195-218

Heinemann, Fritz: Goethe's Phenomenological Method. In: Philosophy. Vol.9. London 1934. S.67-81

Heisenberg, Werner: Die Goethesche und die Newtonsche Farbenlehre im Lichte der modernen Physik. Wiederabdruck in Mandelkow Bd. IV, S.233-245

Ders.: Das Naturbild Goethes und die technisch-naturwissenschaftliche Welt. In: GJB 84, 1967, S.27-42

Ders.: Das Naturbild der heutigen Physik. Hamburg 1955

Heitler, Walter: Die Naturwissenschaft Goethes. Eine Gegenüberstellung Goethescher und modern-exakter Naturwissenschaft. In: Berliner Germanistentag. Vorträge und Berichte. Hrsg. Karl-Heinz Borck und Rudolf Henn. Heidelberg 1970. S.13-23

Helmholtz, Hermann von: Über Goethes naturwissenschaftliche Arbeiten. Wiederabdruck in Mandelkow Bd. II, S.401-416

Henrich, Dieter: Fichtes ursprüngliche Einsicht. Frankfurt 1966

Husserl, Edmund: Analyse der Wahrnehmung. In: Phänomenologie der Lebenswelt. Ausgewählte Texte II. Hrsg. Klaus Held. Stuttgart 1986, S.55-79

Janke, Wolfgang: Fichte. Sein und Reflexion - Grundlagen der kritischen Vernunft. Berlin 1970

Jaspers, Karl: Unsere Zukunft und Goethe. Wiederabdruck in Mandelkow Bd. IV, S.288-304

Jaszi, Andrew: Entzweiung und Vereinigung. Goethes symbolische Weltanschauung. Heidelberg 1973

Kiefer, Klaus H.: Goethe und der Magnetismus. Grenzphänomene des naturwissenschaftlichen Verständnisses. In: Jahresbericht des Präsidenten 1982. Universität Bayreuth. S.349-423

Kleinschnieder, Manfred: Goethes Naturstudien. Bonn 1971

König, Josef: Der Begriff der Intuition. Darin: Das Urphänomen bei Goethe. Halle 1926

Kuhn, Dorothea: Empirische und ideelle Wirklichkeit. Studien über Goethes Kritik des französischen Akademiestreites. Graz 1967

Lehrbuch der Botanik für Hochschulen: Neu bearbeitet von: D. v. Demffer, W. Schumacher, K. Mägdefrau, F. Ehrendorfer. 30.Auflg. Stuttgart 1971

Lichtenstern, Christa: Die Wirkungsgeschichte der Metamorphosenlehre Goethes. Von Philipp Otto Runge bis Joseph Beuys. Weinheim 1990

Linder Biologie: Lehrbuch für die Oberstufe. Hrsg. Hans Knodel, Horst Bayrhuber u.a., 19.Auflg. Stuttgart 1983

Loesche, Martin: Goethes geistige Welt. Stuttgart 1948

Mandelkow, Karl Robert: Goethe in Deutschland. Rezeptionsgeschichte eines Klassikers. Bd.I 1773-1918. München 1980. Bd.II 1919-1982. München 1989

Matussek, Peter: Naiver und kritischer Physiozentrismus bei Goethe. In: Ästhetik und Naturerfahrung. Hrsg. Jörg Zimmermann. Stuttgart-Bad Cannstatt 1996. S.223-237

Meyer-Abich, Klaus Michael: Praktische Naturphilosophie. Erinnerung an einen vergessenen Traum. München 1997

Ders.: Selbsterkenntnis, Freiheit und Ironie - Die Sprache der Natur bei Goethe. In: Glaser S.37-67

Ders. / Matussek, Peter: Skepsis und Utopie. Goethe und das Fortschrittsdenken. In: GJB Bd.110, 1993. S.185-207

Molnár, Géza von: Goethes Kantstudien. Eine Zusammenstellung nach Eintragungen in seinen Handexemplaren der „Kritik der reinen Vernunft" und der „Kritik der Urteilskraft". Weimar 1994

Morton, A.G.: History of Botanical Science. London 1981

Müller, Max: Existenzphilosophie im geistigen Leben der Gegenwart. Heidelberg 1964

Müller-Seidel, Walter: Naturforschung und deutsche Klassik. In: Untersuchungen zur Literatur als Geschichte. Festschrift für Benno von Wiese. Hrsg. Vincent J. Günther, Helmut Koopmann, Peter Pütz, Hans-Joachim Schrimpf. Berlin 1973

Neugebauer, Hans Gerhard: Wissenschaftstheorie für Fortgeschrittene. Goethes Wissenschaftsauffassung als Alternative zur neuzeitlichen Naturwissenschaft. In: Zeitschrift für Didaktik der Philosophie, Heft 4, 1981, S.226-234

Nicolei, Heinz: Goethe und Jacobi. Studien zur Geschichte ihrer Freundschaft. Stuttgart 1965

Noé-Rumberg, Dorothea-Michaela: Naturgesetze als Dichtungsprinzipien. Goethes verborgene Poetik im Spiegel seiner Dichtungen. Freiburg 1993

Picht, Georg: Der Begriff der Natur und seine Geschichte. Hrsg. Constanze Eisenbart. 3.Auflg. Stuttgart 1993

Popper, Karl R.: Objektive Erkenntnis. Ein evolutionärer Entwurf. 2. Aufl. Hamburg 1994

Portmann, Adolf: Goethes Naturforschung. In: Neue Schweizer Rundschau. 21, 1953/54

Ders.: Goethe und der Begriff der Metamorphose. In: GJB 90, 1973

Rabel, Gabriele: Goethe und Kant. 2 Bde. Wien 1927

Rotten, Elisabeth: Goethes Urphänomen und die platonische Idee. Gießen 1913

Sachtleben, Peter: Das Phänomen Forschung und die Naturwissenschaft Goethes. Frankfurt am Main 1988

Sammern-Frankenegg, Fritz Rüdiger: Zum Begriff der Aufmerksamkeit bei Goethe und Hegel. In: Goethe im Kontext. Kunst und Humanität, Naturwissenschaft und Politik von der Aufklärung zur Restauration. Ein Symposium. Hrsg. W. Wittkowski. Tübingen 1984

Schadewaldt, Wolfgang: Goethes Begriff der Realität. In: GJB 18, 1956, S.44-88

Schaeder, Grete: Die Idee der „Wahlverwandtschaften". In: GJB 6, 1941. S.182-215

Schlechta, Karl: Goethe in seinem Verhältnis zu Aristoteles. Ein Versuch. Frankfurt 1938

Schmitz, Hermann: Goethes Altersdenken im problemgeschichtlichen Zusammenhang. Bonn 1959

Schönherr, Hartmut: Einheit und Werden. Goethes Newton-Polemik als systematische Konsequenz seiner Naturkonzeption. Würzburg 1993

Schwarzkopf, Friedemann: The Metamorphosis of the Given. Toward an Ecology of Consciousness. New York 1995

Seidel, Fritz: Goethe gegen Kant. Goethes wissenschaftliche Leistung als Naturforscher und Philosoph. Berlin 1948

Selm, Jutta von: Erfahrung und Theorie bei Goethe: der „erste" und der „reine" Eindruck. Von den italienischen Erfahrungen zu den Theorien in Natur und Kunst. In: Goethe-Yearbook. Vol. II. Ed. by Thomas P. Saine. Camden House, Columbia 1984. S.121-136

Sepper, Dennis L.: Goethe against Newton: Towards Saving the Phenomenon. In:Frederick Amrine (Hrsg.), Goethe and the Sciences: A Reappraisal. A.a.O. S.175-193

Steiger, Robert: Goethes Leben von Tag zu Tag. Eine dokumentarische Chronik. Zürich, München 1982

Steiner, Rudolf: Grundlinien einer Erkenntnistheorie der Goetheschen Weltanschauung. Dornach 1925

Ders.: Goethes Weltanschauung. Berlin 1921

Ders.: Goethes naturwissensschaftliche Schriften. Dornach 1926

Strolz, Walter: Das Naturgeheimnis in Goethes Anschauungskraft. In: Scheidewege. Jahrgang 8, Bd.4 der Vierteljahrsschrift. 1978, S.535-557

Suchantke, Andreas: Partnerschaft mit der Natur. Stuttgart 1993

Suphan, Bernhard: Goethe und Spinoza. In: Festschrift zur zweiten Säkularfeier des Friedrich-Werderschen Gymnasiums. Berlin 1881

Troll, Wilhelm: Gestalt und Urbild. Gesammelte Aufsätze zu Grundfragen der organischen Morphologie. Hrsg. Lottlisa Behling. 3.Auflg. Köln, Wien 1984 (1. Auflage Halle/Saale 1942)

Ders. und Wolf, Karl Lothar: Goethes morphologischer Auftrag. Tübingen 1950

Tycho de Brahe-Jahrbuch für Goetheanismus: Hrsg. Heinrich Brettschneider u.a.. Niefern 1984ff

Vorländer, Karl: Kant, Schiller, Goethe. Leipzig 1907

Ders.: Immanuel Kant und sein Einfluß auf das deutsche Denken. Bielefeld, Leipzig 3.Auflg. 1925

Wachsmuth, Andreas B.: Goethes Farbenlehre und ihre Bedeutung für seine Dichtung und Weltanschauung. In: GJB 21, 1959, S.70-93

Ders.: Goethes Naturforschung und Weltanschauung in ihrer Wechselbeziehung. In: GJB Bd. 14/15, 1952/53, S.42-62

Wachsmuth, Bruno: Goethes naturwissenschaftliche Lehre von der Gestalt. In: GJB 1944, S.54-87

Ders.: Die Entwicklung von Goethes naturwissenschaftlicher Denkweise und Weltanschauung von den Anfängen bis zur Reife. In: GJB 1941, S.263-284

Weinhandl, Ferdinand: Die Metaphysik Goethes. Berlin 1932

Weizsäcker, Carl Friedrich von: Über einige Begriffe der Naturwissenschaft Goethes. In: Die Tragweite der Wissenschaft. S.456-477. Stuttgart 1990

Ders.: Goethes Farbentheologie - heute gesehen. In: Nachrichten der Akademie der Wissenschaften in Göttingen. Philosophisch-Historische Klasse. Jahrgang 1991, Nr.9

Witzenmann, Herbert: Ein Weg zur Wirklichkeit. Bemerkungen zum Wahrheitsproblem. In: Intuition und Beobachtung. Teil 2. Stuttgart 1978

Ders.: Goethes Idee des Experiments und die moderne Naturwissenschaft. In: Goethes universalästhetischer Impuls. A.a.O. S.45-69

Ders.: Goethes universalästhetischer Impuls. Die Vereinigung der platonischen und aristotelischen Geistesströmung. Dornach 1987

Ders.: Goethes universalästhetischer Impuls. In: Goethes universalästhetischer Impuls. A.a.O. S.146-228

Ders.: Polarität und Steigerung. Goethes künstlerischer Erkenntnisweg und seine meditative Bedeutung. Die Metamorphosen- und Farbenlehre als einheitliches Ideengebilde. In: Goethes universalästhetischer Impuls. A.a.O. S.19-44

Ders.: Sinn und Sein. Der gemeinsame Ursprung von Gestalt und Bewegung. Zur Phänomenologie des Denkblicks. Ein Beitrag zur Erschließung seiner menschenkundlichen Bedeutung. Stuttgart 1989

Ders.: Strukturphänomenologie. Vorbewußtes Gestaltbilden im erkennenden Wirklichkeitenthüllen. Ein neues wissenschaftstheoretisches Konzept im Anschluß an die Erkenntniswissenschaft Rudolf Steiners. Dornach 1983

Ders.: Evolution und Struktur. In: Entwicklung. Interdisziplinäre Aspekte zur Evolutionsfrage. Hrsg. W. Arnold. Stuttgart 1989

Zabka, Thomas: Faust II – Das Klassische und das Romantische. Goethes „Eingriff in die neueste Literatur". Tübingen 1993

Anschauende Urteilskraft. Die philosophischen und methodischen Grundlagen von Goethes naturwissenschaftlichem Erkennen.
Vom Fachbereich 1 - Philosophie, Geschichte, Politikwissenschaft, Soziologie - der Universität-Gesamthochschule-Essen angenommene Dissertation zum Erwerb des Grades Dr. phil. vorgelegt von:
Jost Schieren (geb. 1963 in Duisburg)
Gutachter: Prof. Dr. Klaus Meyer-Abich
Zweitgutachter: Prof. Dr. Georg Scherer
Tag der mündlichen Prüfung: 27. Juni 1997

Burkhard Biella

Eine Spur ins Wohnen legen

Entwurf einer Philosophie des Wohnens nach Heidegger und über Heidegger hinaus

1998, 17x24 cm, ca. 300 S., ISBN 3-930450-25-9
DM 68.- / öS 496.- / sFr 62.-

Heidegger thematisiert das Wohnen am nachdrücklichsten in seinem 1951 beim Darmstädter Gespräch gehaltenen Vortrag *Bauen Wohnen Denken*, der im Zentrum des vorliegenden Buches steht. Daran anschließend entwickelt der Autor einen Begriff eines individuellen, existenzialen Wohnens, das sowohl den Anderen als auch das Andere (Natur und Dinge) zu schonen versucht, den er von einem faktischen konsumierenden Wohnen unterscheidet – ein Denkweg vom alltäglichen Wohnen zu den Ansprüchen eines philosophisch gedachten Wohnens und wieder zurück.

Wilhelm Reese

Substanz und Transzendenz

Eine Phänomenologie des Gefühls

1998, 17x24 cm, 200 S., ISBN 3-930450-22-4
DM 48.- / öS 350.- / sFr 44,50

Gegen den in philosophischen Subjektivitätstheorien vorherrschenden »Intellektualismus« entwickelt Wilhelm Reese in seinem neuen Buch eine systematische Phänomenologie des leibhaften, fühlenden Ich. Die einsetzende Intensität des Gefühls, so der Autor, erzeugt eine lebendige innere Verdichtung in Form des Engagements des Ich, damit eine Substanzbildung jenseits aller emotionalen Reizzustände im Beruhen des Ich auf sich. Die innere Erregung bringt eine Gegenwärtigkeit der Vorstellung hervor, die von einer besonderen Lebendigkeit getragen wird. Aber die Substantialität schlägt, wie Reese vor allem am Beispiel der »Ursprache der Kunst« zeigt, in die Transzendenz über, in der das Entstehen des Ich erst distanziert vor sich geht.